NOUVEAUX EXERCICES

D'ORTHOGRAPHE

COURS D'ÉTUDES ÉLÉMENTAIRES

DE L'ABBÉ GAULTIER

REVU ET AUGMENTÉ PAR SES ÉLÈVES

DE BLIGNIÈRES, DEMOYENCOURT, DUCROS (de Sixt), ET LE CLERC AÎNÉ.

SECTION D'HISTOIRE.

Ier vol. — HISTOIRE SAINTE, depuis la création du monde jusqu'à J.-C.; et HISTOIRE ECCLÉSIASTIQUE jusqu'à la conversion de Clovis, en 496.

IIe vol. — HISTOIRE ANCIENNE, depuis les temps les plus reculés jusqu'à la domination romaine.

IIIe vol. — HISTOIRE ROMAINE, depuis la fondation de Rome jusqu'au partage de l'empire romain.

IVe vol. — HISTOIRE DU MOYEN AGE.

V^e vol. — HISTOIRE MODERNE (*sous presse*).

VIe vol. — HISTOIRE DE FRANCE, jusqu'en 1863.

   Chacun de ces 6 volumes in-18, cartonné. . . . . . 1 fr. 50 c.

ÉLÉMENTS D'HISTOIRE DE FRANCE (extraits du tome VI de ce cours). . . . . 75 c.

MÉDAILLONS DES ROIS DE FRANCE, en un étui. . . . 2 fr. 50 c.

TABLEAUX D'HISTOIRE UNIVERSELLE, par MM. Le Clerc aîné et Le Clerc jeune, élèves de l'abbé Gaultier, Ire partie. — *Histoire ancienne.* — Atlas de 8 tableaux coloriés, in-folio. . 7 fr. 50 c.

JEU D'ÉTIQUETTES D'HISTOIRE ANCIENNE, et JEU D'ÉTIQUETTES D'HISTOIRE SAINTE, pour servir au Cours d'Histoire, par MM. Le Clerc In 4° oblong. En cahier 2 fr., en étui. . . . . 3 fr.

TABLEAUX GÉNÉALOGIQUES DE L'HISTOIRE DE FRANCE, par MM. Le Clerc aîné et Le Clerc jeune (*sous presse*).

RÉSUMÉ DE L'HISTOIRE DE FRANCE EN VERS TECHNIQUES, à l'usage des écoles primaires élémentaires et du degré supérieur, par M. Demoyencourt, 1 vol. in-12, cartonné . . . . 90 c.

RÉSUMÉ DE L'HISTOIRE SAINTE EN VERS TECHNIQUES, etc., par le même. 1 vol. in-12, cartonné. . . . . 90 c.

PARIS. — IMP. V. GOUPY ET Ce, RUE GARANCIÈRE. 5.

NOUVEAUX EXERCICES

D'ORTHOGRAPHE

COMPOSÉS

POUR LES JEUNES ENFANTS

ET POUVANT CONVENIR A TOUTES LES MÉTHODES

PAR

J. LE CLERC Jne

Élève de l'abbé Gaultier.

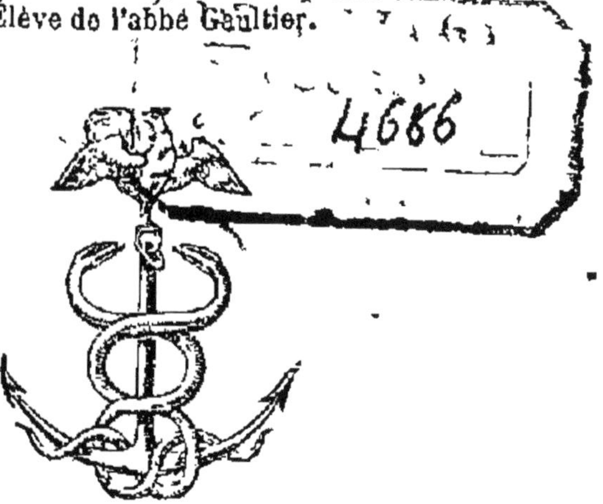

PARIS

Ve JULES RENOUARD, LIBRAIRE

Éditeur-propriétaire des ouvrages de l'abbé Gaultier.

6 — RUE DE TOURNON — 6

—

1865

Le dépôt ayant été effectué conformément à la loi, tout contrefacteur ou débitant de contrefaçons de cet ouvrage sera poursuivi avec riguour.

Les exemplaires sont revêtus de la signature de l'Éditeur-Propriétaire.

NOUVEAUX EXERCICES

D'ORTHOGRAPHE

PREMIÈRE LEÇON

NOTIONS PRÉLIMINAIRES.

1er Exercice.

RÈGLE. — Il y a deux sortes de voyelles : les voyelles simples et les voyelles composées. — Les voyelles simples sont représentées par une seule lettre, telles sont : *a, e, i, o, u, y* ; les voyelles composées sont représentées par deux lettres qui se prononcent par une seule émission de voix ; telles sont : *eu, ou, an, in, on, un.* — Les quatre dernières terminées par une *n*, sont appelées nasales, parce qu'on les prononce un peu du nez.

NOTA — L'élève copiera l'exercice et soulignera ensuite 10 voyelles simples et 10 voyelles composées.

1. Le premier jour Dieu fit la lumière. — 2. Il

forma le corps de l'homme du limon de la terre. — 3. Il l'anima en répandant sur lui un souffle de vie. — 4. Dieu plongea Adam dans un profond sommeil. — 5. Le Paradis était un jardin délicieux. — 6. Le Démon jaloux de nos premiers parents les entraîna au mal. — 7. L'ange était armé d'une épée flamboyante. — 8. Caïn cultiva la terre. — 9. Abel nourrit les troupeaux. — 10. Enochia fut la première ville du monde.

2ᵉ Exercice.

RÈGLE. — Il y a trois sortes d'*e* : l'*e* muet — l'*é* fermé — l'*è* ouvert. Le son de l'*e* muet est sourd et peu sensible, comme dans j*e*, et quelquefois nul, comme dans gaieté. L'*é* fermé se prononce la bouche presque fermée, comme dans bont*é*, aim*er*. L'*è* ouvert se prononce la bouche ouverte. et en desserrant les dents, comme dans père.

NOTA. — Copier et marquer 5 e muets par le chiffre 1, — 5 é fermés par le chiffre 2; — et 5 è ouverts par le chiffre 3.

1. Le sacrifice sincère est agréable au Seigneur. — 2. Caïn devint père d'une race réprouvée. — 3. Après la mort d'Abel, Adam eut un troisième fils. — 4. Le crime se répandit sur la terre. — 5. La méchanceté des hommes fut punie par le déluge. — 6. Les eaux s'élevèrent. — 7. Noé se montra toujours fidèle à Dieu. — 8. Noé mit dans l'arche une paire d'animaux de chaque espèce. — 9. L'arche s'arrêta sur le mont Ararat. — 10. Après le déluge, Noé se livra à l'agriculture.

3e Exercice.

RÈGLE. — L'*y* grec précédé d'une voyelle se prononce comme deux *i*. Dans tout autre cas, il n'a que la valeur de l'*i* simple.

NOTA. — Copier et terminer le devoir en prenant tous les mots renfermant un *y* et en les plaçant dans 2 colonnes, conformément au modèle ci-dessous.

1. Nous **payons** quelquefois bien cher les sottises que nous commettons. — 2. L'école **polytechnique** fournit à l'armée française ses officiers les plus distingués. — 3. Le Nil arrose et fertilise l'**Égypte**. — 4. La première **lyre** fut faite, dit-on, avec l'écaille du dos d'une tortue. — 5. Les trois cents Spartiates qui moururent aux **Thermopyles, déployèrent** un courage admirable, en mourant pour la patrie. — 6. **Fuyez** les procès, et la société des méchants. — 7. Abraham quitta son **pays** natal pour venir habiter le **pays** de Chanaan. — 8. Saint Pierre et saint Paul souffrirent le **martyre** à Rome. — 9. L'été, les **voyageurs** s'échappent des villes. — 10. J'aime un joli **paysage**.

MODÈLE DU DEVOIR.

Y grec valant un i simple.	*Y valant deux i.*
Polytechnique.	Déployèrent.

4e Exercice.

RÈGLE. — Les voyelles longues sont celles sur lesquelles on appuie longtemps en les prononçant ; les voyelles brèves sont celles sur lesquelles on passe rapidement.

NOTA. — L'élève cherchera les voyelles longues et les brèves, particulièrement dans les mots en italique. Il marquera d'un 1 les voyelles brèves et d'un 2 les voyelles longues.

1. La **voûte** des **cieux** est majestueuse. — 2. Le soleil ne s'écarte jamais de la **route** qui lui a été tracée dans le **ciel**. — 3 L'**aumône** et la **prière** nous préparent une **vie heureuse et tranquille**. — 4. Les premières **flûtes** furent faites avec des roseaux. — 5. La **croûte** de la terre sert d'enveloppe, à ce qu'il paraît, à un immense foyer de feu. — 6. Le **prêtre prêche** le **carême**. — 7. Les premiers chrétiens observaient autrefois pendant le **carême** un **jeûne** qui durait quarante **jours**.

5ᵉ Exercice.

REGLE. — L'*h* muette est celle qui n'ajoute rien à la prononciation. L'*h* aspirée est celle qui fait prononcer fortement la voyelle qui suit.

NOTA. — L'élève copiera l'exercice et apprendra l'orthographe des substantifs.

H MUETTE.

Habitant, harmonie, herbe, hercule, héritage, héroïne, hippodrome, hippopotame, hirondelle, histoire, hiver, homélie, homme, honneur, huile.

H ASPIRÉE.

Hache, haie, hamac, haine, hameau, haras, harpe,

héraut, héros, hibou, hochet, horreur, honte, houblon, housse, hutte.

6ᵉ Exercice.

Nota. — Copier ou écrire sous la dictée, et terminer le devoir en écrivant dans une première colonne les mots commençant par une *h* muette, et dans une seconde les mots commençant par une *h* aspirée, en les faisant précéder des mots *le* ou *la*. (Voir à la fin de l'exercice le modèle du devoir.)

1. Les **huîtres** sont par milliers sur les bancs du rocher de Cancale. — 2. Une femme courageuse devient quelquefois une **héroïne**. — 3. Le bûcheron se sert de la **hache** pour abattre les arbres. — 4. L'**hippopotame** se plait beaucoup dans les eaux du Nil. — 5. Les pantins sont des jouets ou **hochets** pour les enfants. — 6. Une **hydre** est un serpent qui a plusieurs têtes. — 7. La **harpe** de David calmait les fureurs du malheureux Saul. — 8. Le **homard** est un excellent poisson de mer d'un goût délicieux.—9. L'Angleterre a de vastes champs de **houblon**. — 10. Le **hibou** ne voit clair que la nuit.

MODÈLE DU DEVOIR.

H muette.	*H aspirée.*
L'huître.	La hache.

7ᵉ Exercice.

Règle. — Une syllabe est une ou plusieurs lettres qui se prononcent par une seule émission de voix. — Une diphthongue est la réunion en une seule syllabe de deux sons distincts prononcés par une seule émission de voix.

Nota.— L'élève copiera ou écrira sous la dictée l'exercice et le terminera en écrivant cinq mots renfermant des syllabes simples, et cinq autres mots renfermant des diphthongues.

ÉDUCATION DES JEUNES FILLES CHEZ LES HÉBREUX.

La mère apprenait à sa fille à remplir toutes les fonctions du ménage, à pétrir avec adresse, à filer, à travailler à l'aiguille et à fabriquer des étoffes ; elle inculquait aussi dans son esprit les principes d'une morale douce et ferme à la fois, et capable d'en faire une femme sage, modeste et charitable. Les pères et les mères étaient encore obligés, par la loi, de leur expliquer l'origine des fêtes et les cérémonies qui s'y observaient.   (GAULTIER.)

MODÈLE DU DEVOIR.

Syllabes simples.	*Diphthongues.*
mé-na-ge.	Tra-vail-ler.

8ᵉ Exercice.

Règle. — Un mot primitif est un mot qui sert à en former d'autres par l'addition d'une ou de plusieurs syllabes, et le mot formé s'appelle dérivé. — Un mot composé est un mot formé d'un primitif et d'un autre mot usité ou non qu'on y ajoute.

Nota — L'élève copiera l'exercice et le terminera en

choisissant 5 primitifs et en écrivant les dérivés et les composés qu'ils forment.

1. Évitez de tomber dans l'**avilissement**, et vous serez toujours **respecté**. — 2. Un **centenaire** est un homme qui a vécu cent ans. — 3. La goutte d'eau qui tombe sans **cesse** sur la **pierre**, la creuse en l'**arrondissant**. — 4. Les Perses, pour **accoutumer** les jeunes gens aux fatigues de la **guerre**, les habituaient de bonne heure aux exercices de la **chasse**. — 5. Cham, pour son manque de **respect**, **encourut** la malédiction de son père. — 6. Le **jardin** d'**acclimatation** du **bois** de Boulogne offre aux **visiteurs** une promenade aussi agréable qu'**intéressante**. — 7. Josué fit tomber les **murs** de Jéricho au **son** des trompettes.

DEUXIÈME LEÇON

EXERCICES SUR LES ACCENTS, TRÉMAS, APOSTROPHES, TRAITS D'UNION, CÉDILLES ET LETTRES CAPITALES.

9e Exercice. — Accent aigu.

RÈGLE. — Il y a trois accents : l'aigu (´), le grave (`) et le circonflexe (^). L'accent aigu se place sur les *é* fermés, qui terminent une syllabe.

Nota — L'élève copiera ou écrira sous la dictée l'exercice et mettra un accent aigu sur les é fermés.

1. Rien n'est plus aimable que la **verite**. — 2. La **bonte** est une charmante **qualite**. — 3. Le **the** bien **dore** est souvent **prefere** au **cafe**. — 4. Le **ble** est **coupe**. — 5. La **piete** sera toujours **agreable** à Dieu. — 6. L'**elephant** est **promene**. — 7. Sois **zele**, et tu seras **estime**. — 8. La **sante** est **preferable** à la **beaute**. — 9. L'**amitie** donne du courage. — 10. On est **sauve** par la foi, l'**esperance** et la **charite**.

10ᵉ Exercice. — Accent grave.

RÈGLE. L'accent grave se met sur les *è* ouverts. — 2° sur *à* préposition. — 3° sur *là* adverbe. — 4° sur *dès* préposition. — 5° sur *où* marquant le lieu. — 6° sur l'*a* final de certains mots,

NOTA. — L'élève copiera l'exercice ou l'écrira sous la dictée, et mettra les accents graves ou ils sont nécessaires.

1. Une **piece** de cinq francs vaut cent sous. — 2. Les **succes** de cet **eleve** attestent ses **progres**. — 3. Le pauvre orphelin est celui qui a perdu son **pere** et sa **mere**. — 4. **Compere** le renard se mit un jour en frais. — 5. Dieu **eleve** les hommes et les abaisse selon son gré. — 6. Le coq chante **des** l'aurore. — 7. Reposons-nous **la**, **a** l'ombre des tilleuls. — 8. Ignorance, sottise, **voila** les fruits de la paresse. — 9. L'Italie est au **dela** des Alpes. — 10. Le Piémont est en **deça** du Pô.

11ᵉ Exercice. — Accent circonflexe.

RÈGLE. — L'accent circonflexe se met : 1° sur

les voyelles qui représentent un son long; —
2° sur la 3e personne du singulier de l'imparfait du subjonctif. — 3° sur la 1re et la 2e personne du pluriel du passé défini. — 4° sur les participes *dû, tû, crû*, des verbes *devoir, taire* et *croître*.

Nota. — L'élève copiera l'exercice ou l'écrira sous la dictée, et mettra les accents circonflexes où ils seront nécessaires.

1 L'aumone et la prière sont agréables à Dieu. —
2. Les apotres répandirent partout l'Évangile. —
3. Jésus-Christ mourut à l'age de trente-trois ans. —
4. Le chene est le plus bel arbre de nos forets — 5. Les bergers d'autrefois jouaient de la flute champetre. —
6. Après que nous eumes vaincu l'ennemi, nous allames labourer nos champs. — 7. Il faudrait que cet enfant aimat ses devoirs, et y travaillat avec plus d'ardeur. — 8. Le bavard s'est tu. — 9. Le peuplier a cru dans notre pays, aussi rapidement qu'en Italie. —
10. J'ai fait mon devoir comme j'ai du.

12e Exercice. — Tréma.

RÈGLE. — Le Tréma est un double point (¨) qu'on place sur une voyelle pour la faire prononcer séparément de celle qui la précède.

Nota. — L'élève copiera l'exercice ou l'écrira sous la dictée, et mettra les trémas partout ils manquent.

1. Le mais, ou blé de Turquie, mûrit très-bien dans

notre pays. — 2. Personne n'aime les paroles **ambigues**. — 3. Il faut **haïr** le vice, et chérir la vertu. — 4. La harpe de David calmait les fureurs de **Saul**. — 5. C'est en Italie qu'on trouve les plus belles **mosaïques**. — 6. L'**égoïste** ne pense qu'à lui-même. — 7. Plusieurs femmes célèbres portèrent le nom d'**Adélaïde**. — 8. La **ciguë** est une plante vénéneuse. — 9. Josué prit la ville d'**Haï**. — 10. La **Jamaïque** produit de bon rhum.

13ᵉ Exercice. — Apostrophe.

REGLE. — L'apostrophe est un petit signe (') qui se place entre deux lettres pour indiquer la suppression d'une des trois voyelles *a*, *e* muet, *i*.

NOTA. — L'élève copiera l'exercice ou l'écrira sous la dictée, et replacera les apostrophes partout ou elles manquent.

1. Jadore le Seigneur. — 2. On mexplique sa loi. 3. Je técris une lettre. — 4. Cest un grand plaisir de monter à cheval. — 5. Loiseau senvole. — 6. Jai un nid dhirondelles à ma fenêtre. — 7. Nous nirons plus au bois. — 8. Lautomne est une belle saison. — 9. Lâme est immortelle. — 10. Il faut qu'on respecte le bien dautrui.

14ᵉ Exercice. — Trait d'union.

REGLE. — Le trait d'union est un petit signe (-) qui sert à lier deux mots.

NOTA. — L'élève copiera l'exercice ou l'écrira sous la dictée, et mettra les traits d'union là où ils sont nécessaires.

1. Ne faites pas vos devoirs en un **clin d'œil**; **mettez y** le temps nécessaire. — 2. Les **vers à soie** sont originaires de la Chine. — 3. **Gardez vous** d'écouter les paroles du méchant. — 4. Quelqu'un **est il** en danger, donne lui aussitôt du secours. — 5. Un de tes ennemis **t'offense t il**? **empresse toi** de lui pardonner. — 6. **Conduisons nous** envers les autres comme nous voudrions qu'ils se conduisissent envers **nous mêmes**.— 7. Laboure **très profondément** et tu recueilleras **très abondamment**. — 8. Mon grand père à **quatre vingts** ans. —9. Faites vos affaires vous même. — 10. Quand vous êtes seuls, pensez toujours qu'il y a là haut un œil qui vous voit.

13ᵉ Exercice. — Cédille.

REGLE. — La cédille est un petit signe (ɔ) qui se met sous le *c*, pour en adoucir la prononciation, quand il est suivi des voyelles *a, o, u*. Il se prononce alors comme deux *s*.

NOTA. — L'élève copiera l'exercice ou l'écrira sous la dictée, et mettra les cédilles ou elles sont nécessaires.

1. La citadelle de **Besancon** fut bâtie par Vauban.— 2. Le **macon** construit une maison élégante.—3. Le **colimacon** porte sa maison avec lui. — 4. Les neiges et les **glacons** sont abondants en hiver. — 5. A Noël, les petits **garcons** et les petites filles sont bien joyeux. — 6. La **facon** de donner vaut mieux que ce qu'on donne. — 7. Le poisson mord à l'**hamecon**. — 8. La **facade** du Louvre a été faite par l'architecte Perrault. — 9. La **balancoire** est le jeu favori des enfants. —

10. Nous avons **reçu** de Dieu un corps mortel et une âme immortelle. .

16ᵉ Exercice. — Lettres capitales ou majuscules.

Règle. — Les majuscules commencent chaque phrase, chaque vers, les noms propres et les noms abstraits personnifiés.

Nota. — L'élève copiera l'exercice ou l'écrira sous la dictée et mettra des majuscules partout où elles conviennent.

1 moise mourut sur le mont nébo.—2 sainte marie, mère de dieu, priez pour nous. — 3. dieu protège la france. 4. la france est bornée à l'est par le rhin, la suisse, les alpes et l'italie. — 5. les israelites passèrent la mer rouge à pied sec. — 6. le cours de la seine est de deux cents lieues. — la normandie renferme de bons pâturages. — 7. nous partons pour la suisse, où nous essayerons de gravir le mont blanc. — 8. le golfe de gascogne baigne le département de la gironde. — 9. On traverse le pas de calais pour aller en angleterre. — 10. la corse appartient à la france, depuis louis quinze.

17ᵉ Exercice. — Récapitulation

SUR LES ACCENTS, LES TRÉMAS, LES APOSTROPHES,
LES TRAITS D'UNION, LES CÉDILLES ET LES MAJUSCULES.

Nota. — L'élève écrira l'exercice sous la dictée, ou le copiera en rectifiant l'orthographe.

1. une piece de cinq francs vaut cent sous. — 2. une ame chrétienne est toujours prete a paraître devant dieu. — 3. la piqure de la guepe produit une douleur aigue. — 4. la faience est moins precieuse que la porcelaine. — 5. il ne faut pas vendre la peau de l'ours avant de lavoir jeté par terre. — 6. larc en ciel offre la réunion des sept couleurs. — 7. le grand colbert fonda des fabriques de dentelle a alencon. — 8. les eaux du lac d'enghien sont sulfureuses. — 9. le bois de boulogne est devenu une charmante promenade. — 10. esau aimait la chasse.

TROISIÈME LEÇON

SUBSTANTIF

I. — EXERCICES SUR LE GENRE DU SUBSTANTIF.

18ᵉ Exercice.

Règle. — Les substantifs terminés par un *e* muet au masculin ne changent pas de terminaison au féminin.

Nota. — L'élève copiera ou écrira sous la dictée les substantifs, et en formera le féminin. (Voir le modèle.)

Un locataire. — Un esclave. — Un pensionnaire. — Un domestique, — Un propriétaire. — Un poitrinaire. — Un sexagénaire. — Un sybarite. — Un malade. — Un camarade. — Un idolâtre. — Un élève.

— Un patriote. — Un ilote. — Un rebelle. — Un Belge.

MODÈLE DU DEVOIR.

Masculin.	*Féminin.*
Un locataire.	Une locataire.

19e Exercice.

Nota. — L'élève copiera l'exercice ou l'écrira sous la dictée, et mettra les substantifs au féminin dans les secondes phrases.

1. Un **coupable** mérite d'être puni. — 2. Une **coup...** qui avoue sa faute mérite son pardon.

1. Un roi est le premier **dépositaire** de la loi. — 2. Elle est de mes serments seule **dépositaire**.

1. L'**infidèle** manque à ses devoirs. — 2. La fortune est une **infidèle** qui abandonne souvent ceux qu'elle a favorisés.

1. On parle aux souverains de l'Orient par le moyen d'un **interprète**. — 2. Ma plume est l'**interp...** de mon cœur.

1. Un Spartiate ne tremblait jamais à la guerre. — 2. Une **Sparti...** élevait son fils, non pour elle, mais pour la patrie.

20e Exercice.

Règle. — Certains substantifs prennent un *e* muet au féminin, tels sont les suivants :

Nota. — L'élève copiera l'exercice ou l'écrira sous la dictée, et formera le féminin des substantifs d'après la règle. (Voir le modèle du devoir.)

Un Français. — Un Allemand. — Un Chinois. — Un Américain. — Un fermier [1]. — Un héritier. — Un meunier. — Un jardinier. — Un berger. — Un cuisinier. — Un voisin. — Un aïeul. — Un gourmand. — Un rentier. — Un citadin.

MODÈLE DU DEVOIR.

Masculin.	*Féminin.*
Un Français.	Une Française.

21e Exercice.

NOTA — Copier ou écrire sous la dictée, en mettant au féminin dans les secondes phrases les substantifs qui sont au masculin dans les premières

1. Un **ignorant** hérita d'un manuscrit. — 2 Une **ignor**... doit travailler pour s'instruire.

1. Le **cuisinier** [1] nous a fait un bon potage. — 2. La faim est la meilleure **cuisin**... du monde.

1. Le **jardinier** taille les arbres. — 2. J'ai mangé une côtelette à la **jardin**...

1. Cet avocat est un bon **conseiller**. — 2. La peur est une mauvaise **conseil**...

1. A l'œuvre, on connaît l'**ouvrier**. — 2. La fourmi est une **ouvri**... active.

1. Le **berger** mène son troupeau aux champs. — 2. La **berg**... soigne ses petits moutons.

22e Exercice.

RÈGLE. — Certains substantifs terminés par

---

[1] Les noms en *er* au masculin prennent au féminin un accent sur l'*é* qui se trouve dans la dernière syllabe. Exemple : Un fermier, une fermière.

un *e* muet au masculin, ajoutent à cet *e* muet *sse* pour le féminin.

NOTA. — L'élève copiera l'exercice ou l'écrira sous la dictée, et formera le féminin des substantifs, d'après la règle. (Voir le modèle du tableau.)

Un maître. — Un mulâtre. — Un druide. — Un âne. — Un hôte. — Un comte. — Un nègre. — Un suisse. — Un ogre. — Un prince. — Un tigre. — Un pauvre. — Un maire.

MODÈLE DU DEVOIR.

Masculin.	*Féminin.*
Un maître.	Une maîtresse.

23ᵉ Exercice.

NOTA. — L'élève copiera l'exercice ou l'écrira sous la dictée, et mettra les substantifs au féminin dans les secondes phrases.

1. L'Amérique est la patrie de ce **mulâtre.** — 2. Cette femme a le teint d'une **mulâtr...**

1. L'**âne** est sobre et patient. — 2. Il y a dans les villes beaucoup de malades qui sont obligés de boire du lait d'**ân...**

1. Rien ne remplace dans une maison l'œil du **maître.** — La **maîtr...** de cette maison reçoit bien son monde.

1. Il n'appartient pas au roi de France de venger les injures du **comte** de Paris. — 2. Eléonore d'Aquitaine, répudiée par Louis VII, devint **comt...** d'Anjou.

1. Le petit poucet tira doucement les bottes de l'ogre. — 2. L'ogr... attendait son mari qui ne tarda pas à rentrer.

24ᵉ Exercice.

Règle. — Les substantifs terminés en *eau*, changent au féminin *eau* en *elle*.

Nota — Copier ou dicter et écrire au féminin dans les secondes phrases les substantifs en *eau* qui sont dans les premières.

Un jouvenceau, une jouvencelle ; un tourtereau, une tourterelle ; un pastoureau, une pastourelle ; un jumeau, une jumelle ; un chameau, une chamelle.

1. Un **jouvenceau** est un jeune homme encore adolescent. — 2. Le nom de **jouvenc...** se donne à une jeune fille.

1. Mon **tourtereau** s'est envolé. — 2. La **tourterel** .. est prisonnière dans sa cage

1. Le **chameau** est le navire du désert. — 2. Une **cham** .. est grande et forte pour le voyage.

1. Les **pastoureaux** firent une croisade pour la délivrance de saint Louis. — 2 La **pastour...** est une bergère, comme le **pastoureau** est un berger.

25ᵉ Exercice.

Règle. — Les substantifs en *ien*, *on*, *et*, *ot* doublent la consonne finale, et prennent un *e* muet en plus.

Nota. — Copier ou dicter et écrire au féminin dans une

seconde colonne les substantifs qui suivent. (Voir le modèle du devoir.)

IEN.

Chrétien. — Païen. — Chien. — Citoyen. — Musicien. — Prussien. — Italien. — Comédien. — Parisien. — Jardin. — Plébéien. — Patricien. — Vénitien. — Magicien. — Artésien. — Sicilien.

ON.

Baron. — Fripon. — Saxon. — Breton. — Bourguignon. — Dragon. — Lion. — Poltron. — Brabançon. — Gascon. — Mignon. — Luron. — Poltron. — Bouffon.

ET.

Net. — Cadet. — Muet. — Sujet. — Minet. — Pauvret — Poulet. — Biquet. — Coquet.

OT.

Linot. — Marmot. — Manchot. — Sot.

MODÈLE DU DEVOIR.

Masculin.	*Féminin.*
Chrétien.	Chrétienne.

26ᵉ Exercice.

Nota. — Copier ou dicter, en mettant au féminin dans les secondes phrases les substantifs qui sont au masculin dans les premières.

1. Conduis-toi en bon citoyen. — 2. Cornélie fut une citoy... remarquable de Rome.

1. Cet enfant est le **mignon** de sa mère. — 2. François 1ᵉʳ appelait sa sœur sa **mignon**...

1. L'**Alsacien** est industrieux. — 2. Cette dame est costumée en **alsacien**...

1. La langue du **muet** vaut mieux que celle du menteur. — 2. La **Muet**... de Portici est un ballet intéressant.

1. Le **chrétien** pardonne toujours à son ennemi. — 2. Clotilde fut une **chréti**... fervente qui convertit son mari Clovis.

27ᵉ Exercice. — Récapitulation

Sur les substantifs terminés en ien, on, et, ot.

Nota — Copier ou dicter, et indiquer de vive voix les deux genres des substantifs de l'exercice et leur orthographe.

LE LINOT.

Un **marmot** qui faisait paître une **biquette**, prit un jour dans un piége un petit **linot**. Ce fut en vain que le **pauvret** se débattit dans la main de son maître, dont il était devenu malgré lui le **sujet**. Fripon lui disait le **marmot**, tu n'es plus maintenant un **citoyen** de l'air; te voilà prisonnier, pour être venu, aussi hardi qu'un **dragon**, manger mon grain. Si tu fusses resté **muet** sur l'arbre que tu habites, si tu n'eusses pas voulu faire le **musicien**, tu n'aurais pas attiré mes regards. Cher **mignon**, je n'aurais pas cherché à te posséder. Maintenant, il te faudrait la baguette d'un **magicien** pour te tirer d'entre mes mains.

« Cher petit **gardien** des **biquets**, repartit le **linot**, ayez pitié de moi ; ayez l'âme noble d'un **breton** ou d'un **baron**, et traitez-moi, comme un **mignon** qui vous aime. Je vous ai vu sans **chien**, et je suis venu aujourd'hui auprès de vous ; j'aurais pu rester comme un **muet**, ou méfiant comme un **poulet**, vous ne m'auriez pas découvert. En vous voyant, je suis accouru près de vous, pour vous distraire par mes chants dignes d'une **musicienne italienne**. Et vous m'avez saisi. Rendez votre petit **sujet** à la liberté, je vous prie : il vous aimera toujours ; je ne suis pas **gascon**, croyez-moi. — **Gascon** ou **saxon**, peu m'importe, mon **cadet** ! Tu n'es qu'un **comédien** : dans quelques instants, tu seras en cage, et pour te consoler, tu chanteras, si tu le veux comme un bon **luron**, ta mésaventure.

Le **lion** de La Fontaine fut plus généreux envers son rat.

28ᶜ Exercice.

Règle. — Les substantifs en *eur*, qui suivent, ne s'emploient pas au féminin, ou restent les mêmes pour les deux genres.

Nota. — Copier ou écrire sous la dictée et apprendre l'orthographe des mots en *eur*.

Orateur, auteur, traducteur, successeur, confesseur, receveur, commandeur, piqueur, fondeur, agriculteur, arpenteur, curateur, dictateur, détracteur, fournisseur, dessinateur, constructeur, vainqueur, défenseur, diffamateur, dompteur, usurpateur, narrateur, sculpteur, graveur, accompagnateur, professeur, laboureur, sacrificateur, pasteur, administrateur, censeur, recteur, proviseur, docteur.

29ᵉ Exercice.

Nota. — Copier ou dicter et souligner les substantifs en *eur* qui ne changent pas au féminin.

1. Mirabeau est un grand orateur. — 2. L'auteur d'un bienfait doit toujours l'oublier. — 3. Madame Dacier est un bon traducteur d'Homère. — 4. Saint Louis eut pour successeur Robert de Sorbon, fondateur de la Sorbonne. — 5. Je viens d'acheter une charge de receveur. — 6. Le grand commandeur envoie son piqueur pour annoncer son arrivée. — 7. Le fondeur a de hauts fourneaux pour fondre le cuivre. — 8. Les agriculteurs ont amélioré le sol de cette province, les arpenteurs l'ont mesuré à sa juste valeur. — 9. Les dames romaines avaient toujours à Rome un dictateur.

30ᵉ Exercice.

Règle. — Les substantifs terminés en *eur*, et formés d'un participe par le changement de *ant* en *eur*, font *euse* au féminin.

Nota. — Copier ou écrire sous la dictée et appliquer la règle aux substantifs qui suivent.

Dansant, danseur, danseuse ; — parlant, parleur, parleuse ; — trompant, trompeur, trompeuse ; — flattant, flatteur, flatteuse ; — mentant, menteur, menteuse ; — volant, voleur, voleuse ; — riant, rieur, rieuse ;

— jouant, joueur, joueuse ; — voyageant, voyageur, voyageuse ; — parfumant, parfumeur, parfumeuse ; — dormant, dormeur, dormeuse ; — baignant, baigneur, baigneuse ; — lisant, liseur, liseuse ; — blanchissant, blanchisseur, blanchisseuse ; — brodant, brodeur, brodeuse ; — chantant, chanteur, chanteuse : — boudant, boudeur, boudeuse ; — moquant, moqueur, moqueuse ; — balayant, balayeur, balayeuse ; — vendangeant, vendangeur, vendangeuse : — empruntant, emprunteur, emprunteuse.

31ᵉ Exercice.

Nota. — Copier ou écrire sous la dictée, en mettant au féminin dans les secondes phrases les substantifs en *eur* qui se trouvent dans les premières.

1. Ce **danseur** manque de grâce. — 2. A Rome, on employait les **dans**... et les pleureuses dans les cérémonies funèbres.

1. En Égypte, l'**emprunteur** mettait en dépôt le corps de son père. — 2. Que faisiez-vous au temps chaud, dit-elle à cette **emprunt**... ?

1. On trouve en Italie d'excellents **chanteurs**. — 2. Il y a maintenant de bonnes **chant**... aux Champs-Élysées de Paris.

1. En automne, les **vendangeurs** ont beaucoup d'occupation. — 2. Les **vendang**... sont contentes et ient de bon cœur.

32ᵉ Exercice.

Règle. — Les noms en *teur* qui ne sont pas

formés d'un Participe présent, font leur féminin
en *trice*.

NOTA. — Copier ou écrire sous la dictée, et former le féminin des adjectifs d'après la règle. (Voir le modèle du devoir.)

Acteur. — Accusateur. — Administrateur. — Bien-
faiteur. — Conducteur. — Conservateur. — Consolateur. —Donateur. — Exécuteur. — Instituteur. — Libérateur. — Persécuteur. --Protecteur. —Spectateur.
--- Testateur. — Tuteur. — Usurpateur. — Directeur.
— Exécuteur. — Inventeur. — Fondateur.

MODÈLE DU DEVOIR.

Masculin.	*Féminin.*
Acteur.	Actrice.

33ᵉ Exercice.

NOTA. — Copier ou écrire sous la dictée, en mettant au
féminin dans les secondes phrases les substantifs en *teur*
qui se trouvent dans les premières.

1. Guillaume Tell est le **libérateur** de la Suisse. —
2. Jeanne d'Arc, la **libérat...** de la France, fut brûlée
vive.

1. Les **bienfaiteurs** nous consolent de notre misère.
— 2. La reine Berthe, femme du roi Robert, se montra sur le trône la **bienfait** .. des pauvres.

1. François Iᵉʳ fut le **protecteur** des lettres en
France.—2. Madame de Maintenon fut la **fondatr...** et
la **protect...** de la maison de Saint-Cyr.

1. Un ami est un **consolateur** fidèle. — 2. Marie est
la **consolat..** des affligés.

34ᵉ Exercice.

Substantifs en cur *qui font leur féminin d'une manière
irrégulière, ou qui ont une signification remarquable.*

Nota. — Copier ou écrire sous la dictée, et apprendre la
signification des substantifs en *cur.*

Ambassadeur, ambassadrice ; enchanteur, enchanteresse ; vengeur, vengeresse, défendeur, défende-
resse ; gouverneur, gouvernante ; serviteur, servante ;
demandeur, demanderesse ; demandeur, demandeuse ;
bailleur, bailleresse ; bâilleur bâilleuse ; pécheur, pé-
cheresse; pêcheur, pêcheuse; chasseur, chasseuse et
chasseresse ; chanteur, chanteuse et cantatrice.

35ᵉ Exercice.

Nota — Copier ou écrire sous la dictée, en mettant au féminin dans les secondes phrases les substantifs en *cur* qui
se trouvent dans les premières.

1. L'**ambassadeur** part pour Rome. — 2. La toilette
de l'**ambassad...** est resplendissante de diamants.
1. Armide se promenait dans des jardins **enchan-
teurs.** — 2. Les sirènes, à cause de la douceur de leur
voix, passaient pour trois **enchant ..**
1. Burrhus fut donné comme **gouverneur** au jeune
prince Néron. — 2. Madame de Maintenon fut choisie
pour être la **gouvern...** des enfants de Louis XIV.

1. Le **pécheur** offense Dieu, toutes les fois qu'il commet un péché — 2. La **pécher** .. est bien à plaindre.

1. Les premiers disciples de Jésus étaient de simples **pêcheurs**. — 2. Presque toutes les femmes des côtes de Normandie méritent le nom de **pêch** ..

36ᵉ Exercice. — Récapitulation

sur la formation du féminin des substantifs en eur.

Nota — Copier ou écrire sous la dictée, et terminer le devoir en écrivant les substantifs de l'exercice sur deux colonnes; la première pour le masculin, la seconde pour le féminin.

IMPÉRIALI-LERCARI.

En 1684, la célèbre ville de Gênes avait pour **administrateur** le doge Impériali-Lercari.

A cette époque, la France était gouvernée par le **dominateur** de l'Europe, Louis XIV.

Ce prince, si **conservateur** de sa dignité à l'étranger, mit tous ses soins à se montrer le **défenseur** de sa grandeur royale, quand elle était outragée. Les Génois s'étant montrés les **protecteurs** des pirates, Louis XIV résolut de les punir. Il chargea l'amiral Duquesne d'être l'**exécuteur** de ses volontés, et de bombarder une ville **protectrice** de ses ennemis, à moins que le chef de l'État ne vînt lui offrir des excuses.

A cette nouvelle, les Génois chargèrent leur **défenseur**, ou Doge, de se rendre auprès du roi mécontent, d'être leur **orateur**, et de fléchir son légitime courroux. L'**ambassadeur** génois quitta la ville de Gênes, et vint se présenter à Versailles. « La ville de Gênes, dit-il, Sire, a toujours été l'**admiratrice** de votre puissance. Si, dans ce moment, elle est l'**auteur** d'une mésintelligence fâcheuse avec votre Majesté, elle vous déclare par ma voix qu'elle veut être la **réparatrice** des torts qui ont blessé votre royale personne. »

A ces paroles, le roi regarda avec bienveillance le **gouverneur** de la république génoise, accueillit ses excuses, et déclara que tout serait oublié. Le grand roi, en outre, ordonna des fêtes en l'honneur du **gouverneur** de Gênes. Celui-ci admira les magnificences de la ville **enchanteresse** de Versailles ; il jouit de tous les plaisirs **séducteurs** qui lui furent offerts ; il admira les chefs-d'œuvre des Girardon et des Coysevox qui étaient les **sculpteurs** fameux de ce temps. Il contempla les Apollon, les Neptune, les Diane **chasseresse** qui décorent cette demeure majestueuse.

Tout en se promenant au milieu de tant de merveilles **séductrices**, le marquis de Seignelai, qui accompagnait le doge **admirateur**, lui demanda ce qu'il trouvait de plus extraordinaire dans les jardins de Versailles. « C'est de m'y voir, répondit sur-le-champ le Doge, remarquables paroles, car il faut savoir que les lois de l'État de Gênes défendaient au Doge de sortir du territoire de la république.

Le Doge loua les artistes, **inventeurs** de tant de merveilles, et les hommes de goût qui étaient non-seulement les **créateurs** de tant de beautés, mais encore les heureux **traducteurs** des grandes pensées du monarque.

Après avoir apprécié les **constructeurs** de ces canaux qui coupent le parc et apportent dans ces lieux une

fraicheur **réparatrice**, et admiré les suaves **chanteurs**
et les mélodieuses **cantatrices** de la chapelle du Prince,
les **acteurs** et les **actrices** consommés chargés d'amuser
le souverain et sa cour, les musiciens, les **compositeurs**
si heureusement inspirés, le Doge de Gênes reconnut que
Louis XIV n'était point un **usurpateur** de sa gloire, et
que les **diffamateurs** et les **détracteurs** de son mérite
n'étaient que des envieux et des jaloux ; le **directeur**
de la république génoise, pénétré d'admiration et de
reconnaissance, rentra dans sa patrie, annonça à ses
concitoyens leur réconciliation avec la France, et **narrateur** fidèle leur fit un récit éloquent de toutes les
merveilles dont il avait été **spectateur.**

II. — EXERCICES SUR LA FORMATION DU PLURIEL DANS LES SUBSTANTIFS.

37ᵉ Exercice.

RÈGLE. — On forme le pluriel des substantifs
en ajoutant une *s* à la fin.

NOTA. — Copier ou écrire sous la dictée, et mettre au
pluriel les noms suivants :

La loi, les — ; le temple, les — ; le livre, les — ;
la main, les — ; la tête, les — ; le pied, les — ; le
cahier, les — ; la plume, les — ; le livre de l'enfant,
les —, des — ; la page du livre ; les —, des — ; le

fusil du soldat; les —, des — ; le nid de la fauvette;
les — des — ; la balle, les — ; la poupée, les — ;
le bonnet, les — ; l'arbre, les — ; le chien, les — ;
la rose, les — ; l'armoire, les — ; le tablier, les — ;
la messe, les — ; le doigt de la main, les — des — ;
le clocher du village, les — des — ; le devoir de l'écolier, les — des — ; l'aile du papillon, les — des — ;
la fleur des champs, les — des —.

38ᵉ Exercice.

Nota. — Les substantifs de cet exercice sont écrits au singulier. Copier ou dicter et donner aux substantifs l'orthographe qui leur convient.

JOB.

Le saint **homme** Job avait acquis de grandes **richesse**,
mais il avait conservé un **cœur** pur et droit. Il perdit
dans un seul **jour** tous ses **bien**, sa **santé**, ses **enfant**;
de plus il essuya les **reproche** de sa **femme** et de ses
ami, sans cesser d'avoir confiance dans le **seigneur**,
et de bénir son **nom**. Aussi le **Seigneur**, touché de tant de
patience, rendit-il à son **serviteur** plus de **bien** qu'il
n'en avait perdu, et il lui accorda une longue et heureuse **vieillesse**. Tobie transmit ses **vertu** à ses **enfant**.

39ᵉ Exercice.

Règle. — Les substantifs terminés au singulier
par s, x, z, ne changent pas au pluriel.

Nota. — Copier ou écrire sous la dictée, et placer les substantifs de l'exercice sur deux colonnes; la première pour le singulier, la seconde pour le pluriel

S.

Le fils, le pas, le bois, la souris, le vernis, le logis, le puits, le pays, le tapis, le buis, la brebis, le poids, le printemps, le mois, le bras, le secours, le velours, l'ours, le lis, le sens, le mets, l'abus, le vers, le verglas, l'atlas, le minois, le discours, le taffetas, l'os, le corps, le logis, le héros, le lilas, le temps, l'avis, le débris, le progrès, le coloris, le succès, le logis, le héros, le repas, le repos, le dos, l'embarras.

X.

La voix, le lynx, le crucifix, l'onyx, la toux, le houx, la croix, le prix, le sphinx, la poix, la perdrix, l'époux, le jaloux.

Z.

Le nez, le riz, le gaz, le sonnez, le rez-de-chaussée.

40ᵉ Exercice.

Nota. — Copier ou dicter et terminer le devoir, en écrivant sur deux colonnes les substantifs au singulier et au pluriel

1. La reine Blanche de Castille éleva son **fils** dans la piété. — 2. Les **Français** eurent des **lis** dans leurs étendards jusqu'au XIXᵉ siècle. — 3. Robinson fut fort surpris, quand il aperçut, dans son île, des **pas** d'homme sur le sable. — 4. J'ai un **sphinx** gravé sur mon cachet. — 5. Les plaines de la Lombardie renferment des

rizières qui produisent d'excellent **riz**. — 6. Vous êtes le **phénix** des hôtes de ces **bois**.—7. Le savoir a son **prix**. — 8. Paris est éclairé au **gaz**, — 9. Pour montrer sa belle **voix**, il ouvre un large **bec**. — 10. Le peuple des **souris** croit que c'est châtiment.

41ᵉ Exercice. — Récapitulation

SUR LE PLURIEL DES SUBSTANTIFS.

Nota — Copier ou dicter et terminer le devoir en écrivant les substantifs de l'exercice dans deux colonnes, la première pour les substantifs singuliers, la seconde pour les substantifs pluriels.

Mon **fils**, aime toujours ton **pays**, ton **pays**, où s'est écoulé l'heureux **temps** de ton enfance : consacre lui tous tes **instant** dans le **cours** de ta **vie**; s'il a **besoin** de ton bras, vole à son **secours** et défends-le jusqu'à ton dernier **soupir**! Sois toujours sensible à la **voix** de l'**honneur**, et qu'un **jour**, tu puisses être compté parmi les **héros**, qui par leurs glorieux **succès** laissent un **nom** respecté de tous leurs **concitoyens**. Sois docile aux **avis** de celui qui t'aime, de celui qui voudrait voir le **prix** du courage et de l'**honneur** étincelant sur ta poitrine.

42ᵉ Exercice.

RÈGLE. — Les substantifs en *au*, *eau*, *eu*, prennent une *x* au pluriel.

Nota. — Copier ou écrire sous la dictée, et placer les

substantifs sur deux colonnes, la première pour le singulier
et la seconde pour le pluriel.

L'agneau, le bateau, l'anneau, le hameau, le rideau,
le couteau, le chapeau, le château, le chapiteau, le
panneau, le pruneau, le tombeau, le ruisseau, le tombereau, le cerceau, le roseau, le fuseau, l'eau, le radeau,
le plateau, le tuyau, le chalumeau, le pipeau, le gâteau, le chameau, le veau, l'étourneau, le plateau, le
plumeau, le lardeau, le flambeau, le tableau, le corbeau, le lapereau, le bouleau, le fléau, le morceau, le
lionceau, le barreau, l'écriteau, le carpeau, le rateau,
le drapeau, l'arbrisseau, le noyau, le troupeau, le
gruau, le pinceau, le tonneau, l'oiseau, la peau, le
cadeau, le gluau, le trousseau, le manteau, le marteau,
le carreau, le caveau, le tombereau, le feu, le chevéu,
le neveu, le jeu, l'enjeu, le dieu, le vœu, le lieu, le
pieu, l'épieu, l'adieu, l'aveu, le milieu, l'essieu, les
bestiaux.

43ᵉ Exercice.

Nota — Copier ou écrire sous la dictée, et orthographier
les substantifs d'après la règle. Ils sont tous écrits au singulier

1. Mettez des **rideau** de mousseline verte à ma
fenêtre. — 2. Les glaives, les **couteau** déjà sont préparés. — 3. Les **roseau** plient et ne rompent pas. —
4. L'entrevue de Tilsitt entre Napoléon et l'empereur
de Russie, eut lieu sur un **radeau** au milieu du Nié-
men. — 5. Les **plateau** sont des terrains unis sur les
montagnes. — 6. La vigne vierge et le tilleul forment
des **berceau** qui nous protégent contre les rayons du

soleil. — 7. Les plaines de la Normandie sont couvertes de **troupeau**.—8. Ce diamant jette des **feu** éblouissants. — 9. Dalila fit couper les **cheveu** à Samson et le livra à ses ennemis. — 10. Mes **arrière-neveu** me devront cet ombrage.

44ᵉ Exercice.

Règle. — Les substantifs en *ou* prennent une *s* au pluriel.

Nota. — Copier ou écrire sous la dictée, et mettre au pluriel sur deux colonnes les substantifs suivants ; la première pour le singulier, la deuxième pour le pluriel.

Le bambou, les —; le clou, les — ; le cou, les —; le coucou, les —; l'écrou, les —; le filou, les —; le fou, les —; le licou, les —; le sapajou, les —; le sou, les —; le trou, les —; le verrou, les —; le matou, les —.

Exceptions à la règle des noms en *ou*. — Les sept substantifs suivants prennent une *x* au pluriel.

1. Le bijou, les — ; 2. le caillou, les — ; 3. le chou, les — ; 4. le genou, les — ; 5. le hibou, les — ; 6. le joujou, les — ; 7. le pou, les —.

45ᵉ Exercice.

Nota. — Copier ou dicter, et donner aux substantifs en *ou* la finale qui leur convient. Ils sont tous écrits ici au singulier.

1. La nuit les **hibou** sortent des **trou**.—2. Les dames portent au **cou** des colliers ornés de **bijou**.—3. Les **filou** possèdent l'art de défaire les **verrou** des portes. — 4. Il manque plusieurs **clou** dorés à mon fauteuil. — 5. C'est avec des **chou** que l'on fait la bonne choucroûte d'Allemagne. — 6. Le **sapajou** est une espèce de singe que l'on trouve en Amérique. — 7. Il y a aux Indes des forêts de **bambou**. — 8. Les **coucou** vivent dans les bois. — 9. Les **joujou** d'Alphonse Giroux sont de jolies étrennes pour les enfants. — 10. On trouve aux bords de la mer de gros **caillou** qu'on appelle galets.

46ᵉ Exercice. — Récapitulation

sur le pluriel des substantifs en au, eau, eu, ou.

Nota. — Dicter ou copier et orthographier les substantifs comme il convient. Ils sont tous écrits dans l'exercice au singulier.

IMPRUDENCE D'UN AGNEAU.

C'était le long d'un clair **ruisseau**, dans des **lieu** tranquilles entourés de **coteau** riants, parsemé de bouquets d'**arbrisseau** verts, de **roseau** flexibles et de blancs **bouleau** ; point de **hibou** ni de **coucou** dans ces **lieu** ; les petits **oiseau** seuls y faisaient entendre leurs chants. On apercevait dans le lointain quelques **troupeau** qui paissaient paisiblement au **milieu** des prairies, et d'élégants **château** se voyaient sur les collines d'alentour, lorsqu'un jeune mouton poussé par la soif, quitta son **troupeau** furtivement et vint accomplir le **vœu** qu'il avait formé d'étancher sa soif seul et loin de l'œil du berger.

Caché derrière un petit **rideau** de **roseau**, il but à plusieurs reprises l'**eau** limpide; il contemplait le **tableau** qu'il avait sous les yeux; auprès de lui il voyait de petits **caillou** de diverses couleurs reluire au fond de l'**eau**, de petits insectes aux corps brillants qui ressemblaient à des **bijou** précieux, trottaient dans l'herbe; au loin, se voyaient de vastes champs de **chou** et de blé enfin notre jeune **agneau** était heureux, quand tout à oup un **corbeau**, oiseau de sinistre présage, vint traverser les airs et le tira de son doux repos. Il entend un grand bruit : Il regarde : hélas! c'était un loup terrible qui arrivait en ces **lieu**. Notre petit imprudent n'a que le temps de se jeter au **milieu** des **roseau**. Il voit passer à quelques pas de lui de nombreux paysans armés d'**épieu**, de fusils, de fourches, de **couteau** qui poursuivaient l'ennemi. Je laisse à penser la peur qui s'empara de notre petit **agneau**, le cœur lui battit fort, ses **genou** tremblèrent; il reconnut qu'il avait joué là un jeu terrible et il attendit le moment favorable pour fuir ; il prit ses jambes à son **cou**, se félicitant d'avoir échappé aux griffes du loup qui aurait bien pu être son **bourreau**; et, sans prendre le temps de faire ses **adieu** à son **ruisseau**, il regagna en toute hâte son **troupeau**. Il reconnut qu'il s'était conduit comme un **étourneau**.

47ᵉ Exercice.

RÈGLE. — Les substantifs en *al* au singulier, changent *al* en *aux* au pluriel.

Nota. — Copier ou écrire sous la dictée les substantifs en *al*, et ensuite les écrire sur deux colonnes au singulier et au pluriel. (Voir le modèle)

Le mal, —; le cheval, —; l'amiral, —; l'animal, —; l'arsenal, —; le canal, —; le capital, —; le cardinal, —; le fanal, les —; le général, —; l'hopital, —; le journal, —; le chenal, —; le maréchal, —; le métal, —; le minéral, —; l'original, —; le piédestal, —; le rival, —; le signal —; le total, —; le tribunal, —; le vassal, —; le végétal, —.

Exceptions à la règle des noms en *al*. — Les six noms suivants prennent un *s* au pluriel.

1. Le bal, —; 2. le cal —; 3. le carnaval, — 4. le chacal, —; 5. le pal, —; 6. le régal, —.

MODÈLE DU DEVOIR.

Singulier.	*Pluriel.*
Le mal.	Les maux.

48ᵉ Exercice.

Nota — Tous les substantifs de l'exercice sont écrits au singulier. — Se bien rappeler quels sont les six substantifs en *al* qui prennent une s au lieu d'un *x*.

1. Le **cheval** est un des **animal** les plus utiles à l'homme. — 2. La bibliothèque impériale de Paris contient des **original** d'une valeur inestimable. — 3. Le son de la cloche des vêpres fut le **signal** du massacre des Vêpres-Siciliennes. — 4. Les **mineral** sont enfouis

dans les entrailles de la terre. — 5. Les lauriers de Miltiade empêchaient son **rival** Thémistocle de dormir. — 6. Sully demeurait à l'**arsenal**. — 7. Le **carnaval** de Venise était très-célèbre et très-amusant autrefois. — 8 Ouvrez ce **bocal** d'abricots. — 9. Le **tribunal** a condamné le criminel au supplice du **pal**. — 10. L'or est le plus précieux des **métal**.

Nota. — Copier ou écrire sous la dictée les substantifs suivants; puis les écrire au singulier et au pluriel sur deux colonnes. (Voir le modèle.)

Un attirail. — Un camail. — Un épouvantail. — Un éventail. — Un gouvernail. — Un poitrail. — Un portail. — Un sérail. — Un détail.

Exceptions : Les 7 substantifs suivants changent **ail** en **aux**.

Un ail. — Un bail. — Un corail. — Un émail. — Un soupirail. — Un ventail. — Un travail[1].

MODÈLE DU DEVOIR.

Singulier.	*Pluriel.*
Un attirail.	Des attirails.

49ᵉ Exercice.

Nota. — Copier ou écrire sous la dictée, et orthographier

---

[1] Remarque sur ce dernier substantif: travail a deux pluriels: des travails, des travaux. On nomme travails: 1° les machines de bois dont on se sert pour ferrer les chevaux difficiles; — 2° les comptes d'un inférieur au ministre. Dans tous les autres cas, travail fait au pluriel travaux.

les substantifs de l'exercice comme il convient Ils sont tous écrits au singulier.

1. Mes fermiers ont renouvelé leurs **bail** à la Saint-Jean. — 2. Les **détail** que madame de Sévigné nous a donnés sur la mort de Turenne, sont pleins d'intérêt. — 3. Les **éventail** sont les compagnons des dames au bal et au spectacle. — 4 Les mannequins que l'on place dans les blés, servent d'**épouvantail** aux oiseaux. — 5. Le **portail** de l'église de Saint-Germain-l'Auxerrois et celui de Saint-Vincent-de-Paul sont deux **portail** ornés de peintures. — 6. Nos caves manquent de bons **soupirail**. — 7. Les prêtres ont deux **camail**, le noir et le violet. — 8. Les **gouvernail** sont indispensables aux navires. — 9. On trouve différents **corail** sur la côte de la mer des Indes. — 10. Les **sérail** de Constantinople et du Caire sont peuplés de sultanes.

50ᵉ Exercice. — Récapitulation

Sur l'orthographe des substantifs en al *et en* ail.

Nota. — Copier ou écrire sous la dictée, et examiner si l'orthographe des noms en *al* et en *ail,* est celle qui leur convient. Rectifier l'orthographe, s'il y a lieu.

VOYAGE DANS LE LEVANT.

Où êtes-vous allée vous promener hier, ma chère Marie ? — Marie. Voici quelques **détail** sur notre promenade. D'abord nos **cheval** nous ont conduits en quelques minutes au bois. Là, nous avons mis pied à terre ; et, au bout du grand lac, mon oncle a rencontré son ami l'**amiral** qui nous a parlé du voyage qu'il vient de faire en Orient.

Amélie. — Dites m'en quelques mots, je vous prie.

Marie. — D'abord, parti du port de Toulon, l'amiral a navigué avec un vent favorable, et il est venu relâcher deux jours à Rome. Là, à chaque instant, il a rencontré non pas des **maréchal**, ni des **général**, mais des **cardinal**, des évêques, des prêtres, des religieux de tout ordre, revêtus de **camail** noirs ou violets.

Il visita huit jours après Constantinople, cette ville orientale, aux magnifiques **sérail**, et à laquelle on arrive par un **canal** enchanteur, bordé à droite et à gauche d'habitations ravissantes. Descendu dans cette ville, s'il eût été magistrat, il eût visité les **tribunal**; mais en sa qualité de soldat, il visita les **arsenal** de l'État, et les **hopital** militaires qui sont loin d'être les **rival** de ceux de la France.

L'expédition est ensuite repartie pour les Échelles du Levant. Après y avoir exécuté tous les **travail** de sa mission, l'**amiral** a cinglé vers l'Égypte. Que cette contrée dont on nous avait fait un **épouvantail**, est belle aussi à visiter ! Le teint des femmes est, il est vrai, un peu basané; mais il s'harmonise très-bien avec les colliers de **corail** dont les dames égyptiennes aiment à se parer. Il y a eu plusieurs **bal** chez l'ambassadeur de France, et nous aurions été certainement très-heureuses d'y assister.

L'Égypte est un pays dans lequel les **éventail** sont fort à la mode, et l'on n'y passe pas pour des **original**, lorsqu'on s'y promène l'éventail à la main et le parasol sur la tête. Il y fait si chaud ! L'amiral m'en a rapporté une montre égyptienne en **émail** bleu : je vous la montrerai avec plaisir. Il a fait aussi une collection curieuse de **minéral** précieux et de **végétal** rares ; il y a aussi chassé la gazelle et le **chacal** avec ardeur. Enfin il a donné le **signal** du retour, en menaçant du supplice du **pal** quiconque de ses marins qui ne lui obéirait pas avec la même soumission que jadis les **vassal** du moyen âge obéissaient à leurs suzerains.

AMÉLIE — Ce voyage, ma chère, est surprenant, et votre **amiral**, après sa mort, méritera justement d'être placé dans le Panthéon sur un superbe **piédestal**.

51ᵉ Exercice.

Pluriel des mots aïeul, ciel, œil.

RÈGLE. — *Aïeul* fait au pluriels *aïeux*, quand il signifie *ancêtres* — et *aïeuls*, quand il désigne précisément le grand-père paternel et le grand-père maternel. — *Ciel* fait *ciels*, quand il signifie les *ciels* de lit ou de tableaux, les *ciels* de carrière, et dans le sens de température. Dans tous les autres cas, il fait *cieux*. — *Œil* fait au pluriel *yeux*, quand il désigne l'organe de la vue, ou les ronds du bouillon, les vides dans le pain, dans le fromage : dans les autres cas, il fait *œils.*

NOTA. — Copier ou écrire sous la dictée, et indiquer le pluriel des mots *aïeul, ciel, œil,* de la manière convenable.

1. On donne le nom d'**aïeul** à son grand-père, et celui d'**aïeul** à sa grand'mère. — 2. Mon **bisaïeul** a occupé pendant sa vie les charges les plus élevées de l'État. — 3. Qui sert bien son pays n'a pas besoin d'**aïeul**. — 4. Mes deux **aïeul** étaient deux femmes pleines de

bonté. — 5. J. C. est monté au **ciel**. — 6. Les **ciel** instruisent la terre à révérer leur auteur. — 7. Ce peintre fait bien les **ciel** de tableaux. — 8. L'ingénieur a percé les trois **ciel** de cette carrière. — 9. Dans les chemins de fer, on voyage souvent à **ciel** ouvert. — 10 Samson eut les **œil** crevés. — 11. Ce bouillon n'a pas d'**œil**; il faudrait un bon maître d'armes pour les lui crever. — 12. Le fromage de gruyère a beaucoup d'**œil**. — 13. Ma maison a trop d'**œil-de-bœuf**. — 14. Il faut faire soigner ses **œil-de-perdrix** par le pédicure. — 15. Les **œil** de la perdrix sont vifs.

52ᵉ Exercice.

REGLE. — Quand les substantifs composés sont formés de deux noms, ils prennent tous les deux la marque du pluriel. (Pour les exceptions, voir les explications du degré supérieur.)

NOTA. — Copier ou écrire sous la dictée, et étudier l'orthographe des substantifs composés en les raisonnant, et bien rendre compte de chaque mot qui les compose.

I.

Un chef-lieu, des chefs-lieux; une plate-bande, des plates-bandes; un oiseau-mouche, des oiseaux-mouches; un beau-frère, des beaux-frères; un chat-huant, des chats-huants; une courte-pointe, des courtes-pointes; une basse-taille, des basses-tailles; un garde-champêtre, des gardes-champêtres; un procès-verbal, des procès-verbaux; une chauve-souris, des chauves-souris; un cerf-volant, des cerfs-volants ; un martin-pêcheur, des martins-pêcheurs ; une basse-cour, des basses-cours ; un chou-fleur, des choux-fleurs ; un loup-cervier, des loups-cerviers ; un coffre-fort, des coffres-forts ; un laurier-rose, des lauriers-roses ; une reine-marguerite, des reines-marguerites.

53ᵉ Exercice.

RÈGLE. — Quand un nom composé est formé d'un substantif et d'un autre mot qui n'est pas nom, le substantif seul prend la marque du pluriel, si toutefois il exprime une idée de pluralité, comme dans les exemples suivants :

Nota. — L'élève copiera les noms composés ou les écrira sous la dictée, et rendra bien compte de leur orthographe.

II.

Un appui-main, des appuis-main ; un blanc-seing, des blanc-seings ; un avant-coureur, des avant-coureurs ; une contre-danse, des contre-danses ; un contre-coup, des contre-coups ; un vice-roi, des vice-rois ; un contre-amiral, des contre-amiraux ; un contre-ordre, des contre-ordres ; un bain-marie, des bains-marie ; un terre-plein, des terre-pleins ; une arrière-garde, des arrière-gardes ; une arrière-boutique, des arrière-boutiques ; un arrière-neveu, des arrière-neveux ; une arrière-pensée, des arrière-pensées ; une arrière-saison, des arrière-saisons ; une avant-scène, des avant-scènes ; un avant-poste, des avant-postes ; un bien-aimé, des bien-aimés ; un bouche-trou, des bouche-trous.

51ᵉ Exercice.

RÈGLE. — Dans les noms suivants, le substantif ne prend pas la marque du pluriel, parce qu'il n'y a pas pluralité dans l'idée qu'il exprime.

NOTA. — Copier les noms composés ou les écrire sous la dictée, et rendre compte de la raison pour laquelle aucun mot ne prend la marque du pluriel.

II. *bis.*

Un prie-Dieu, des prie-Dieu ; un serre-tête, des serre-tête ; un garde-manger, des garde-manger ; un passe-port, des passe-port ; un passe-temps, des passe-temps ; un abat-jour, des abat-jour, un boute-feu, des boute-feu ; un casse-cou, des casse-cou ; un casse-tête , des casse-tête ; un chausse-pied, des chausse-pied ; un coupe-gorge, des coupe-gorge ; un gagne-petit, des gagne-petit ; un gagne-pain, des gagne-pain ; un garde-feu, des garde-feu ; un gâte-métier, des gâte-métier ; un pleure-misère, des pleure-misère ; un porte-lumière, des porte-lumière ; un porte-respect, des porte-respect ; un rabat-joie, des rabat-joie.

55ᵉ Exercice.

RÈGLE. — Dans les noms suivants, le substantif prend une *s* au singulier comme au pluriel, parce qu'il exprime toujours une idée de pluralité.

Nota. — L'élève copiera les noms composés ou les écrira sous la dictée, et rendra bien compte de leur orthographe.

II. *ter.*

Un brèche-dents[1], des brèche-dents; un casse-noisettes, des casses-noisettes; un chasse-mouches, des chasse-mouches; un couvre-pieds, des couvre-pieds, un croque-notes, des croque-notes; un cure-dents, des cure-dents; un entre-côtes, des entre-côtes; un essuie-mains, des essuie-mains; un garde-fous, des garde-fous; un garde-meubles, des gardes-meubles; un mille-pieds, des mille-pieds; un porte-clefs, des porte-clefs; un porte-lettres, des porte-lettres; un porte-mouchettes, des porte-mouchettes; un serre-papiers, des serre-papiers; un vide-bouteilles, des vide-bouteilles.

56ᵉ Exercice.

RÈGLE. — Quand les deux noms sont unis par une préposition, le premier seul prend générale-ment la marque du pluriel.

Nota. — Copier les noms composés ou les écrire sous la dictée, et bien raisonner l'orthographe de chaque substantif composé.

III.

Un arc-en-ciel, des arcs-en-ciel; un aide-de-camp, des aides-de-camp; une femme-de-chambre, des femmes-de-chambre; un ver-à-soie, des vers-à-soie;

---

[1] L'Académie écrit sans s au singulier tous les noms com-posés suivants :

une eau-de-vie, des eaux-de-vie; un chef-d'œuvre, des
chefs-d'œuvre ; un œil-de-bœuf, des œils-de-bœuf ; un
jet-d'eau, des jets-d'eau ; une belle-de-nuit, des belles-
de-nuit ; un ciel-de-lit, des ciels-de-lit ; un pied-d'a-
louette, des pieds-d'alouette ; un ciel de tableau, des
ciels de tableau ; un cou-de-pied, des cous-de-pied ;
un pied-de-biche, des pieds-de-biche ; un pot-au-feu,
des pots-au-feu [1].

57ᵉ Exercice.

RÈGLE. — Quand un nom composé est formé
de mots qui ne sont pas noms, aucun mot ne
prend la marque du pluriel.

NOTA. — Faire l'exercice comme le précédent.

IV.

Un laissez-passer, des laissez-passer ; un passe-
partout, des passe-partout ; un pour-boire, des pour-
boire ; un ouï-dire, des ouï-dire ; un pince-sans-rire,
des pince-sans-rire.

58ᵉ Exercice.

NOTA. — Copier les noms composés, ou les écrire sous la
dictée, et leur donner l'orthographe qui leur convient. —
Dans cet exercice, ils sont tous écrits au singulier.

1. Nous avons placé sur nos lits des **courte-pointe**
capitonnées. — 2. Les **ver-à-soie** nous viennent de la

[1] Prononcez comme au singulier.

Chine. — 3. Il fait un vent favorable pour enlever nos **cerf-volant** dans la prairie. — 4 L'homme prudent ne doit jamais donner de **blanc-seing**, même à son ami. — 5. L'armée a reçu des **contre-ordre** qui ont retardé sa marche. — 6. Les **oiseau-mouche** sont les bijoux de la nature

59ᵉ Exercice.

Nota. — Copier ou écrire sous la dictée, et donner aux substantifs composés l'orthographe qui leur convient — Les substantifs de l'exercice sont tous écrits au singulier.

1. Les éclairs sont les **avant-coureur** de la foudre. — 2. Depuis l'invention de la plume de fer, les plumes d'oie ne sont plus bonnes qu'à faire des **cure-dent** — — 3. Les **chat-huant** habitent les vieux châteaux et les ruines. — 4. Les avares entassent leur or dans des **coffre-fort**. — 5. Les parcs de Saint-Cloud et de Versailles sont ornés de superbes **jet-d'eau**. — 6. Les plus beaux palais, même celui de Versailles, ont des **œil-de bœuf**. — 7. Les œillets et les **reine-marguerite** qui remplissent nos **plate-bande**, réjouissent notre vue par la variété de leurs couleurs

60ᵉ Exercice. — Récapitulation

SUR LES SUBSTANTIFS COMPOSÉS.

Nota. — Copier ou écrire sous la dictée, et donner aux substantifs composés l'orthographe qui leur convient — Dans l'exercice, ils sont tous écrits au singulier.

LE CERF-VOLANT.

Il fait beau temps aujourd'hui ; il fait du vent, allons

dans la campagne enlever nos **cerf-volant**. Dans la plaine, nous ne risquerons point d'écraser les **plate-bande** de ma tante, ni de briser ses **reine - marguerite** ou ses **laurier-rose**; et alors nous ne serons point obligés d'ouvrir nos petits **coffre-fort** pour donner la pièce au jardinier, et le prier de réparer les dégâts que nous pourrions causer dans le parc. Allons, marchons, disait le jeune Henri à son petit **beau-frère** Auguste. — J'y consens, reprit ce dernier; cela vaut bien mieux que de faire des **bout-rimé** pour ma **belle-mère**, ou de rédiger des ordres pour les **aide-de-camp** de mon oncle. Allons galoper dans la campagne.

Aussitôt dit, aussitôt fait. Les deux amis se donnèrent un **laissez-passer**, et les voilà volant, non pas comme des **oiseau-mouche**, mais comme deux petits cerfs, au travers de la prairie. Déjà ils venaient de choisir leur emplacement, lorsqu'il se présenta à eux un **garde champêtre** de l'endroit, avec le sabre au côté et le chapeau à trois cornes sur la tête. — Bonjour, Messieurs, dit l'honnête gardien de la propriété. Vous croyez peut-être que je viens vous demander vos papiers, vos **passe-port**; point du tout; cela n'est point nécessaire, et vous n'en avez pas plus besoin, que votre **cerf-volant** n'a besoin de **garde-chasse**, ou de **garde-champêtre** pour se promener librement dans les airs; je viens seulement vous offrir ce bouquet de **pied-d'a-louetta**, de **belle-de-nuit** et de **laurier-rose** que j'ai cueillis par **passe-temps** en votre honneur.

Mon ami, dit Auguste à son camarade, ce **garde-champêtre** avec son briquet et son tricorne, me paraît être le **chef-d'œuvre** de la création de l'homme conservateur! Qu'il est imposant! C'est un vrai **pince-sans-**

rire ! Mais trêve de plaisanteries ! Il me paraît un brave homme ; donnons-lui une belle pièce blanche. —J'y consens, dit Henri ; mais l'honnête gardien se renferma dans sa dignité et refusa poliment. Après le départ du **garde-champêtre**, qui avertit nos deux jeunes gens d'un orage qui se préparait, nos deux amis enlevèrent leurs **cerf-volant** avec le plus grand succès. Leur petite cousine Lucie, et les **femmes-de-chambre** de leurs mères, en regardant par les **œils-de-bœuf** du château, furent témoins de ce spectacle. Le jardinier les aperçut aussi, en sortant du potager, où il était allé cueillir des **messire-jean,** des **mouille bouche,** des **reine-claude**, d'excellents **chou-fleur**, et de beaux artichauts.

La partie se passait agréablement, lorsque quelques gouttes d'eau annoncèrent un orage : le **ouï-dire** du **garde-champêtre** se vérifiait, et bientôt la pluie commença à tomber en cascades, semblables aux **jets-d'eau** de Saint-Cloud On ramena rapidement les **cerf-volant,** qui, mécontents, donnèrent bien quelques coups de tête dont nos jeunes gens ne ressentirent nullement le **contre-coup.** L'opération faite, les deux amis se réfugièrent dans un pavillon voisin, dans lequel ils entrèrent, grâce à un **passe-partout** dont ils avaient eu la précaution de se munir. Ce fut dans ce petit **pied-à-terre** qu'ils attendirent le retour du ciel bleu.

QUATRIÈME LEÇON

ADJECTIF

I. — EXERCICES SUR LA FORMATION DU FÉMININ DANS LES ADJECTIFS.

61ᵉ Exercice.

RÈGLE. — Le féminin des adjectifs se forme généralement en ajoutant un *e* muet au masculin.

NOTA. — Copier ou écrire sous la dictée, en mettant au masculin et au féminin les substantifs et les adjectifs suivants :

Un grand homme, un garçon charmant, un joli cousin, un cousin germain, un maître indulgent, un écolier lent, un petit prince, un serviteur complaisant, un marchand poli, un ami sûr, un paysan matinal, un berger vigilant, un chien savant, un âne ignorant, un chanteur ravissant, un danseur léger, un musicien accompli, un cuisinier parfait, un oncle élégant, un roi clément, un prince bienfaisant, un frère aimant, un voyageur bavard, un garçon délicat, un serviteur zélé, un parrain content, un cuisinier intelligent, un fermier loyal, un parent excellent, un père prévoyant, un ouvrier diligent, un lion méchant, un joueur constant, un héritier surpris.

62ᵉ Exercice.

Nota — Copier ou écrire sous la dictée, en mettant au féminin dans les secondes phrases les adjectifs qui se trouvent au masculin dans les premières

1. Le ciel est **bleu** ; — 2. L'eau du lac de Genève est **bleu**

1. Le puits du jardin est **profond** ; — 2. La mer est **profond**...

1. Le dôme des Invalides est **rond** ; — 2. La terre est **rond** ..

1. Le chien est **intelligent** ; — 2. Ma sœur est **intelligent**...

1. Charles V était affable et **prudent** ; — 2. Anne de Beaujeu se montra **prudent** .. pendant sa régence.

1. Caïn fut **méchant** envers Abel ; —2. Dieu détruisit la race **méchant** .. des géants.

1 Le perroquet est **bavard** ; — 2. La pie passe pour très-**bavard**...

1. Lucien met son habit **noir** ;—2. Et Marie sa robe **noir**...

63ᵉ Exercice.

EXCEPTIONS A LA FORMATION DU FÉMININ
DES ADJECTIFS.

RÈGLE. — Les adjectifs terminés au masculin par un *e* muet, s'écrivent de même au féminin.

Nota. — Copier ou écrire sous la dictée les adjectifs suivants en les mettant au féminin.

Un homme habile, une femme hab... ; un chien fidèle, une chienne fid... ; un cœur charitable, une âme char...; un chemin facile, une route fac...; un champ fertile, une campagne fert... ; un devoir difficile, une leçon dif...; un vin rouge, une perdrix rou...; un élève docile, une fille doc...; un vent favorable, une prière fav...; un lieu paisible, une retraite pais...; un palais superbe, une villa sup...; un oncle aimable, une tante aim.. ; un séjour agréable, une habitation agr...; un défaut ridicule, une habitude rid ..; un cheval magnifique, une forêt magn...; un arbuste flexible, une baguette fle...; un froid insupportable, une chaleur ins...; un fleuve limpide, une eau lim...

64e Exercice.

Nota. — Copier ou écrire sous la dictée, en donnant aux adjectifs féminins l'orthographe qui leur convient.

1. Dieu aime le cœur **charitable**. — 2. La reine Berthe fut **charit**... toute sa vie.

1. L'Imitation de J -C. est un ouvrage **admirable**. — 2. Job eut une patience **admir**...

1. Salomon bâtit en l'honneur de Dieu un temple **magnifique**. — 2. Paris est devenu une ville **magnifi**...

1. Turenne fut un grand général, et un homme **modeste**. — 2. Tout le monde estime la jeune fille **mode**...

1. Le tabac est **nuisible** à la santé. —2. L'aconit est une plante **nuis**...

1. On est heureux de posséder un ami **tendre**. — 2. Adore Dieu dès la **tendr**... enfance.

65e Exercice.

Règle. — Les adjectifs en *el, eil, ien, on, et, ot*

doublent au féminin la dernière consonne avant l'*e* muet; mais les adjectifs *complet, concret, discret, inquiet, replet, secret, bigot, dévot, idiot*, ne doublent pas la consonne.

Nota. — Copier ou écrire sous la dictée, au féminin, les adjectifs qui suivent.

Un homme cruel, une femme cru...; un péché véniel, une faute vén..; un Dieu éternel, une vie éter...; un corps mortel, une blessure mor...; un nom immortel, une âme imm ..; un jour solennel, une fête sol...; un travail continuel, une douleur con ..; un cœur maternel, une tendresse mat...; un motif tel, une chose tel...; un voyage annuel, une fête ann ..: un chapeau pareil, une robe par...; un visage vermeil, une figure verm...; un peuple ancien, une histoire anc...: un dévoûment chrétien, une conduite chré...; un peuple païen, une nation paï ..

66ᵉ Exercice.

Nota. — Copier ou écrire sous la dictée, au féminin, les adjectifs qui suivent.

Un devoir bon, une conduite bonn...; un enfant poltron, une fille pol...; un pied mignon, une main mig...; un devoir net, une réponse net...; un discours sot, une demande sot.. ; un air coquet, une femme coq...; un enfant muet, une sœur mu...; un air vieillot, une figure vieil...; un jeune homme fluet, une jeune fille flu...; un bras rondelet, une face ron...; un homme sujet, une femme suj...; un pâtre seulet, une bergère seu...; un fils grandelet, une fille gr.. ; un omnibus complet, une partie com...; un nombre concret, une

unité con...; un serviteur discret, une personne dis...;
un esprit inquiet, une âme inq...; un homme replet,
une femme re...; un appartement secret, une chambre
secr...; un homme bigot, une humeur bi...; un cœur
dévot, une vie dév...

67ᵉ Exercice.

Nota. — Copier ou écrire sous la dictée les adjectifs suivants, et les orthographier au féminin d'après la règle.

1. Dieu a créé l'homme **mortel.** — 2. Le soldat a
reçu une blessure **mort...**

1. Crésus, roi de Lydie, eut un fils **muet.** — 2.
Cette dame est restée **muet...** pendant toute la soirée.

1. Les trois suisses firent un serment **solennel.** —
2. Pâques est une fête **solenn...**

1. Tout homme est **sujet** à l'erreur. — 2. Une femme
chez les Romains était toujours **suj...** de son mari.

1. Saint Vincent de Paul eut un soin tout **paternel**
des orphelins. — 2. Jacob reçut la bénédiction **pa-
tern...**

1. Cet habillement vous donne l'air **vieillot.** — 2.
Le loup prit une voix **vieil..** pour tromper le petit
chaperon.

Le premier roi **chrétien** fut Clovis. — 2. La religion
chrét.. est une religion d'amour et de charité.

68ᵉ Exercice.

Nota. — Copier ou écrire sous la dictée les adjectifs suivants, et les orthographier au féminin d'après la règle.

1. Un régime **douillet** nuit à la santé. — 2. Le satin
est une étoffe **douil..**

1. Le jeune Joas fut élevé dans un lieu **secret**, voisin du temple. — 2. On entre chez moi par une porte **secret.** .

1. Néron fut un empereur **cruel**. — 2. La fortune n'est pas **cruel** ., pour tous les hommes.

1. Un homme **replet** gravit difficilement une montagne. — La belette était alors **replet**...

1. Les élèves doivent présenter à leur maître un devoir propre et **net**. — 2. On aime généralement une réponse **net**... et claire.

1. C'est un usage **ancien** en Angleterre de voir les magistrats porter de vastes perruques. — 2. Nous apprenons l'histoire **ancien**...

69e Exercice.

RÈGLE. — 1º Les adjectifs *gentil, nul, paysan, bas, gras, las, épais, gros, exprès, profès* doublent la dernière consonne avant l'*e* muet. — 2º Les adjectifs en *f* changent *f* en *ve*. — 3º Les adjectifs *malin* et *bénin* font *maligne* et *bénigne*. — 4º Les adjectifs *long, favori* et *coi* font *longue, favorite* et *coite*. — 5º Les adjectifs en *gu* prennent un tréma sur l'*e* muet du féminin.

NOTA. — Copier ou écrire sous la dictée, au féminin, les adjectifs qui suivent.

Un enfant gentil, une fille gen. .; un jugement nul, une lettre nu...; un air paysan, une mode pays...; un sentiment bas, une âme bas...; un mets gras, une viande gra...; un chasseur las, une chasseuse las...;

un bois épais, une forêt ép...; le gros bétail, la gro...
bête; un ordre exprès, une lettre exp...; un (religieux)
profès, une (religieuse) pro...; le tiers état, la fièvre
tier...; un vent frais, la viande frai...; un caractère
vif, une tendresse vi...; un ton bref, une voyelle br...;
un langage naïf, une réflexion naï.. ; un chapeau neuf,
une robe neu...; un enfant malin, une femme mal...;
un ton bénin, une voix bén...; un chemin long, une
promenade lon...; un plaisir favori, une chanson fav...;
un animal coi, une perdrix coi...

70e Exercice.

NOTA — Copier et écrire sous la dictée les adjectifs qui
suivent, et leur donner l'orthographe qui leur convient au
féminin

1. Le chemin est **long** du projet à la chose. — 2. Les
Troyens opposèrent aux Grecs une **long**... résistance.

1. Le **Tiers** État devint important sous Philippe IV
le Bel. — 2 La fièvre **tier**... revient tous les trois
jours.

1. L'écureuil est **vif**. — 2. Ayons toujours une foi
vi... en la Providence.

1. La lecture est mon plaisir **favori**. — 2. La rose
rouge était la fleur **favori**... des princes de la maison de Lancastre.

1. Le bonheur est **fugitif**. — 2. La beauté est **fugit**...

1. L'éléphant est le plus **gros** des animaux. — 2. La
terre est moins **gr**... que le soleil.

71e Exercice.

NOTA. — Copier ou écrire sous la dictée les adjectifs de

l'exercice, et leur donner l'orthographe qui leur convient au féminin.

1. Un enfant **gentil** dit toujours la vérité.

2. Douce et **gent**... une serine
Etait l'objet des soins de la jeune Céline.
JUSSIEU.

1. Le lièvre se tint **coi** dans son gîte. — 2. La perdrix se tint **coi**... dans le sillon.

1. Il vient d'arriver un ordre **exprès** de Paris. — 2. C'est ma volonté **expres**...

Le Français, né **malin**, créa le vaudeville.
BOILEAU.

2. La paresse est la plus **malig**... de toutes les passions.

1. Les enfants jouent avec un ballon **captif**. — 2. Tiens ta langue **capt**...

72ᵉ Exercice.

RÈGLE. — Les adjectifs terminés par *x*, au masculin, changent *x* en *se* au féminin, excepté *doux*, *roux*, *faux*, qui font au féminin *douce*, *rousse*, *fausse*.

NOTA. — Copier ou écrire sous la dictée les adjectifs de l'exercice, et les orthographier au féminin d'après la règle.

Un homme dangereux, une société dang...; un loup furieux, une louve fur.....; un cœur pieux, une âme pieu...; un diamant précieux, une pierre préc...; un enfant vertueux, une fille ver...; un palais somptueux, une maison somp...; un fruit délicieux, une pêche délic...; un lieu dangereux, une route dan...; un conte merveilleux, une aventure mer...; un son harmonieux, une musique har.. ; un désert affreux, une solitude aff...; un visage sérieux, une figure sé...; un sentiment religieux, une vie rel...; un chemin sablonneux, une terre sab...

73ᵉ Exercice.

NOTA. — Copier ou écrire sous la dictée les adjectifs de l'exercice, et leur donner l'orthographe qui leur convient au féminin

1. Alexandre se montra **généreux** envers Porus. — 2. La France est une nation **génér**...

1. L'enfant **laborieux** aime le travail. — 2. La fourmi est **labor**...

1. Pépin le Bref se montra **courageux** en tuant un lion. — 2. La **courageu**... Judith coupa la tête à Holopherne.

1. L'enfant **pieux** est aimé.— 2. Une personne **pie**. . craint Dieu.

1. Saint Louis laissa un nom **glorieux**. — 2. Sa mort en Afrique fut **glor**...

74ᵉ Exercice.

RÈGLE. — 1° Les adjectifs *beau, nouveau, fou, vieux* et *ce* font *belle, nouvelle, folle, vieille* et *cette*. *Mou* et *jumeau* font *molle* et *jumelle*. — 2° Les adjectifs *blanc, franc, sec* changent le *c* en *che*. — 3° Les adjectifs *caduc, public, turc,* changent le *c* en *que*. *Grec* conserve le *c*. — 4° Les adjectifs *châtain*, *dispos*, *fat*, *hébreu* ne s'emploient pas au féminin. — 5° *Grognon* et *hébraïque* servent pour les deux genres.

NOTA. — Copier ou écrire sous la dictée au féminin les adjectifs qui suivent.

Un beau jour, une bel... journée ; un printemps nouveau, une saison nouv...; un homme fou, une femme fo.. ; un vieux chêne, une vi... maison; ce monsieur, cet... dame ; un terrain mou, une terre mol...; un frère jumeau, une sœur jum.. ; un voile blanc, une robe blan...; un cœur franc, une amitié fran,..; un chemin sec, une rue sèc ..; un mal caduc, une femme ca...; un bal public, une fête publi...; un turban turc, une pipe tur.. ; un cheveu châtain, une barbe cha...; un homme dispos, une femme dis...; un jeune homme fat, une jeune fille fat...; un enfant hébreu, une femme hé...; un petit grognon, une petite gro...; un idiome hébraïque, la langue hébr...

75e Exercice.

NOTA. — Copier ou écrire sous la dictée les adjectifs de l'exercice, et leur donner au féminin l'orthographe qui leur convient.

1. Le jour de la première communion est le plus **beau** jour de la vie d'un enfant. — 2. La Fête-Dieu est une **bel** .. fête.

1. L'homme **mou** ne réussit dans aucune entreprise. — 2. La cire est **mol**...

1. L'homme **fou** court après l'ombre. — 2. Otez-
vous de l'esprit une vanité si **fol**...

1. Mon frère est un enfant **grognon**. — 2. Ma cousine
serait charmante, si elle n'était de temps en temps
grogn...

1. Cette jeune fille a un bouquet **blanc**. — 2. Les
candidats à Rome portaient une tunique **bl**...

1. Le général a un sabre **turc**. — 2. La femme **tur**...
reste renfermée dans sa maison.

76ᵉ Exercice.

RÈGLE. — Les adjectifs masculins en *érieur* et
en *eur*, exprimant une comparaison, prennent
un *e* muet au féminin.

NOTA. — Copier ou écrire sous la dictée les adjectifs de
l'exercice, et les orthographier au féminin d'après la règle.

Un fait antérieur, une époque ant...; un pays citérieur, une ville cit...; un officier supérieur, une qualité
sup...; un ton majeur, une force maj...; un enfant mineur, une fille min...; un sort meilleur, une santé
meil...; un événement ultérieur, une opération ult...;
un décret postérieur, une nouvelle post...; un mal intérieur, une vie int...; un avantage extérieur, une mem-
brane ext...; un étage inférieur, une place inf...

77ᵉ Exercice.

NOTA — Copier ou écrire sous la dictée les adjectifs de
l'exercice, et les orthographier d'après la règle.

1. Dieu est **antérieur** à la création. — 2. La révolution de 1830 est **ant**... à celle de 1848.

4. Un pays est **citérieur**, quand il est plus près de nous qu'un autre. — 2. L'Espagne **cit ..** est plus voisine de la France que l'Andalousie.

1. Le vin est **meilleur** cette année.

2. La raison du plus fort est toujours la **meill. .**

1. Ce jeune homme est **mineur**. — 2. Cette jeune fille, quoique **min...**, jouit de sa fortune.

1. Nous chantons dans un ton **majeur**. — 2. Mon oncle a une quinte **maj...** dans son jeu.

1. La fièvre est un mal **intérieur**. — 2. Quand la conscience est en paix, nous éprouvons une tranquillité **intér...** qui nous plaît.

78ᵉ Exercice. — Récapitulation

SUR LA FORMATION DU FÉMININ DANS LES ADJECTIFS.

Nota. — Copier ou écrire sous la dictée, et rendre compte de l'orthographe des adjectifs.

ÉDUCATION CHEZ LES HÉBREUX.

Il n'y avait point d'écoles **publiques** chez les Hébreux. L'éducation se faisait dans la maison **paternelle**, et surtout par le **docte** entretien des **sages** vieillards. L'Ecriture **sainte**, c'est-à-dire les livres **sacrés** qui contenaient la loi de Dieu, était la **principale** étude des enfants. Ce peuple qui se tenait éloigné des peuples **étrangers**, ne s'appliquait qu'à l'étude de la langue **hébraïque**, la plus **ancienne**, la plus **simple**, la plus **énergique** qu'on ait jamais parlée sur la terre.

Pour se faire comprendre des **jeunes** enfants, on employait des narrations **ingénieuses**, des paraboles **brèves**, des allégories **simples** qui renfermaient de **saines** maximes de morale, exprimées d'une manière **claire**, afin qu'ils pussent les retenir avec facilité. Une partie **importante** de l'éducation consistait à apprendre les **harmonieux** cantiques du **sublime** Moïse. Plus tard, on comprit dans les études **habituelles**, les **nombreux** psaumes de David. Comme ces poésies **divines** se chantaient, on prenait nécessairement une teinture **suffisante** de la musique.

Les habits **ordinaires** des **antiques** Hébreux étaient toujours les mêmes. Il n'y avait point chez ce peuple **sérieux** de mode **capricieuse**, ni de costume **coquet**. La beauté des vêtements consistait dans une **excessive** finesse des **belles** étoffes, ou dans les plus **fraîches** couleurs. L'habillement **quotidien usuel** des hommes était composé d'une tunique **favorite** et d'un manteau **long**. Une ceinture plus ou moins **riche** serrait la tunique **flottante** et supportait l'épée **défensive**.

Les femmes **juives** étaient très-**recherchées** dans leur parure **féminine**. Elles portaient une tunique **fine**, souvent **blanche** ou **bleue**, et un **long** voile qui leur servait de manteau **perpétuel**.

D'après GAULTIER.

II. — EXERCICES SUR LA FORMATION DU PLURIEL DANS LES ADJECTIFS.

79e Exercice.

REGLE. — On forme le pluriel des adjectifs en ajoutant une *s* à la fin.

NOTA. — Copier ou écrire sous la dictée, et orthographier les adjectifs d'après la règle.

Le bon livre, les bon... livres; une bonne étoffe, de bon... étoffes; le chien docile, les chiens doc...; la leçon facile, les leçons fa...; le thème difficile, les thèmes dif. .; la lecture facile, les lectures dif...; le caractère aimable, les caractères aim...; la fleur agréable, les fleurs agr...; le chapeau noir, les chapeaux noi...; la robe noire, les robes noi...; le chat méchant, les chats méch...; le salon élégant, les salons élé...; le chapeau neuf, les chapeaux neuf...; la maison neuve, les maisons neu.. ; le raisin vermeil, les raisins ver...; la grappe vermeille, les grappes ver...; le papier blanc, les papiers bl...; la toile blanche, les toiles blan...

80e Exercice.

NOTA. — Copier ou écrire sous la dictée les adjectifs de l'exercice, et les orthographier d'après la règle. Ils sont écrits au singulier dans l'exercice.

4. Lisez les **bon** livres. — 2. Les chiens de chasse doivent être fort **docile** à la voix de leur maître. —

3. Les Français ont un caractère **aimable**. — 4. Les fleurs sont **agréable** en toute saison. — 5. Vos deux salons sont **grand** et **très-élégant**.—6. Maman a acheté de l'étoffe pour faire deux robes **noire** à ses filles. — 7. Les grappes **vermeille** de notre raisin indiquent qu'elles sont **mûre**.— 8. Mettez des rideaux **blanc** aux fenêtres. — 9. Les feuilles des arbres sont **verte**. — 10. Mes rosiers sont **fleuri**. — 11. Les étoiles sont **brillante**.—12. Les plumes de fer sont plus **commode** que les plumes d'oie.—13. Les orages sont **effrayant**.

81ᵉ Exercice.

RÈGLE. — Les adjectifs terminés au singulier par *s* ou *x* s'écrivent de la même manière au masculin pluriel.

NOTA. — Copier ou écrire sous la dictée, et orthographier les adjectifs d'après la règle.

Un enfant soumis, des enfants sou...; un homme heureux, des hommes heu...; un enfant las, des enfants l...; un fauteuil bas, des fauteuils b...; un habit gris, des habits gr...; un livre vieux, des livres vi...; un nuage épais, des nuages ép...; du beurre frais, des beurres fr.; un endroit dangereux, des endroits dan...; un écolier studieux, des écoliers stu...; un élève paresseux, des élèves pa...; un goût capricieux, des goûts cap...; un fruit savoureux, des fruits sa. .; un voyageur surpris, des voyageurs sur...; un cheval ombrageux, des chevaux omb...; un enfant confus, des enfants con.. ; un gros éléphant, de gr... éléphants; un veau gras, des veaux gr...

82e Exercice.

Nota. — Copier ou écrire sous la dictée, en mettant toutes les phrases au pluriel.

1. L'enfant **soumis** est facile à élever. — 2. Il faut fuir le **faux** ami et le **mauvais** conseil. — 3. Il faut vendre le cheval **ombrageux**. — 4. Notre bœuf est **gros** et **gras**. — 5. On aime peu l'enfant **capricieux**. — 6. L'enfant **niais** est à plaindre. — 7. Accueille le voyageur **surpris** par l'orage. — 8. Le mensonge est **affreux**. — 9. Un nuage **épais** dérobe le soleil à nos yeux. — 10. Ce monsieur a un chapeau **gris**. — 11. Le vin **vieux** est préférable au vin nouveau. — 12. Il faut éviter l'air **frais** du soir, qu'on appelle le serein. — 13. Le chasseur est **las**. — 14. L'enfant est **confus**, quand il ment.

83' Exercice.

Règle. — Les adjectifs en *eau* au singulier prennent une *x* au pluriel. L'adjectif *hébreu* prend une *x*, et l'adjectif *bleu* prend une *s*. Les adjectifs en *al* changent *al* en *aux*.

Nota. — Copier ou écrire sous la dictée et orthographier les adjectifs comme il convient.

Un beau livre, de be... livres ; un frère jumeau, deux frères ju...; un air nouveau, des airs nou...; un bas bleu, des bas bl...; un cantique hébreu, des cantiques héb...; un principe général, des principes gén...; un homme égal, des hommes ég...; un conte moral, des contes mor...; un collége électoral, des colléges élec...; un contrat social, des contrats soc...; un livre original, des livres ori...; un train spécial, des trains spé...; un chemin vicinal, des chemins vi...; un bien rural, des biens ru...; un garde national, des gardes nat...; un exercice grammatical, des exercices gram...; un acte légal, des actes lé...; un nombre ordinal, des nombres or...; un adjectif cardinal, des adjectifs car...; un pays sentimental, des pays sen...; un climat méri- ridional, des climats mé...; un ordre impérial, des or- dres imp...; un péché capital, des péchés ca...; un palais royal, des palais roy...; un musée royal, des musées roy...; un homme loyal, des hommes loy...

84ᵉ Exercice.

RÈGLE. — Quelques adjectifs en *al* prennent une *s* au masculin pluriel, tels sont les suivants.

NOTA. — Copier ou écrire sous la dictée les adjectifs de l'exercice, les écrire au pluriel, et s'exercer à les distinguer des adjectifs qui se terminent en *aux*, comme dans l'exer- cice 83ᵉ.

' Un abord amical, des abords ami...; un vent austral, des vents aus...; un four banal, des fours ba...; un soldat bancal, des soldats ban...; un vent boréal, des vents bo...; un monument colossal, des monuments co. .; un ton doctoral, des tons doc...; un château ducal, des châteaux duc...; un coup fatal, des coups fa...; un sentiment filial, des sentiments fi...; un son final, des sons fin...; un vent glacial, des vents gla...; un son initial, des sons init...; un homme jovial, des hommes jo...; un mot labial, des mots lab...; un élève matinal, des élèves mat.. ; un pays natal, des pays nat...; un combat naval, des combats nav...; un cierge pascal, des cierges pasc...

85e Exercice.

Nota. — Copier ou écrire sous la dictée, et orthographier les adjectifs d'après la règle. — Tous les adjectifs de l'exercice sont au masculin singulier.

1. Les imprimeurs modernes nous font de **beau** livres illustrés. — 2. Il y a dans nos tragiques des effets **théâtral** remarquables. — 3. Le rhum est un produit **colonial.** — 4. Les vers-à-soie réussissent dans les pays **méridional.** — 5. Un louangeur **banal** déplait en cherchant à nous plaire. — 6. Dieu a mis dans nos cœurs des instincts **social.** — 7. On assemble aujourd'hui les collèges **électoral.** — 8. Les gens **loyal** s'estiment. — 9. Les Lapons habitent les pays **septentrional.** — 10. Il s'est livré sur les mers bien des combats **naval** — 11. Un, deux, trois, quatre sont des adjectifs **numéral cardinal.** — 12. Le cierge **pascal** brûle dans les églises chrétiennes le jour de Pâques.

86e Exercice. — Récapitulation

Sur le pluriel des adjectifs en général ; sur ceux qui sont terminés au singulier en *s*, en *x*, en *eau*, en *eux* et en *al.*

Nota — Copier ou écrire sous la dictée. — Tous les adjectifs de l'exercice sont écrits au masculin singulier ; rectifier l'orthographe, lorsqu'il y a lieu.

4.

LES PETITS GATEAUX.

Deux **bon** pâtissiers de village roulaient un jour, sur leurs brouettes, des corbeilles **pleine** de gâteaux **beau et doré**. C'était fête dans plusieurs villages **voisin**. La journée était **bel** ; le soleil **brillant** réjouissait les **petits** oiseaux qui faisaient entendre leurs voix **harmonieux et flexible**. Les paysans **joyeux** couraient çà et là pour presser les mains **rustique** de leurs **gai** amis. Les deux pâtissiers **diligent** parcouraient les chemins **vicinal** pour arriver plus vite et ils laissèrent tomber de leurs corbeilles quelques-uns de leurs **meilleur** gâteaux sans s'en apercevoir.

Deux **petit** garçons, nommés Colin et Gaspard, marchaient à quelques pas derrière les pâtissiers. Ces enfants virent tomber les gâteaux **friand**, les ramassèrent et coururent les rendre aux pâtissiers trop **pressé**, qui les avaient perdus. — Nous vous remercions bien, **gentil** garçons, dirent les marchands **joyeux** ; mais n'avez-vous point été tentés de les manger ? — Non, Messieurs, répondirent les **loyal** enfants. Nous aurions été des **vilain**. Ces gâteaux **appétissant** sont à vous, et nous ne devons pas prendre ce qui ne nous appartient pas.

Ces enfants sont **bon** et bien **élevé**, pensèrent les pâtissiers, et leur conduite est **moral**. Voilà de **charmant** enfants ! Vous avez fait votre devoir. Mais puisque vous avez été si **honnête**, puisque vous avez eu pour nous des sentiments presque **filial**, nous allons vous donner quatre des **meilleur** de nos gâteaux pour votre récompense. Colin et Gaspard, **heureux** d'entendre ces paroles **amical** et **cordial**, reçurent les gâteaux, et remercièrent les deux pâtissiers qui se montraient si **libéral** envers eux.

Nos deux pâtissiers **ravi** continuèrent leur route. Mais par une circonstance **fatal**, soit qu'ils fussent distraits par la vue de quelques domaines **impérial** qu'on apercevait dans le lointain, soit qu'ils s'abandonnassent à des rêves **original**, ils laissèrent encore tomber quelques **nouveau** gâteaux de leurs **vaste** corbeilles ; car elles étaient de beaucoup trop **pleine**. Un autre enfant, appelé Etienne, moins **scrupuleux** que nos deux **jeune** amis, en les voyant tomber à terre, courut les ramasser. Il se mit à les manger goulument, comme le loup **vorace** de La Fontaine.

Sur les entrefaites, les pâtissiers se retournèrent et surprirent le **gourmand** Etienne un gâteau à la main. Alors, faisant trève aux paroles **amical** : « Qui vous a donné ce gâteau ? monsieur le **jovial**. — Je l'ai trouvé, répondit le **glouton**, et je le mange. — Mais il nous appartient, répliquèrent les pâtissiers **indigné** ; lorsque ces gâteaux sont tombés de nos corbeilles, vous auriez dû nous avertir et nous les rendre. Vous avez commis là une faute **capital** ; et puisque vous vous êtes comporté, comme les voleurs qui n'ont que des sentiments **bas** et **odieux**, nous allons vous corriger d'importance.»

Aussitôt dit, aussitôt fait. Malgré ses excuses **banal**, les **sévère** pâtissiers corrigèrent (rudement **l'immoral petit** Etienne, et lui administrèrent une correction bien **mérité**. Les cris que poussait le **malheureux** Etienne, étaient **épouvantable**; son papa les entendit, et il accourut aussitôt pour défendre son fils, qu'il ne savait pas si **coupable**. Lorsqu'il eut appris la raison de ce châtiment **légal**, il remercia les pâtissiers **équitable**.

Ensuite il paya les **fatal** gâteaux que son fils si **niais** avait mangés, et il ramena celui-ci dans la maison **paternel**, où il le punit encore de son **indigne** conduite.

D'après GAULTIER.

87ᶜ Exercice.

ADJECTIFS NUMÉRAUX.

RÈGLE. — 1° *Cent* prend une *s*, lorsqu'il exprime plus d'un cent, et qu'il n'est pas suivi d'un nom de nombre, mais on l'écrit sans *s*, lorsqu'il est suivi d'un nom de nombre. — 2° *Vingt* prend une *s*, lorsqu'il est précédé de quatre, de six ou de quinze, et qu'il n'est pas suivi d'un nombre; mais il ne prend pas d'*s*, s'il est suivi d'un nom de nombre.

ORTHOGRAPHE
des adjectifs numéraux de un à cent.

NOTA — Copier ou écrire sous la dictée, et apprendre l'orthographe des adjectifs cardinaux de un a cent.

Un, deux, trois, quatre, cinq, six, sept, huit, neuf, dix, onze, douze, treize, quatorze, quinze, seize, dix-sept, dix-huit, dix-neuf, vingt, vingt et un, vingt-deux, vingt-trois, vingt-quatre, vingt-cinq, vingt-six, vingt-sept, vingt-huit, vingt-neuf, trente, trente et un, trente-deux, etc., quarante, quarante et un, quarante-deux, etc., cinquante, cinquante et un, cinquante-deux, etc., soixante, soixante et un, soixante-deux, etc., soixante et dix, soixante et onze, soixante-douze, etc., quatre-vingts, quatre-vingt-un, quatre-vingt-deux, etc., quatre-vingt-dix, quatre vingt-onze, etc., cent.

88ᵉ Exercice.

RÈGLE. — 1° Les adjectifs *vingt* et *cent* sont invariables, quand ils sont pris comme nombres ordinaux, et employés par abréviation pour *vingtième* et *centième*. — 2° Le mot *mille* s'écrit *mille*, pour exprimer le nombre dix fois cent. Il s'écrit *mil* dans l'expression des années depuis l'ère chrétienne ; et *mille* pour indiquer l'ère ancienne. — 3° Il s'écrit encore *mille*, et prend une *s* au pluriel, quand il exprime une mesure itinéraire, et alors il est substantif.

NOTA. — Copier ou écrire sous la dictée, et orthographier les mots *vingt, cent* et *mille* comme il convient. Bien rendre compte de leur orthographe.

Numéro 20, numéro 24, page 80, page 92, ligne 20, ligne 25, l'an 20, l'an 28, l'an 80, page 99, page 100, page 184 numéro 200, numéro 260, l'an 100, l'an 104, l'an 420, l'an 1864, page 800, l'an 1,000, l'an 2,000, l'an 5,000, l'an 3,400, l'an 5,420, l'an 500, l'an 100, 1,000 francs, 2,000 ans, 3,000 hommes, 50,000 francs.

89ᵉ Exercice.

NOTA — Copier ou écrire sous la dictée, et donner aux adjectifs l'orthographe qui leur convient

Les adjectifs numéraux sont exprimés en chiffres ; l'élève les écrira en toutes lettres.

1. Mathusalem vécut 969 ans, tandis qu'Adam mourut

à 930 ans.—2. Moïse resta à la cour de Pharaon jusqu'à l'âge de 40 ans. — 3. Il mourut sur le mont Nébo, âgé de 120 ans. — 4. Jabin, roi de Chanaan, avait une armée soutenue par 900 chariots. — 5. Gédéon choisit 300 soldats seulement pour marcher contre les Madianites. — 6. Noé employa 100 ans à la construction de l'arche. — 7. La terre fut couverte par les eaux du déluge pendant 150 jours. — 8. Samson se servit d'une mâchoire d'âne pour assommer 2,000 Philistins. — 9. Les Hébreux restèrent en servitude chez les Assyriens 70 années. —10. Notre année se compose de 365 jours.

90ᵉ Exercice. — Récapitulation

SUR LES ADJECTIFS NUMÉRAUX.

NOTA. — Copier ou écrire sous la dictée, et rendre compte de l'orthographe des adjectifs numéraux.

PETIT VOYAGE EN SUISSE.

Allons faire une petite excursion dans la Suisse. Entrons d'abord dans la ville de Zurich Nous trouvons qu'elle renferme onze **mille** habitants. La ville est assez laide, mais des titres de gloire littéraire et scientifique la recommandent autant que sa position ravissante au pied du mont Jura. Cette ville entra en treize **cent** cinquante et un dans la confédération suisse. Dès quinze **cent** seize, Zwingle prêcha la réforme, et en **mil** sept **cent** quatre **vingt** dix-neuf, les Français, commandés par Masséna, y gagnèrent une belle bataille sur les Autrichiens. Cette ville a en outre de nombreuses fabriques de mousseline, de gaze et de tissus de coton,

Franchissons les **soixante-dix** kilomètres qui séparent Zurich de Bâle. Cette dernière ville a de belles rues, des places spacieuses, des fontaines élégantes. Elle est baignée par le Rhin snr lequel un pont de **six cents** pieds offre une promenade agréable aux habitants, que l'on peut porter au chiffre de **vingt mille**. Allons visiter sa belle église, le Munster. On sait qu'il se tint dans cette ville un célèbre concile, depuis **quatorze cent trente et un**, jusqu'à **quatorze cent quarante-trois**. Bâle possède la seule université qu'il y ait en Suisse. En **dix sept cent quatre vingt quinze**, la république française y signa un traité avec la Prusse.

Entrons à Berne, dite la ville des ours, car les habitants passent pour aimer beaucoup ces animaux que l'on voit même dans le blason de leur ville. Elle est à **quatre cent vingt cinq** kilomètres de Paris. Elle a **vingt mille cinq cents** habitants ; elle a une belle académie et une magnifique cathédrale. Elle a été la capitale unique de toute la Suisse de **dix sept cent quatre vingt dix neuf** à **dix huit cent trois**. Dirigeons-nous de là sur Lucerne, dont les sites qui avoisinent le lac excitent dans l'âme de ravissantes émotions. Elle a **sept mille** habitants ; elle fut prise par les Français en **dix sept cent quatre vingt dix huit**. Cette ville fut en **mil huit cent deux** un foyer de guerre civile.

Après avoir traversé Lucerne, nous parcourons les beaux pâturages, les prairies gracieuses et riantes d'Altorf ; cette ville renferme **quatre mille** habitants ; c'est en **treize cent huit** qu'elle a fait parler d'elle, et d'un de ses enfants, le célèbre Guillaume Tell. De là gagnons bien vite la jolie ville de Lausanne où nous nous reposerons quelques jours. Lausanne est bâtie en amphithéâtre à plus de **trois cents** pieds au-dessus du lac de Genève : la vue que l'on découvre y est des plus magnifiques ; ce sont de riants coteaux parsemés de riches vignobles, des monts surchargés de forêts qui font éprouver à l'âme de fortes émotions.

III. — EXERCICES SUR L'ACCORD DES ADJECTIFS.

91ᵉ Exercice.

RÈGLE. — Tout adjectif doit être du même genre et du même nombre que le substantif auquel il se rapporte.

Copier et faire accorder les adjectifs avec les substantifs, ou écrire sous la dictée.

Un homme grand, une femme gr...; des enfants gr.. ; des filles gr...; — un roi imposant, une reine imp...; des airs imp...; des paroles imp...;—un ton fier, une parole fi...; des cœurs fi...; des âmes fi...;—un château élégant, une maison élé. .; des habits élé...; des robes élé...; — un vent léger, une plume lég...; des oiseaux lég. .; des paroles lég...; — un riche mobilier, une toilette ri...; des meubles ri...; des héritières ri...; —un œuf frais, une viande fr...; des poissons fr...; des mains fr...;—un enfant vertueux, une vie ver...; des fils ver...; des âmes ver...;—un éclair vif, une couleur vi...; des mouvements vi...; des carpes vi...

92ᵉ Exercice.

Copier ou écrire sous la dictée, et faire accorder, quand il y a lieu, les adjectifs avec les substantifs.

1. Je me repose dans un lieu **paisible**. — 2. Le vent trouble la surface de l'eau **paisible**.

1. Le lion a l'air noble et **fier**. — 2. La **fier**... Hippolyte, reine des Amazones, fut vaincue par Thésée.

1. Mon maître m'a donné à dessiner un **charmant** paysage. — 2. Nous avons fait au bois de Vincennes une promenade **charmant**...

1. Le soleil lance dans ma chambre un **éclatant** rayon de lumière.— 2. Le plumage du cygne est d'une blancheur **éclatant**...

1. Le jour est **pur**. — 2. L'eau est limpide et **pur**...

1. Le roseau est **flexible**. — 2. La liane d'Amérique est **flexible**.

93ᵉ Exercice.

Nota. — Copier ou écrire sous la dictée, et orthographier les adjectifs comme il convient. Dans l'exercice, tous les adjectifs sont écrits au singulier.

1. Le père et l'oncle **indulgent**. — 2. La fille et la mère **heureuse**. — 3. Le frère et le neveu **inquiet**.— 4. La tante et la nièce **inquiète**. — 5. Le prince et le roi **affable**. — 6. L'officier et le soldat **brave**. — 7. Le loup et le chien **ennemi**.— 8. Le loup et le tigre

cruel. — 9. L'abeille et la fourmi **laborieuse**. — 10. Jules et Henri **vigilant**.

94ᵉ Exercice.

Nota. — Copier ou écrire sous la dictée, et faire accorder les adjectifs avec les substantifs. Dans l'exercice, tous les adjectifs sont écrits au singulier.

1. Le riche et le pauvre sont **égal** devant Dieu. — 2. Le chien et le coq sont **vigilant**. — 3. Julie et sa maman sont **aimable**.— 4. Cette bague et cette montre sont très-**jolie**. — 5. Cette petite fille et sa bonne sont fort **polie**. — 6. J'ai perdu un couteau et un canif tout **neuf**. — 7. L'orthographe et l'histoire sont **utile** aux jeunes personnes. — 8. La France et l'Angleterre sont **alliée**. — 9. Le froid et le vent sont **incommode**. — 10. L'instruction et la modestie **réunie** sont deux grandes qualités.

95ᵉ Exercice.

Règle. — L'adjectif se rapportant à deux noms de différents genres, se met au masculin pluriel.

Nota. — Copier ou écrire sous la dictée, et faire accorder avec les substantifs les adjectifs que l'on a toujours écrits au singulier.

1. La sœur et le frère **chéri**. — 2. La colère et la vanité **odieuse**. — 3. La robe et le voile **blanc**. — 4. La bouche et les yeux **ouvert**. — 5. Une femme et un homme **heureux**. — 6. Des dames et des messieurs **complaisant**. — 7. Une lionne et un lion **effrayant**. — 8. Une pie et un perroquet **criard**. — 9. Une his-

toire et un conte **amusant.** — 10. Une chatte et un chat **voleur.**

96ᵉ Exercice.

Nota. — Copier ou écrire sous la dictée, et faire accorder avec les substantifs les adjectifs que l'on a toujours écrits au singulier.

1. Ma mère et mon père sont **indulgent.** — 2. Cette dame et ce monsieur sont **content.** — 3. Ma sœur et mon frère sont **complaisant.** — 4. Ma tante et mon oncle sont **absent.** — 5. La hyène et le tigre sont **cruel** et **féroce.** — 6. Cet enfant a montré un courage et une prudence **supérieur** à son âge. — 7. Un **véritable** ami nous procure chaque jour des jouissances et des agréments **nouveau.** — 8. Votre tante a un fils et une fille **très-spirituel** et **très-joli.** — 9. La réflexion et le jugement sont **utile.** — 10. Cet abricot et ces pêches sont **mûr** ; mais ce raisin et ces pommes sont encore **vert.**

97ᵉ Exercice. — Récapitulation.

Nota. — Copier ou écrire sous la dictée, et orthographier selon le genre et le nombre qui leur conviennent les adjectifs que l'on a toujours écrits au singulier.

JULES LE MUSARD.

Le **petit** Jules était déjà parvenu à l'âge de sept ans. C'était un enfant d'une tête et d'une cervelle **légère,** sa maman, qui avait pour lui un amour-propre et un orgueil **très-louable,** l'envoya un jour à l'école. Le temps et la saison étaient fort **beau** ; les nuages **gri-**

sâtre avaient cédé leur place aux rayons **étincelant** du soleil ; et les oiseaux **gai** et **joyeux** chantaient dans les buissons et dans les arbres **voisin**. Le **petit** Jules aurait mieux aimé courir dans les champs et la campagne si **séduisant**, qui se présentaient à lui, plutôt que d'aller se renfermer avec ses livres et ses cahiers si peu **attrayant**.

Jules raconta à la **jeune** fille qui le conduisait qu'il avait dans son panier une balle et une toupie toutes **neuve**, et il lui demanda si elle voulait jouer avec lui. Mon **cher** ami, lui répondit-elle, j'ai autre chose à faire. Lorsque je vous aurai conduit à l'école, il faudra que j'aille à l'autre bout du village chercher de la laine à filer, et des aiguilles à tricoter **indispensable** à ma mère.

Un instant après, Jules vit de **jolie** abeilles qui arrivaient des jardins et des prairies **voisine** ; elles se mirent à voltiger d'une fleur à l'autre. Jules dit à la **jeune** fille : j'aurais bien envie d'aller jouer avec ces **charmante** abeilles. Mais la **petite** bonne lui répondit que ces abeilles avaient autre chose à faire, qu'elles étaient en train de butiner dans les fleurs **odorante** et **parfumé**, pour y ramasser de quoi faire du miel très-**doux**. Alors il vint à passer un chien dont les poils étaient **blanc**, et mêlés de **grande** taches **rousse**. Le **petit** Jules aurait bien voulu jouer avec un ami si **aimable** ; mais un chasseur qui était près de là se mit à siffler, et le **fidèle** animal courut auprès de son maître.

Lancé au milieu des **verte** luzernes, le chien ne tarda pas à faire lever une perdrix et un lièvre que l'**adroit** chasseur tua de deux coups de fusil. Le **petit** Jules continua son chemin. Il vit au pied d'une haie **épaisse**, entre des branches **serré** et **touffu**, un **petit** oiseau qui sautillait légèrement. Oh ! le voilà qui joue tout **seul**, l'**infortuné**, dit-il ; il sera peut-être bien **aise** que j'aille me divertir avec lui. Oh ! pour cela, non, répondit la **jeune** fille, **cet** oiseau a bien autre chose à faire que de jouer avec les **petits** garçons. Il faut qu'il ramasse de tous côtés de la laine et de la mousse, si **précieuse** pour construire son nid.

En effet, au même instant, l'oiseau s'envola, tenant à son bec un brin de paille et de laine **fine** qu'il venait de trouver ; et il alla se percher sur un **grand** arbre, où il avait commencé à bâtir un **joli petit** nid dans le feuillage. Enfin Jules, en avançant toujours, rencontra un **beau** cheval au bord d'une **verte** prairie. Il voulut aller jouer avec lui, mais il vint un **bon** laboureur qui emmena le cheval, en disant à Jules : Il faut qu'il vienne m'aider à labourer mes terres.

Alors le **petit** Jules, sentant la nécessité du travail, se mit à réfléchir, et se dit à lui-même : Puisque tout ce que je viens de voir est occupé, et n'a pas le temps de s'amuser, il faut bien que je m'occupe aussi, et que je fasse quelque chose de mieux que de jouer. Je vais aller tout droit à l'école, apprendre mes leçons si **utile** et **profitable**. C'est le vrai moyen de mériter la tendresse et l'estime si **précieuse** de mon père et de ma mère **chéri**.

D'après GAULTIER.

38ᵉ Exercice.

Accord des adjectifs demi, nu, feu..

RÈGLE. — 1° L'adjectif *demi* ne varie pas, quand il est avant le substantif; mais quand il est après, il en prend seulement le genre. — Quand *demi* est employé substantivement, il prend la marque du pluriel. —*Demi* ne varie pas, quand il est devant un adjectif : dans ce cas, il devient adverbe. — 2° Les mots *mi* et *semi* suivent la même règle que *demi*. — 3° *Nu* ne s'accorde pas, quand il précède un substantif, employé sans article. S'il est placé avant un substantif, et qu'il soit lui-même précédé d'un article ou d'un adverbe, il s'accorde avec ce substantif. Il s'accorde également, quand il suit le substantif. — 4° L'adjectif *feu* ne varie pas, quand il précède immédiatement le substantif ; et il s'accorde avec le substantif, quand il en est séparé par un article ou un pronom.

Nota. — Copier ou écrire sous la dictée, et orthographier les adjectifs d'après les règles.

Une **demi**-heure, une heure et **demi** ; les **demi**-dieux; les **demi**-mesures ; une **demi**-lieue; six livres et **demi** ; une **demi**-bouteille; une **demi**-fortune ; une **demi**-page ; trois **demi**-journées; trois journées et **demi** ; **demi**-morte; **demi**-boiteuse; une **demi**-bourse ; **nu**-tête; les bras **nu** ; **nu**-pieds; **nu**-jambes; la tête **nu** ; les bras **nu** ; les pieds **nu** ; les jambes **nu** ; la **nu**-propriété; étoffe **mi**-partie blanche et rouge ; des **semi**-tons, les **feu** rois, **feu** ma sœur ; la **feu** reine; votre **feu** mère ; **feu** votre tante; **feu** vos oncles.

99ᵉ Exercice.

Nota. — Copier ou écrire sous la dictée, et orthographier les adjectifs selon le genre et le nombre qui leur conviennent.

1. Une **demi**-heure se compose de trente minutes. — 2. Nous avons lu tout haut pendant une heure et **demi**. — 3. Il faut deux livres et **demi** de Parmesan dans ce macaroni. — 4. L'horloge du château sonne les quarts et les **demi**. — 5. Ma montre sonne les heures et les **demi**. — 6. Les anciens adoraient des **demi**-dieux.— 7. Les Lapons ont au plus quatre pieds et **demi** de taille. — 8. Les montagnards de l'Ecosse ont en toute saison les jambes **nu**.— 9. Diogène marchait **nu**-pieds et couchait dans un tonneau. — 10. Il est bon d'habituer les enfants à coucher tête **nu**. — 11. Le donateur s'est conservé la **nu**-propriété de ses biens. — 12. **Feu** ma sœur était pleine de douceur et de patience. — 13. La **feu** reine était l'ornement de la cour. — 14. Votre **feu** mère était très-charitable. — 15. **Feu** votre tante possédait un grand fonds d'instruction. — 16. J'ai connu **feu** vos oncles à Marseille. — 17. Je me suis mise dans la rosée jusqu'à **mi**-jambes. — 18. Je reviendrai de la campagne à la **mi**-octobre.

100ᵉ Exercice.

Règle. — 1° Lorsque le mot *tout* détermine un substantif ou un pronom, il en prend le genre et le nombre.— 2° Lorsqu'il détermine un adjectif masculin, il est invariable. — 3° Lorsqu'il détermine un adjectif féminin, commençant par une voyelle ou une *h* muette, il est encore invariable. — 4° Lorsqu'il détermine un adjectif féminin, commençant par une consonne ou une *h* aspirée, il prend par euphonie le genre et le nombre de cet adjectif.

NOTA. — Copier ou écrire sous la dictée, et rendre compte de l'orthographe du mot *tout*.

Tout le monde; **tout** l'univers; **tous** les dons; nous **tous**; **tous** les siens; **tout** interdite; **tout** éclairés; **toute** contrefaite; **tout** ingrate; **toute** méchante; **tout** usées; **toutes** vieilles; **toute** trompeuse; **toutes** les vertus; **tous** les conseils, **tous** les dimanches; **tous** les jours; **toutes** fleuries; **toutes** pures; **tout** mouillés; **toutes** folles que...; **tout** engourdis; **tout** entières; **toutes** mûres; **tout** étonnées que...; **toute** nouvelle que...; **toute** la Gaule; **tout** attentives que...; **tout** humble que...; **tout** innocente, **toute** hardie que...; **tout** héroïque que...; **tout** habile que...; **toute** hideuse que...

101ᵉ Exercice.

NOTA. — Copier ou écrire sous la dictée, et orthographier le mot *tout* d'après la règle. Il est écrit partout au masculin singulier.

1. **Tout** l'univers est plein de la magnificence de Dieu. — 2. Le plus précieux de **tout** les dons, c'est la vertu. — 3. Ma sœur est restée **tout** interdite. — 4. **Tout** éclairés qu'ils sont, les savants ignorent bien des choses. — 5. Jeanne de France, première femme de Louis XII, était **toute** contrefaite. — 6. **Tout** usées

et **tout** vieilles que sont les tapisseries de mon castel, j'y tiens à cause de leur antiquité. — 7. On tient à l'espérance, **tout** trompeuse qu'elle est.

162ᵉ Exercice. — Récapitulation

sur l'orthographe du mot tout.

NOTA — Copier ou écrire sous la dictée, et orthographier le mot *tout* d'après les règles.

LA CHIENNE DU DÉCROTTEUR.

A la porte d'une maison **tout** modeste, vivait un petit décrotteur. Ce vulgaire artisan n'avait pour **tout** fortune que sa sellette et une chienne. Cette dernière avait le talent particulier de procurer de l'ouvrage à son maître. Voici comment : Cette chienne **tout** extraordinaire laissait passer les pauvres gens ; puis elle choisissait les mieux habillés, et allait poser sur leurs souliers ses grosses pattes **tout** sales, **tout** crottées, qu'elle avait eu soin de tremper préalablement dans le ruisseau voisin. **Tout** désireux de réparer le délit, le décrotteur s'empressait de présenter aux promeneurs mécontents sa sellette, et se mettait aussitôt à l'ouvrage. Tant qu'il était occupé, la chienne **tout** attentive s'asseyait non loin de là, en attendant la fin de la réparation : elle avait jugé qu'il était inutile de crotter une autre personne. Une fois l'opération terminée, la chienne **tout** empressée se remettait en campagne, et, **tout** joyeuse, allait crotter une autre personne. Le jeu, il est vrai, lui attirait quelquefois un mauvais traitement ; mais cette pauvre bête était **tout** heureuse de recommencer **tout** les jours un métier qui faisait **tout** la fortune de son maître. **Tout** les domestiques de la maison s'amusèrent de ce manége, et ils donnèrent à cet animal une célébrité qui bientôt des cuisines monta jusqu'au salon.

Un riche Anglais ayant demandé à voir le maître et la chienne, on les fit monter. Il se passionna pour cet animal **tout** curieux et **tout** intelligent, et il en offrit deux cents .guinées au propriétaire. Ces offres **tout** brillantes décidèrent le décrotteur qui n'avait jamais vu tant d'or ; et, **tout** attaché qu'il fût à sa chienne, il s'en sépara ; le marché fut conclu. L'intelligente bête **tout** intéressante qu'elle fût, est emportée dans une chaise de poste, et le soir même placée sur un paquebot, d'où on lui fait prendre la route de Londres

Quinze jours s'écoulèrent ainsi, lorsqu'un matin, ô joie inespérée ! la chienne arrive à la maison, **tout** gaie, plus crottée que jamais, et **tout** disposée à crotter les passants de plus belle. Elle se remit à la besogne avec une activité et une intelligence **tout** nouvelles. Il paraît qu'elle avait remarqué le chemin parcouru. **Tout** compliquée que fût la route, elle avait su s'échapper, et avait suivi une voiture **tout** pareille à celle qui l'avait amenée. A Douvres, elle avait trompé **tout** les regards, et s'était glissée sur un paquebot en partance pour la France. Descendue à Calais, elle avait suivi la route de Paris ; elle ne s'était pas trompée, et elle arrivait **tout** joyeuse auprès de son maître.

103ᵉ Exercice.

RÈGLE. — 1° Lorsque le mot *quelque* est placé avant un substantif, ou avant un adjectif suivi d'un substantif, il est adjectif, détermine le substantif, et par conséquent en prend le nombre.

NOTA. — Copier ou écrire sous la dictée, et orthographier le mot *quelque* d'après la règle.

Quelque richesses; **quelque** pages de lecture; **quelque** grands avantages; **quelque** lignes; **quelque** mérite; **quelque** grand mérite; **quelque** préférence, **quelque** efforts; **quelque** amis; **quelque** bons amis; **quelque** superbes distinctions; **quelque** projets ; **quelque** vains lauriers; quelque curieuses gens; **quelque** richesses; **quelque** belles richesses ; **quelque** patience; **quelque** douceur; **quelque** bienfaits que; **quelque** faute que; **quelque** grands biens; quelque fautes que; **quelque** vertueux fils; **quelque** raisons; **quelque** fidèles amis; **quelque** zèle que ; **quelque** spirituelles personnes; **quelque** attention que; **quelque** soldats; **quelque** braves soldats; **quelque** talents; quelque petits talents; **quelque** services; **quelque** légers services.

104ᵉ Exercice.

RÈGLE. — 2° Lorsque le mot *quelque* est placé avant un adjectif non suivi d'un substantif, ou avant un participe, ou avant un adverbe, *quelque* est adverbe, et, par conséquent, invariable.

Nota. — Copier ou écrire sous la dictée, et bien rendre compte de l'orthographe du mot *quelque*.

Quelque habiles que; **quelque** habilement que ; **quelque** profondément instruits; **quelque** élevés que; **quelque** savants que ; **quelque** instruits que ; **quelque** prudents que ; **quelque** prudemment que ; **quelque** estimable que; **quelque** estimés que ; **quelque** jolis que; **quelque** longs que; **quelque** bonnes que; **quelque** mauvaises que ; **quelque** précieux que; **quelque** bien placés que ; **quelque** souvent que; **quelque** haut placés que; **quelque** attentifs que; **quelque** attentivement que; **quelque** grands que; **quelque** grandement que ; **quelque** vertueux que; **quelque** vertueusement que ; **quelque** fidèles que; **quelque** fidèlement que; **quelque** spirituelles que; **quelque** spirituellement que ; **quelque** braves que ; **quelque** bravement que ; **quelque** beaux que; **quelque** mal que vous; **quelque** utiles que; **quelque** utilement que ; **quelque** prudemment que; **quelque** prudents que; **quelque** rapidement que; **quelque** rapides que.

105e Exercice.

Règle. — 3° Lorsque le mot *quelque* se trouve placé devant un verbe, il s'écrit en deux mots, *quel que ; quel* est adjectif, et, par conséquent, s'accorde avec le sujet du verbe.

Nota. — Copier ou écrire sous la dictée, et orthographier *quel que* d'après cette règle.

Quel que soit son talent, **quel que** soit sa richesse; **quel que** soient ses talents, **quel que** soient ses richesses ; quel que soit son courage; quel que soit sa vertu ; quel que soient ses amis; quel que soient ses vertus ; quel que soit son mérite; quel que soit sa science ; quel que soient ses travaux; quel que soient ses qualités; quel que soit son travail; quel que soit sa patience; quel que soient ses travaux; quel que soient ses raisons; quel que soit son avenir; quel que soit sa position; quel que soient ses devoirs; quel que soient ses idées; quel que soit son savoir; quel que soit sa résolution; quel que soient ses ennuis ; quel que soient ses études; quel qu'il soit; quel qu'elle soit; quel qu'ils soient; quel qu'elles soient.

106ᵉ Exercice.

4° Lorsque le verbe *être* a pour sujets deux substantifs du même genre unis par la conjonction *et*, l'adjectif *quel* se met au pluriel, et prend le genre des substantifs. Il se met au pluriel masculin, si les substantifs sont de genre different.

Nota. — Copier ou écrire sous la dictée, et orthographier l'adjectif *quel* comme il convient.

Quel que soient votre courage et votre zèle ; quel que soient votre fermeté et votre bravoure ; quel que soient votre vertu et votre conduite ; quel que soient votre prudence et votre sagesse; quel que soient votre audace et votre témérité ; quel que soient votre politesse et votre amabilité, quel que soient votre oncle et votre père; quel que soient votre esprit et votre génie; quel que soient votre courage et votre vertu ; quel que soient votre vertu et votre courage ; **quel que** soient votre talent et votre habileté ; **quel que** soient votre attachement et votre tendresse ; **quel que** soient votre résignation et votre malheur ; **quel que** soient votre lettre et votre récit ; **quel que** soient votre père et votre mère ; **quel que** soient votre dictée et votre verbe, **quel que** soient votre frère et votre sœur.

107ᵉ Exercice.

Règle : Quand le verbe *être* a pour sujets deux substantifs unis par la conjonction *ou*, c'est avec le premier sujet que s'accorde l'adjectif *quel*.

Nota. — Copier ou écrire sous la dictée, et orthographier l'adjectif *quel* comme il convient.

Quel que soit son talent ou sa vertu ; **quel que** soit son habileté ou son talent; **quel que** soit votre figure ou votre visage; **quel que** soient vos paroles ou vos discours ; **quel que** soit votre application ou votre zèle ; **quel que** soit votre zèle ou votre application ; **quel que** soient vos discours ou vos paroles; **quel que** soit votre bonheur ou votre félicité ; **quel que** soit votre félicité ou votre bonheur ; **quel que** soit votre adresse ou votre force ; **quel que** soit la saison ou le temps ; **quel que** soit le temps ou la saison ; **quel que** soit votre oncle ou votre tante ; **quel que** fût son talent ou sa science ; **quel que** fût votre obéissance ou votre soumission ; **quel que** fût votre patience ou votre constance ; **quel que** fussent ses frères ou ses sœurs.

10S⁰ Exercice.

Nota. — Copier ou écrire sous la dictée, et orthographier *quelque* selon la règle. Tous les *quelque* sont au masculin singulier dans l'exercice.

1. Il n'y a pas d'élévation sans **quelque** mérite. (LA ROCHEFOUCAULD) — 2. Sur **quelque** préférence une estime se fonde. (MOLIÈRE) — 3. **Quelque** grands avantages que la nature donne, ne nous en glorifions jamais. — 4. Nous sommes menacés de **quelque** nouveaux malheurs. — 5. **Quelque** méchants que soient les hommes, ils n'oseraient paraître ennemis de la vertu. (LA ROCHEFOUCAULD) — 6. **Quelque** soit votre talent, soyez modeste. — 7. **Quelque** soit votre fortune, agissez avec modération. — 8. **Quelque** soient vos fautes, avouez-'es avec sincérité. — 9. **Quelque** soit votre paresse, il faut en triompher.

103⁰ Exercice.

1. **Quelque** savants que soient les hommes, ils ont toujours quelque chose à apprendre. — 2. **Quelque** biens que vous possédiez, vous serez obligés de les abandonner un jour. — 3. **Quelque** soit la puissance des princes, elle est peu de chose au prix de celle de Dieu. — 4. La beauté, **quelque** elle soit, est périssable. — 5. **Quelque** prudents que soient les hommes, ils commettent souvent des fautes. — 6. Cette jeune personne, **quelque** elle soit, mérite d'être blâmée. — 7. **Quelque** estimable que soit la vertu, les avares lui préfèrent leur or. — 8. **Quelque** soit la mémoire des écoliers, ils oublient facilement leurs leçons.

110ᵉ Exercice.

1. **Quelque** difficiles que-soient vos devoirs, faites-les toujours avec application. — 2. Tous les hommes sont mortels, **quelque** puissants, ou **quelque** savants qu'ils soient. — 3. **Quelque** poliment que parlent ces messieurs, ils ne parviendront pas à se faire écouter. — 4. **Quelque** ingrats que soient les hommes, il faut cependant leur faire du bien.

111ᵉ Exercice. — Récapitulation.

Nota. — Copier ou écrire sous la dictée, et donner aux adjectifs *tout* et *quelque* l'orthographe qui leur convient.

CAROLINE ET SA MAMAN.

CAROLINE. — Faites-moi le plaisir, ma **tout** adorée mère, **quelque** soit votre opinion, de me dire quelle est la meilleure fille de Rose ou de moi ?

LA MAMAN. — Je hais les **demi-vérités**, ma **toute** chérie, et je vous dirai ma pensée **tout** entière, **quelque** soit le déplaisir que je puisse vous causer. D'abord, je ne connais la petite Rose que depuis **quelque** semaines, et je ne puis guère juger laquelle de vous deux est la plus aimable.

—Mais vous m'avez paru **quelque** fois bien mécontente d'elle ; vous l'avez donc vue, **tout** réfléchie qu'elle est, faire **quelque** petites fautes ?

— Oui, Caroline, je l'ai déjà vue, dans **quelque** rares circonstances, il est vrai, se comporter aussi mal que vous.

— **Tout** sage qu'elle était hier au soir, est-ce que je n'étais pas beaucoup plus sage qu'elle?

— Il est vrai ; je fus **tout** émerveillée de votre conduite d'hier au soir. Mais avant hier n'avez-vous pas été **demi**-boudeuse? N'avez-vous pas pleuré dans le jardin pour des raisons **tout** futiles ?

— Mais je fais **tous** mes ourlets beaucoup mieux qu'elle.

— Oui, mais elle fait **tout** ses coutures, **quelque** elles soient, beaucoup mieux que vous; et elle travaille des **demi**-heures et des heures **tout** entières sans distraction.

— Assurément, c'est la vérité **tout** pure. — Mais **quelque** convenablement que Rose se tienne, est-ce que je ne me tiens pas mieux qu'elle? Est-ce que j'ai oublié les conseils de **feu** ma tante qui m'avertissait si doucement?

— Non, vous n'avez pas oublié les conseils de ma **feu** sœur; mais, sous ce rapport, j'avouerai que Caroline est **tout** parfaite et ne laisse rien à désirer.

— J'en conviens, maman; mais il me semble aussi que je suis une fort bonne petite fille.

— Oh ! ma chère, **quelque** soit votre mérite, **quelque** soient vos qualités, il ne faut jamais se louer soi-même. Rien n'est plus ridicule. — **Quelque** amabilité que vous ayez, ma fille, les autres s'en apercevront, et vous devez leur laisser le soin de le dire. Cependant, vous n'êtes pas encore assez avancée dans la perfection; il ne faut pas rester à **mi**-chemin ; travaillez sans cesse **Tout** obéissante que vous êtes, vous ne l'êtes point encore assez. N'êtes-vous pas souvent **nu**-tête, le soir, malgré mes recommandations; vous êtes restée une **demi-**heure **nu-**cou, **nu-**bras et **nu-**jambes, en dépit de mes avertissements; et vous êtes demeurée **tout** boudeuse, pendant le reste de la soirée. **Quelque** soit votre caractère, il faut encore le perfectionner. — Il y a deux jours, n'êtes-vous pas entrée dans une **demi-**colère, qui a duré au moins dix minutes, parce que votre dîner n'était pas prêt à six heures et **demi** précises? **Quelque** soient vos affaires, elles sont peu importantes; **tout** intéressantes que sont vos occupations, elles n'exigent pas que l'on soit à la minute, pour vous faire plaisir. Donnez aux domestiques **tout** le temps qu'il leur faut pour vous servir, et vous vous ferez aimer d'eux. **Toutes** vos journées sont marquées par **quelque** petit dépit; il faut savoir vous commander à vous-même, **quelque** soit le motif que vous ayez d'être mécontente. — Rappelez-vous que, **tout** justes que soient vos raisons, il ne faut jamais frapper du pied; ce sont des manières **tout** cavalières qui ne conviennent point aux jeunes personnes. L'autre jour, n'avez-vous pas manifesté de l'impatience, parce que je ne vous ai pas permis d'aller au service de **feu** la femme Mathurine? Vous eussiez été obligée d'y aller **tout** seule, et vous savez qu'une fille doit être avec sa mère en semblable circonstance. En général, **quelque** soit votre désir de bien faire, **quelque** soient vos goûts, **quelque** soit votre bonne volonté, **quelque** soient vos bonnes intentions, consultez toujours votre maman.

QUATRIÈME LEÇON

PRONOM

112ᵉ Exercice.

Règle. — Le pronom *vous*, employé pour *tu*, veut le verbe au pluriel, mais l'adjectif qui s'y rapporte reste au singulier. Il en est de même du pronom *nous*, mis pour *je*.

Nota. — Copier ou écrire sous la dictée et orthographier, comme il convient, les adjectifs qui se rapportent aux pronoms *vous* et *nous*.

1. Monsieur, vous êtes **bon**. — 2. (Le duc de Montausier au dauphin.) Monseigneur, je me félicite avec vous de ce que vous êtes **doux, humain, modéré** après la victoire, oubliant vos services pour ne songer qu'à ceux d'autrui. — 3. Vous êtes **humain**, Messieurs, si vous savez plaindre et soulager le malheur. — 4. Romains, à pareil jour vous fûtes **vainqueur** d'Annibal ; allons en remercier les dieux. — 5. Nous, **soussigné**, reconnaissons devoir à M. Corneille la somme de mille francs. — 6. Madame, êtes-vous bien **portante ?** — 7. Messieurs, vous êtes sans doute **content** de me voir. —8. Nous, roi de France et de Navarre, reconnaissons que nous sommes **content** des élèves de ce collége.

9. Que vous êtes *joli!* que vous me semblez *beau!*

dit le renard de La Fontaine au corbeau.

113ᵉ Exercice.

RÈGLE. — Le pronom *le* est invariable :
1° Quand il tient la place d'un adjectif ou d'un substantif pris adjectivement. — 2° Quand il remplace un substantif, jouant le rôle d'un adjectif. — 3° Quand il remplace un infinitif. — 4° Quand il remplace une phrase.

Le pronom *le* est variable, lorsqu'il tient la place d'un substantif ou d'un adjectif pris substantivement.

NOTA. — Copier ou écrire sous la dictée, et faire varier le pronom, lorsque cela est nécessaire.—Bien rendre compte de la variabilité.

1. Madame, êtes-vous malade ? Oui, je **le** ou **la** suis. — 2. Etes-vous mère? Non, je ne **le** ou **la** suis pas.— 3. Etes-vous la malade dont on m'a parlé? Oui, je **le** ou **la** suis. — 4. Etes-vous la mère de cet enfant ? Oui, je **le** ou **la** suis. — 5. Etes-vous les ministres du roi ? Nous **le**, ou **les** sommes. — 6. Je vous reçois pour ma fille ; je veux bien que vous **le** ou **la** soyez. — 7. Hélas ! vous m'appelez veuve : il est trop vrai que je **le** ou **la** suis — 8. Ces écoliers sont paresseux et **le** ou **les** seront toujours. — 9. La santé est un bien précieux; tout le monde **le** ou **la** désire. — 10. Quand je serai malade, ma fille, prends garde de **le** ou **la** devenir. — 11. Etes-vous la reine des tortues? Vraiment oui, je **le** ou **la** suis en effet. — 12 Etes-vous

la maîtresse de ce logis? Oui, je **le** ou **la** suis. —
13. Etes-vous maîtresse de vos actions? Je ne le ou
la suis point encore.

114ᵉ Exercice.

RÈGLE. 1° *Notre* et *votre* prennent un accent
circonflexe, lorsqu'ils sont précédés de l'article ;
c'est-à-dire, lorsqu'ils sont possessifs adjectifs.
— 2° Le pronom *leur* ne prend jamais d'*s*,
lorsqu'il est personnel : Il n'en prend une *que*
lorsqu'il est suivi d'un substantif pluriel, alors
il est adjectif possessif. — 3° *Mon*, *ton*, *son*
s'emploient par raison d'euphonie avant un
substantif féminin qui commence par une voyelle
ou une *h* muette.

NOTA — Copier ou écrire sous la dictée, et orthographier
les pronoms, comme il convient.

1. **Notre** bonheur dépend souvent de nous-mêmes.
— 2. **Notre** Père, qui êtes aux cieux, que **votre** nom
soit sanctifié.

3. Ne sait-on pas au moins quel pays est le **votre**?
Ce temple est mon pays, je n'en connais point d'autre.
J. RACINE.

4. Les **nôtres** au signal de nos vaisseaux répondent.
CORNEILLE.

5. Cléobis et Biton s'attelèrent au chariot et conduisi-
rent **leur** mère au temple.— 6. Les auteurs se peignent
dans **leur** ou **leurs** ouvrages. — 7. L'empereur Auguste se fit nommer tous les complices de la conspira-

tion, et **leur** ou **leurs** pardonna généreusement. — 8. **Mon** ou **ma** âme est une étincelle de la divinité.

115ᵉ Exercice.

1. Les habitants de l'Europe ont **leur** ou **leurs** coutumes, et ceux de l'Asie ont les **leur** ou **leurs**. — 2. Les enfants qui sont en retenue sont les **nôtres** et non les **vôtres**. — 3. Si vous voyez mes amis, dites-**leur** que je les attends pour parler de **leur** ou **leurs** affaires. — 4. **Ton** ou **ta** ardeur se ralentit. — 5. Boileau épanchait **son** ou **sa** humeur maligne dans ses satires.

116ᵉ Exercice.

RÈGLE. — 1ᵉ *Ce* peut être adjectif ou pronom démonstratif; *ce* adjectif se met avant un substantif. *Ce* pronom démonstratif se met avant le verbe *être*, ou avant les pronoms relatifs *qui, que, dont*. — 2° *Se* est pronom personnel : il signifie soi, et il est toujours suivi d'un verbe.

NOTA. — Copier ou écrire sous la dictée, et orthographier *ce* et *se* d'après le sens de la phrase.

LE CHAMP DE BLÉ.

LA MAMAN. — **Ce** ou **se** champ de blé est magnifique; traversons-le pour voir si la récolte **se** ou **ce** prononce bien cette année. Suivons **ce** ou **se** petit sentier. **C'est** ou **s'est** facile. Commençons par ramasser **ce** brin de blé que voici à terre ; prenez cet épi ; froissez-le dans **vos** mains ; soufflez-en toute la paille ; ce ou se qui reste, ce ou se sont des grains de blé. Remarquez aussi combien une seule racine produit d'épis.

LES ENFANTS. — C'est ou s'est bien étonnant ! Mais comment ce ou se blé est-il venu.

LA MAMAN. — Ce ou se sera facile à vous expliquer. Si votre attention ce ou se soutient, vous comprendrez facilement ce ou se que je vais dire.

LA MAMAN. — La terre se ou ce retourne d'abord avec une charrue ; ce ou se qui forme des sillons. Ensuite, on a semé légèrement dans ces sillons des grains de blé, qu'on a eu soin de recouvrir avec la herse. Ces grains, après être demeurés quelque temps dans la terre, ce ou se sont gonflés et ce ou se sont amollis par l'humidité. Ils ont enfin poussé de petites racines qui ont percé en dessous, et des tiges qui ont percé au-dessus de la terre ; ce ou se que je vous montre là Ces tiges après avoir formé différentes branches, ce ou se que vous voyez ici, ont fini par produire ces épis, qui contiennent vingt à trente grains. J'espère que vous aurez compris ce ou se que je vous ai expliqué.

117ᵉ Exercice.

Ces et ses.

RÈGLE. — *Ces* est un adjectif démonstratif qui se place avant un substantif, pour le montrer, l'indiquer à notre attention. — *Ses* est un pronom adjectif possessif, qui se place avant un substantif, dont il marque la possession.

Nota. — Copier ou écrire sous la dictée, et rendre compte de l'orthographe des mots *ces* et *ses*.

LE JARDIN DES PLANTES.

Allons au Jardin des plantes, c'est une promenade qui nous amusera. Que d'animaux curieux à voir! Comme **ces** lions qui viennent d'Afrique sont nobles et fins! **Ces** tigres, ces ours ont des fourrures soyeuses et épaisses. Comme **ces** singes sont lestes, agiles et malins! Nous en avons vu un, entre autres, qui tenait dans **ses** pattes de devant une noix qu'il épluchait avec plus de soin que ma petite sœur. Comme l'éléphant est énorme! et que **ses** jambes sont grosses, inertes et trapues! Je ne suis plus étonné maintenant d'avoir lu dans l'histoire, que ces animaux-là portaient sur leur dos une tour pleine de guerriers. La girafe est aussi bien extraordinaire! **Ses** jambes sont disproportionnées avec son corps; que sa tête est petite, mais aussi que **ses** yeux sont doux. Je n'aime pas beaucoup l'hippopotame; il est difforme, et il me fait peur avec sa grande gueule et **ses** petits yeux. Regardons bien **ces** ours, et **ces** petits oursons qui sont dans leurs fosses. Combien ils ont l'air malin! L'ours Martin va nous montrer **ses** griffes en grimpant à son arbre. **Ses** poils sont bien longs: **ses** pattes sont grosses et nerveuses. Voyez donc tous **ces** perroquets, et tous **ces** plumages de diverses couleurs. Et **ces** aigles, comme leur regard est perçant et fixe; et **ces** vautours au bec recourbé, et aux serres formidables, qui ont l'air d'être faites exprès pour déchirer leur proie.

118ᵉ Exercice.

Règle. — Le pronom relatif *qui* est de la même personne que son antécédent.

Nota. — Copier ou écrire sous la dictée, et rendre compte des différentes personnes des verbes qui ont pour sujet le pronom relatif *qui*.

1 C'est moi qui **suis** Guillot, berger de ce troupeau.
La Fontaine.

— 2. Je pars pour l'Italie, Auguste ; c'est moi qui t'**écrirai** le premier ; et c'est toi qui me **ré-pondras** ensuite. — 3. C'est toi qui **dansas** le plus hier au bal de ton oncle. — 4. C'est mon frère qui **a acheté** la jolie maison que nous habitons. — 5. C'est nous qui **sommes** les victimes de ce procès. — 6. C'est Cadmus qui **apporta** l'écriture de Phénicie en Europe. — 7. C'est vous, Messieurs, qui **dessinez** le mieux. — 8. Ce sont les Egyptiens qui **ont inventé** l'arithmé-tique. — 9. Parmentier a apporté en Europe la pomme de terre qui **est** un de nos meilleurs légumes.

10. Paris nous méconnaît, Paris ne veut pour maître,
Ni moi qui **suis** son roi, ni vous qui **devez** l'être.
Voltaire.

118 bis. Exercice complémentaire.

Adjectifs quel, quelle, quels, quelles, qu'il ne faut pas confondre avec l'expression qu'elle et qu'elles.

Règle. — Les adjectifs *quel, quels, quelle,*

quelles se joignent toujours à un substantif, ou sont suivis du mot *que* ou du verbe *être*.—*Qu'elle*, *qu'elles* sont composés du pronom *que* ou de la conjonction *que*, et du pronom féminin *elle* ou *elles*, et sont ordinairement suivis d'un verbe ou d'un pronom.

Nota. — Copier ou écrire sous la dictée, et bien rendre compte de l'orthographe de chaque mot en **caractère noir**.

LE JARDIN.

Faisons un tour de promenade dans le jardin, et contemplons ces admirables fleurs qui sont si frêles et si variées. Voyez ce buisson de roses : **qu'elles** sont belles ! **quelle** fraîcheur, **quel** coloris, et **quel** parfum agréable ! Cueillons celles-ci qui sont sur la même tige. On dirait **qu'elles** inclinent la tête vers nous pour tomber volontairement sous nos ciseaux : il faut **qu'elles** ornent le guéridon du salon : elles sont trop jolies pour **qu'elles** ne jouissent pas de cet honneur. — **Quel** nom donne-t-on à celles-ci ? — Ce sont des roses du Bengale. — Je leur préfère ces roses moussues. **Quelle** grâce elles possèdent en cette mousse qui les entoure ! **Quelle** douce odeur elles répandent autour d'elles, **quel** éclat ! **quelle** richesse ! Prenons-en quelques-unes pour les ajouter à notre bouquet. **Quels** beaux lis j'aperçois ! **quelle** blancheur éclatante ! **quelles** tiges longues et flexibles ! Prenons-en quelques-unes. **Quel** contraste ils font auprès de nos roses ! Mais voici des œillets de toute nature. **Quelle** diversité. En voici de blancs, de rouges, de panachés. Cette plate-bande est merveilleuse ; sachez **qu'elle** me plaît beaucoup, et **qu'elle** va contribuer à grossir mon bouquet. Mais **quelle** surprise regrettable ! Ne sentez-vous pas quelques gouttes de pluie. — Mais oui, vraiment. — Rentrons par n'importe **quel** chemin ; car nous pourrions bien être mouillés.

119ᵉ Exercice. — Récapitulation

SUR LE PRONOM.

Nota. — Copier ou écrire sous la dictée, et rendre compte de l'orthographe des pronoms d'après le sens.

HANNA ET SULAMITE.

I

Dans le pays d'Israël, **qui est** situé au pied du Thabor, une femme nommée Hanna **se** trouvait veuve. Elle l'était depuis que la volonté du Seigneur **l'a**vait voulu ainsi. Elle demeurait avec une fille, **son** unique enfant, **qui s'appelait** Sulamite. **C'**était un spectacle touchant de voir ces deux saintes femmes. **Leur** cabane était petite, mais **leurs** cœurs étaient gais et sereins ; **leurs** jours s'écoulaient doucement ; car elles étaient pieuses et craignaient Dieu : **leurs** tendres parents **leur** avaient appris de bonne heure que la crainte de Dieu est le fondement de toutes les vertus.

II.

Hanna instruisait **son** enfant chérie dans le bien. Elle apprenait à Sulamite comment **ce** Dieu, **notre** maître souverain, fait naître les plantes de la terre, verse **sa** rosée sur elles, fait lever **son** soleil qui vivifie tout, et comment **ce** Dieu accorde à l'homme tant de biens tous les jours. **Vous** êtes **petite**, ma fille, lui disait-elle, mais c'est Dieu **qui** vous protége à chaque instant et qui vous rend si **sage** et si **bonne.** Outre cela, elle lui racontait des histoires et des sentences tirées des livres saints, et pendant qu'elle parlait, les larmes lui venaient aux yeux.

III.

Alors Sulamite disait à sa mère : Bonne mère, **vous** êtes **attendrie** et **affligée.** Mais la mère répondait en souriant : O **mon** enfant, **sa** bonté et **son** amour sont trop grands pour qu'un cœur humain puisse **les** contenir ! — **C'**est ainsi qu'elles **s'**entretenaient entre elles, et **leurs** actions répondaient à **leurs** paroles. Dieu **les** bénit, et **leur** petit jardin **leur** produisait beaucoup de fruits, et les deux saintes âmes **le** voyaient avec bonheur ; car elles pouvaient soulager les malades et les indigents de **leur** superflu. Et Hanna disait : **C'**est encore plus doux, Sulamite, de donner que de recevoir ! Oh ! que la Providence **nous** rend heureuses, et combien nous **le** sommes de pouvoir aussi porter **notre** obole à l'offrande, et de **ce** que le Seigneur veut bien **la** faire accepter.

IV.

Elles vivaient ainsi heureuses et paisibles dans **leur** habitation, l'embellissant de **leur** mieux, et cultivant avec soin **leur** petit jardin.

Mais voilà qu'une contagion maligne arriva. Hanna tomba malade et Sulamite, sa fille, **le** devint aussi de peine et d'inquiétude.

Alors la mère sentit qu'elle allait mourir, et elle dit à Sulamite avec **ce** visage riant et cette voix douce **qui** n'appartiennent qu'aux élus du Seigneur. **Mon** enfant, ma chère enfant, **mon** heure est venue ; mais ne perds pas courage ; console-toi ; le Père **qui** est là-haut est aussi le **nôtre** ; il prendra soin de toi : **Mon** Père, que **votre** volonté soit faite.

V.

Mon Père, regardez **mon** enfant avec bonté ; voyez-**la** seule au monde ; **vous** êtes tout-**puissant** et **miséricordieux** ; disposez de moi, dispostz d'elle. Elle ne put parler davantage, car **ses** forces étaient diminuées.

Sulamite pleurait du fond de **son** cœur ; elle **se** mit à genoux, leva les mains vers le ciel, et pria : O toi, Père adoré, **qui règnes** dans l'univers, **qui** habites au ciel, **qui donnes** la vie à tes créatures; **qui la leur conserves** et **qui la leur reprends** quand il te plaît, conserve-moi **ma** bonne mère, **mon** seul appui dans ce monde ! Comment pourrais-je rester seule ici-bas ?

VI.

Ainsi pria Sulamite, et les anges portèrent la prière de l'innocence vers le ciel.

Alors parut l'aurore. Le soleil **se** leva, et l'éclat rougeâtre du jour naissant **se** répandit doucement dans la chambre. Sulamite **se** pressait contre le sein de sa mère, et cherchait à **la** ranimer.

Mais l'Ange de la mort **s'approcha** dans le rayon doré de la lumière matinale ; il **les** toucha l'une et l'autre, dégagea doucement **leur** âme, et Hanna et

Sulamite s'élevèrent, dans l'éclat du soleil levant, vers un monde plus beau.

Paraboles du docteur KRUMMACHER.

SIXIÈME LEÇON

VERBE

—

I. — EXERCICES SUR L'ORTHOGRAPHE DES VERBES *ÊTRE* ET *AVOIR* ET SUR CELLE DES VERBES RÉGULIERS DES QUATRE CONJUGAISONS.

120e Exercice.

Conjugaison et orthographe du verbe Avoir.

NOTA. — L'élève copiera et apprendra successivement les différents temps du verbe *Avoir*.

Temps simples.   **Temps composés.**

MODE INDICATIF.

Présent.   *Passé indéfini*

J'	ai.	J'	ai eu.
Tu	as.	Tu	as eu.
Il	a.	Il	a eu.
Nous	avons.	Nous	avons eu.
Vous	avez.	Vous	avez eu.
Ils	ont.	Ils	ont eu.

Imparfait.

J'	avais.
Tu	avais,
Il	avait.
Nous	avions.
Vous	aviez.
Ils	avaient.

Plus-que-parfait.

J'	avais eu.
Tu	avais eu.
Il	avait eu.
Nous	avions eu.
Vous	aviez eu.
Ils	avaient eu.

Passé défini.

J'	eus.
Tu	eus.
Il	eut.
Nous	eûmes.
Vous	eûtes.
Ils	eurent.

Prétérit antérieur.

J'	eus eu.
Tu	eus eu.
Il	eut eu.
Nous	eûmes eu.
Vous	eûtes eu.
Ils	eurent eu.

Futur simple.

J'	aurai.
Tu	auras.
Il	aura.
Nous	aurons.
Vous	aurez.
Ils	auront.

Futur simple.

J'	aurai eu.
Tu	auras eu.
Il	aura eu.
Nous	aurons eu.
Vous	aurez eu.
Ils	auront eu.

MODE SUBJONCTIF

Présent.

Que j'	aie.
Que tu	aies.
Qu'il	ait.
Que nous	ayons.
Que vous	ayez.
Qu'ils	aient.

Parfait.

Que j'	aie eu.
Que tu	aies eu.
Qu'il	ait eu.
Que nous	ayons eu.
Que vous	ayez eu.
Qu'ils	aient eu.

Imparfait.		*Plus-que-parfait.*	
Que j'	eusse.	Que j'	eusse eu.
Que tu	eusses.	Que tu	eusses eu.
Qu'il	eût.	Qu'il	eût eu.
Que nous	eussions.	Que nous	eussions eu.
Que vous	eussiez.	Que vous	eussiez eu.
Qu'ils	eussent.	Qu'ils	eussent eu.

MODE IMPÉRATIF.

Présent.	*Point de temps composé.*
aie.	
Qu'il ait	
ayons.	
ayez.	
Qu'ils aient.	

MODE CONDITIONNEL.

Présent.		*Passé.*	
J'	aurais.	J'	aurais eu.
Tu	aurais.	Tu	aurais eu.
Il	aurait.	Il	aurait eu.
Nous	aurions.	Nous	aurions eu.
Vous	auriez.	Vous	auriez eu.
Ils	auraient.	Ils	auraient eu

INFINITIF.

Présent.	*Passé.*
avoir.	avoir eu.

PARTICIPE.

Actif.	*Actif passe.*
ayant.	ayant eu.

Passé.

Eu, eue, eus, eues,

121ᵉ Exercice.

*Sur les différents temps de la conjugaison du verbe
Avoir.*

Nota. — Copier ou écrire sous la dictée, et employer les verbes au temps indiqué.

LA PATIENCE D'ABAUZIT.

Abauzit, célèbre théologien, (*Imparfait de l'Ind. du verbe avoir.*) la réputation de ne s'être jamais mis en colère. Quelques personnes (*Passé def.*) l'idée de s'adresser à sa servante pour s'assurer si cela était vrai. Il y (*Imparf. de l'Ind.*) trente ans qu'elle était à son service ; elle protesta que, pendant tout ce temps, il n' (*Plus q. parf. de l'Ind.*) jamais la moindre colère, On lui promit qu'elle (*Prés. du Cond*) une somme d'argent, si elle parvenait à le fâcher. Elle (*Pas. déf.*) envie d'essayer. Sachant qu'il aimait à être bien couché, elle (*Pas. déf.*) soin un soir de ne point faire son lit. Abauzit s'en aperçut, et le lendemain matin : (*Prés. de l'Imp.*) soin, lui dit-il, de ne pas m'oublier. Il ne dit rien de plus. Le soir, elle ne fit pas le lit davantage : même observation le lendemain. Enfin à la troisième fois, il lui dit : vous n' (*Passé Ind.*) pas le soin de faire mon lit ; apparemment que vous (*Passé Ind.*) trop de peine jusqu'à ce jour ; eh bien ! il n'y (*Prés. de l'Ind.*) pas de mal ; car je commence à m'y faire.

Elle se jette à ses pieds et lui avoue tout. Ce trait (*Passe du Cond.*) avec juste raison sa place dans la vie de Socrate. BERNARDIN DE SAINT-PIERRE.

122ᵉ Exercice.

Conjugaison et orthographe du verbe Être.

Nota. — L'élève copiera et apprendra successivement les différents temps du verbe *Etre.*

Temps simples.   **Temps composés.**

MODE INDICATIF.

Présent.		*Passé indéfini.*	
Je	suis.	J'	ai été.
Tu	es.	Tu	as été.
Il	est.	Il	a été.
Nous	sommes.	Nous	avons été.
Vous	êtes.	Vous	avez été.
Ils	sont.	Ils	ont été.

Imparfait.		*Plus-que-parfait.*	
J'	étais.	J'	avais été.
Tu	étais.	Tu	avais été.
Il	était.	Il	avait été.
Nous	étions.	Nous	avions été.
Vous	étiez.	Vous	aviez été.
Ils	étaient.	Ils	avaient été.

Passé défini.		*Prétérit antérieur.*	
Je	fus.	J'	eus été.
Tu	fus.	Tu	eus été.
Il	fut.	Il	eut été.
Nous	fûmes.	Nous	eûmes été.
Vous	fûtes.	Vous	eûtes été.
Ils	furent.	Ils	eurent été.

Futur simple.		*Futur simple.*	
Je	serai.	J'	aurai été.
Tu	seras.	Tu	auras été.
Il	sera.	Il	aura été.
Nous	serons.	Nous	aurons été.
Vous	serez.	Vous	aurez été.
Ils	seront.	Ils	auront été.

MODE SUBJONCTIF.

Présent.		*Parfait.*	
Que je	sois.	Que j'	aie été.
Que tu	sois.	Que tu	aies été.
Qu'il	soit.	Qu'il	ait été.
Que nous	soyons.	Que nous	ayons été.
Que vous	soyez.	Que vous	ayez été.
Qu'ils	soient.	Qu'ils	aient été.

Imparfait.		*Plus-que-parfait.*	
Que je	fusse.	Que j'	eusse été.
Que tu	fusses.	Que tu	eusses été.
Qu'il	fût.	Qu'il	eût été.
Que nous	fussions.	Que nous	eussions été.
Que vous	fussiez.	Que vous	eussiez été.
Qu'ils	fussent.	Qu'ils	eussent été.

MODE IMPÉRATIF.

Présent.		*Point de temps composé.*
	sois.	
Qu'il	soit.	
	soyons,	
	soyez.	
Qu'ils	soient.	

MODE CONDITIONNEL.

Présent.		*Passé.*	
Je	serais.	J'	aurais été.
Tu	serais.	Tu	aurais été.
Il	serait.	Il	aurait été.
Nous	serions.	Nous	aurions été,
Vous	seriez.	Vous	auriez été.
Ils	seraient.	Ils	auraient été.

INFINITIF.

Présent.	*Passé.*
Etre.	Avoir été.

PARTICIPE.

Actif.	*Actif passé.*
Étant.	Ayant été.
Passé.	
Ayant été.	

1²3ᵉ Exercice.

*Sur les différents temps de la conjugaison
du verbe être.*

Nota. — Copier ou écrire sous la dictée, et employer le
verbes au temps indiqué, en leur donnant l'orthographe qi
leur convient.

LE BON ÉCOLIER.

Il importe aux enfants d'employer utilement leu
temps. Plus ils étudie ront, plus ils (*futur*) sûrs de leu

progrès. Le travail (*Prés. de l'Ind.*) insupportable aux paresseux ; il (*Pres. de l'Ind.*) léger à celui qui désire surpasser ses condisciples, et qui ne doute pas que l'instruction ne (*Prés. du Subj.*) utile dans tous les états de la vie. Les récompenses (*Prés. de l'Ind.*) les aiguillons de son émulation ; il compte pour rien les travaux, quels qu'ils (*Prés. du Subj.*). Persuadé que, sans travailler beaucoup, on n' (*Prés. de l'Ind.*) propre à rien, et qu'on ne (*Prés. du Cond.*) estimé, si l'on n' (*Prés. de l'Ind.*) capable, il renonce aux frivolités, pour s'appliquer tout entier à l'étude des belles-lettres qu'on lui enseigne. Que des enfants de ce caractère (*Pres. de l'Ind.*) heureux ! Plût à Dieu que leur nombre en (*Imp. du Subj.*) plus grand ! Quelle (*Prés. du Cond.*) la joie des parents ! que les maîtres, bien loin d'être fâchés de leur peine (*Prés. du Cond.*), heureux de trouver du charme dans les pénibles fonctions de l'enseignement !

M. CHAINE.

124ᵉ Exercice.

Conjugaison et orthographe du verbe Aimer.

Nota. — L'élève copiera et apprendra successivement l'orthographe du verbe *aimer*.

Temps simples.   **Temps composés.**

MODE INDICATIF.

Présent.   *Passé indéfini.*

J'	aim	*e.*	J'	ai aimé.
Tu	aim	*es.*	Tu	as aimé.
Il	aim	*e.*	Il	a aimé.

7

Nous	aim	*ons.*	Nous	avons aimé.	
Vous	aim	*ez.*	Vous	avez aimé.	
Ils	aim	*ent.*	Ils	ont aimé.	

Imparfait.			*Plus-que-parfait*		
J'	aim	*ais.*	J'	avais aimé.	
Tu	aim	*ais.*	Tu	avais aimé.	
Il	aim	*ait.*	Il	avait aimé.	
Nous	aim	*ions.*	Nous	avions aimé.	
Vous	aim	*iez.*	Vous	aviez aimé.	
Ils	aim	*aient.*	Ils	avaient aimé.	

Passé défini.			*Prétérit antérieur.*		
J'	aim	*ai.*	J'	eus aimé.	
Tu	aim	*as.*	Tu	eus aimé.	
Il	aim	*a.*	Il	eut aimé.	
Nous	aim	*âmes.*	Nous	cûmes aimé.	
Vous	aim	*âtes.*	Vous	eûtes aimé.	
Ils	aim	*èrent.*	Ils	eurent aimé.	

Futur simple.			*Futur passé.*		
J'	aime	*rai.*	J'	aurai aimé.	
Tu	aime	*ras.*	Tu	auras aimé.	
Il	aime	*ra.*	Il	aura aimé.	
Nous	aime	*rons.*	Nous	aurons aimé.	
Vous	aime	*rez.*	Vous	aurez aimé.	
Ils	aime	*ront.*	Ils	auront aimé.	

MODE SUBJONCTIF.

Présent.		*Parfait.*	
Que j'	aim *e.*	Que j'	aie aimé.
Que tu	aim *es.*	Que tu	aies aimé.
Qu'il	aim *e.*	Qu'il	ait aimé.
Que nous	aim *ions.*	Que nous	ayons aimé.
Que vous	aim *iez.*	Que vous	ayez aimé.
Qu'ils	aim *ent.*	Qu'ils	aient aimé.

Imparfait.		*Plus-que-parfait.*	
ue j'	aim *asse*	Que j'	eusse aimé.
Que tu	aim *asses*	Que tu	eusses aimé.
Qu'il	aim *ât.*	Qu'il	eût aimé.
Que nous	aim *assions.*	Que nous	eussions aimé.
Que vous	aim *assiez.*	Que vous	eussiez aimé.
Qu'ils	aim *assent.*	Qu'ils	eussent aimé.

MODE IMPÉRATIF.

Présent.		(Point de temps composé).
	aim *e.*	
Qu'il	aim *e.*	
	aim *ons.*	
	aim *ez.*	
Qu'ils	aim *ent.*	

MODE CONDITIONNEL.

Présent.		*Passé.*	
J'	aime *rais.*	J'	aurais aimé.
Tu	aime *rais.*	Tu	aurais aimé.
Il	aime *rait.*	Il	aurait aimé.
Nous	aime *rions.*	Nous	aurions aimé.
Vous	aime *riez.*	Vous	auriez aimé.
Ils	aime *raient.*	Ils	auraient aimé.

INFINITIF.

Présent.   *Passé.*

Aim   *er.*

PARTICIPE.

Actif.   *Actif passé.*

Aim *ant.*   Ayant aimé.

Passé.

Aim *é,* aim *ée.*
Aim *és,* aim *ées.*

Verbes à conjuguer sur Aimer.

Parler, donner, lier, conter, sonner, ourler, prier chanter, cultiver, labourer, récolter, planter, emporter, former, fronder, allumer, quitter, raconter, proclamer, baisser.

125ᵉ Exercice.

Nota. — Copier ou écrire sous la dictée et orthographier d'après le sens de la phrase, les verbes à l'un des temps suivants : présent, imparfait, passé défini, futur simple de l'indicatif. — Dans les exercices suivants ils sont tous à l'infinitif.

1. Nous **prier** (*Prés. de l'Ind.*) Dieu pour les affligés.

2. Les anges **chanter** (*Prés. de l'Ind.*) perpétuellement les louanges de Dieu.

3. Les laboureurs **cultiver** (*Imp. de l'Ind.*) leur champs.

4. Nous **planter** (*Passé déf.*) quatre mille pieds de mûriers qui réussirent tous.

5. Ces bons élèves **remporter** (*Futur*) tous les premiers prix de leurs classes.

6. L'année dernière, nous **soigner** (*Passé déf.*) les malades et nous leur **donner** (*Passé déf.*) tous les secours nécessaires.

7. Vous **visiter** (*Futur*) les pauvres, et vous leur **donner** (*Futur*) le bouillon, le pain et les vêtements qui leur seront nécessaires.

8. Tu **implorer** (*Passé déf.*) le pardon des fautes que tu as commises.

9. Nous **donner** (*Futur*) des étrennes à nos enfants.

10. Nos enfants nous **donner** (*Futur*) un jour toute la satisfaction possible.

126ᵉ Exercice.

Nota. — Copier ou écrire sous la dictée et orthographier, d'après le sens de la phrase, les verbes à l'un des temps suivants : passé indéfini, plus-que-parfait, prétérit antérieur, futur passé de l'indicatif.

1. Les provisions que nous **emporter** (*Passé déf.*) à la campagne sont épuisées.

2. La vie est trop courte, et nous mourrons sans exécuter les vastes projets que nous **former** (*Plus-que-parf.*).

3. Colbert **fonder** (*Passé Ind.*) de nombreuses manufactures en France.

4. J'appelai mon domestique, dès qu'il **allumer** (*Prétér. ant.*) les feux des salons.

5. Quand nous **quitter** (*Prétér. ant.*) la campagne, nous retournâmes à la ville.

6. Vous nous **raconter** (*Passé Ind.*) les voyages que vous avez faits en Algérie.

7. Les juges du camp **proclamer** (*Passé Ind.*) à deux heures les noms des vainqueurs.

8. Nos tireurs sont revenus honteux parce qu'ils **manquer** (*Passé Ind.*) leur but.

9. Tant que vous ne vous serez pas repenti, vous ne **mériter** (*Futur passé*) votre grâce.

127ᵉ Exercice.

Nota. — Copier ou écrire sous la dictée et orthographier, d'après le sens de la phrase, les verbes à l'un des temps suivants : présent, imparfait, parfait et plus-que-parfait du subjonctif.

1. Il est ordinaire que les âmes chrétiennes seules **pardonner** (*pré. du sub*). les injures.

2. Il aurait fallu que ces fleurs que tu arrosais avec tant de soin **conserver** (*plus-que-parf. du sub.*) longtemps leur fraîcheur.

3. Il faut que **éviter** (*pré. du sub*). les mauvaises compagnies.

4. Je ne me serais pas perdu, si **écouter** (*plus-que-parf. du sub*). les conseils de mes parents.

5. On n'a pas rencontré un seul historien qui n' **blamer** (*parf. du sub*). la conduite d'Alcibiade.

128ᵉ Exercice.

Nota. — Copier ou écrire sous la dictée et orthographier, d'après le sens de la phrase, les verbes à l'un des temps suivants: présent et passé du conditionnel, infinitif et participes.

1. Le chien est une sentinelle vigilante qui sait **garder** (*inf. pré.*) la maison avec soins.

2. Il est doux de **contempler** (*inf. pré*). les étoiles par une belle soirée d'été.

3. En **conserver** (*par. pre*). son innocence, l'enfant conserve son bonheur.

4. Les bons frères Mathurins se rendent en Afrique, d'où ils reviendront après **délivrer** (*inf. passé*). les prisonniers.

5. Tu **gouverner** (*pré. du cond.*) bien la maison, si tu étais plus raisonnable.

6. L'hirondelle **traverser** (*pré. du cond.*) les mers pour aller dans des climats chauds, si la mauvaise saison était arrivée.

7. Callinique, grec d'origine, a rendu son nom célèbre, pour **inventer** (*inf. passe.*) le feu grégeois.

129ᵉ Exercice. — Récapitulation

Sur l'orthographe des verbes de la 1ʳᵉ conjugaison.

NOTA. — Copier ou écrire sous la dictée. Lorsque l'élève rencontrera un temps primitif, il le conjuguera en entier à la fin du devoir, ainsi que les temps formés de ce primitif. — S'il rencontre un temps dérivé il le conjuguera en entier, en indiquant sa dérivation.

UNE VISITE DE PIE IX A UNE ÉCOLE NOCTURNE.

I.

Il **existe** à Rome, sous le nom d'Ecoles Nocturnes, des institutions, semblables à nos classes d'adultes, particulièrement dans les quartiers les plus populeux.

Elles ont été créées, et sont encore tenues par des prêtres charitables, animés du désir de venir en aide aux classes pauvres de la société, en leur **communiquant** les connaissances premières, les notions morales et religieuses qui **inspirent** à l'homme un sentiment plus vrai et plus profond de ses devoirs, et **donnent** à l'ouvrier les moyens de rendre honorable et digne sa vie laborieuse.

Tous les élèves d'une de ces écoles, située dans un des quartiers les plus pauvres de Rome, **se trouvaient** réunis le soir du 9 mars, 1847.

II

Un certain air de fête se **remarquait** sur tous les visages. Des guirlandes de feuillage **ornaient** les murs; des couronnes de laurier, des livres, des gravures, couvraient le bureau placé devant la chaire du directeur. On **allait proclamer** les noms des élèves les plus studieux et de ceux dont la conduite avait été la plus satisfaisante, puis leur **décerner** les récompenses d'usage. La séance était sur le point de **commencer,** lorsqu'on entendit **frapper** à la porte Un des élèves **va** ouvrir, et introduit deux ecclésiastiques. Lorsqu'ils sont arrivés jusqu'au milieu de la salle, celui qui **marchait** en avant, ouvre son manteau, découvre sa tête... Maîtres et élèves **tombent** aux pieds du Pape qui les bénit, les fait relever, et leur **annonce** qu'il veut lui-même **présider** la séance, et faire la distribution des prix.

III

Il se **dirige** vers l'estrade, **s'assied** à la place du maître, et **promenant** autour de lui des regards de satisfaction : « C'est à présent, dit-il, que je me sens l'abbé Mastai !... »

Il se souvenait que, lorsqu'il **était** simple abbé, il **avait** beaucoup **aimé** ce quartier des monts, où il venait avec d'autres jeunes prêtres zélés **visiter** et **consoler** tant de pauvres familles.

Puis, le pape dit à haute voix la prière que **répètent** les élèves, et **commence** en quelque sorte à faire la classe. Il **adresse** des questions aux uns et aux autres sur les devoirs moraux et religieux, les **interroge** sur la position de leurs familles, sur leurs professions, leur **donne** des avis paternels, et leur **adresse** des paroles pleines de bienveillance et d'encouragement.

IV

Ensuite, on lit à haute voix les noms des élèves les plus méritants, les plus habiles, qui **s'approchent** avec émotion. Le pape **pose** sur la tête de chacun d'eux la couronne de laurier, l'**embrasse**, et lui remet une monnaie d'argent à son effigie. La distribution faite, il **s'adresse** aux maîtres de l'école, **loue** leur dévoûment, leur **recommande** vivement cette œuvre si belle de l'instruction du peuple, leur remet, en témoignage de sa satisfaction, des médailles où son portrait est gravé, et les **charge** de **distribuer** une somme d'argent

7.

entre les élèves qui se **trouvent** dans une position malheureuse. Enfin Pie IX bénit de nouveau toute l'assistance, s'**enveloppe** dans le grand manteau qui **cache** le costume blanc du Souverain Pontife, et se **dispose** à sortir.

V

Toute l'école **est** en mouvement; on veut l'**accompagner** avec des flambeaux : « Oh ! ne faites pas de « bruit, dit le Pape qui ne voulait pas que le voisinage « s'aperçut de rien d'extraordinaire ; je ne veux **ré-** « **veiller** personne ; **restez** et **laissez-moi** m'en **aller,** « comme je suis venu. »

En effet, la porte se **referme** derrière lui, et Pie IX, suivi de son compagnon de voyage, **regagna** la voiture de place qui l'avait amené sans que le cocher se **doutât** de rien.

Cette visite du Pape à l'une des écoles nocturnes, **causa** une grande joie dans Rome. Le lendemain, il **n'était** bruit par toute la ville que de la distribution des prix faite par Pie IX à l'école des Monts : on répétait chacune de ses paroles, on **exaltait** son affabilité, sa bonté si paternelle. Et tous ceux qui **désirent** le bien et l'amélioration des classes pauvres se réjouissaient de ce puissant encouragement donné à une des institutions les plus capables de répandre parmi le peuple l'instruction et la moralité.

150e Exercice.

Conjugaison et orthographe du verbe Finir.

Nota. — L'élève copiera et apprendra successivement les différents temps du verbe *finir.*

Temps simples.   **Temps composés.**

MODE INDICATIF.

Présent.   *Passe indéfini.*

Je	fini	s.	J'	ai fini.
Tu	fini	s.	Tu	as fini.
Il	fini	t,	Il	a fini.
Nous	finiss	ons.	Nous	avons fini.
Vous	finiss	ez.	Vous	avez fini.
Ils	finiss	ent.	Ils	ont fini.

Imparfait.   *Plus-que-parfait.*

Je	finiss	ais.	J'	avais fini.
Tu	finiss	ais.	Tu	avais fini.
Il	finiss	ait.	Il	avait fini.
Nous	finiss	ions.	Nous	avions fini.
Vous	finiss	iez.	Vous	aviez fini.
Ils	finiss	aient.	Ils	avaient fini.

Passé défini.   *Prétérit antérieur.*

Je	fini	s.	J'	eus finis.
Tu	fini	s.	Tu	eus finis.
Il	fini	t.	Il	eut finit.
Nous	fini	mes.	Nous	eûmes fini.
Vous	fini	tes.	Vous	eûtes fini.
Ils	fini	rent.	Ils	eurent fini.

Futur simple.			*Futur passé.*	
Je	fini	*rai.*	J'	aurai fini.
Tu	fini	*ras.*	Tu	auras fini.
Il	fini	*ra.*	Il	aura fini.
Nous	fini	*rons.*	Nous	aurons fini.
Vous	fini	*rez.*	Vous	aurez fini.
Ils	fini	*ront.*	Ils	auront fini.

MODE SUBJONCTIF.

Présent.			*Parfait.*	
Que je	finiss	*e.*	Que j'	aie fini.
Que tu	finiss	*es.*	Que tu	aies fini.
Qu'il	finiss	*e.*	Qu'il	ait fini.
Que nous	finiss	*ions.*	Que nous	ayons fini.
Que vous	finiss	*iez.*	Que vous	ayez fini.
Qu'ils	finiss	*ent.*	Qu'ils	aient fini.

Imparfait.			*Plus-que-parfait.*	
Que je	fin	*isse.*	Que j'	eusse fini.
Que tu	fin	*isses.*	Que tu	eusses fini.
Qu'il	fin	*ît.*	Qu'il	eût fini.
Que nous	fin	*issions.*	Que nous	eussions fini.
Que vous	fin	*issiez.*	Que vous	eussiez fini.
Qu'ils	fin	*issent.*	Qu'ils	eussent fini.

MODE IMPÉRATIF.

Présent.			*Point de temps composé.*
	fini	*s.*	
Qu'il	finiss	*e.*	
	finiss	*ons.*	
	finiss	*ez.*	
Qu'ils	finiss	*ent.*	

MODE CONDITIONNEL.

Présent.			*Passé.*	
Je	fini	*rais.*	J'	aurais fini.
Tu	fini	*rais.*	Tu	aurais fini.
Il	fini	*rait.*	Il	aurait fini.
Nous	fini	*rions.*	Nous	aurions fini.
Vous	fini	*riez.*	Vous	auriez fini.
Ils	fini	*raient.*	Ils	auraient fini.

INFINITIF.

Présent.		*Passé.*
Fin	*ir.*	Avoir fini.

PARTICIPE.

Actif.		*Actif passé.*
Finiss	*ant.*	Ayant fini.

Passé.

Fin *i,* fin *ie.*
Fin *is,* fin *ies.*

Verbes à conjuguer sur Finir.

Avertir, rougir, verdir, attendrir, endurcir, assouvir, bannir, réfléchir, guérir, obéir, bâtir, blanchir, accomplir, nourrir, ravir, servir, sortir, embellir, noircir, gravir, remplir, choisir, approfondir, avilir, flétrir, rôtir, consentir, ralentir, éclaircir, démentir, ternir, prémunir, fournir, rétablir, aplanir, démolir, gravir, étourdir, agrandir, fléchir, garantir, affaiblir, tarir, polir, amoindrir.

131ᵉ Exercice.

Nota. — Copier ou écrire sous la dictée et, d'après le sens de la phrase, orthographier les verbes à l'un des temps suivants : passé indéfini, plus-que-parfait, prétérit antérieur, futur passé de l'indicatif. — Dans les exercices suivants les verbes sont tous à l'infinitif.

1. Quand nous **voyager** (*Passé Ind.*) en Suisse, nous vous **choisir** (*Passé Ind.*) pour guide.

2. Enfants, vous **étourdir** (*Passe Ind.*) votre mère par vos jeux bruyants.

3. Dès qu'il **consentir** (*Prétér. ant.*) au traité, la paix se rétablit.

4. Lorsque tu **déjeuner** (*Futur passé*), nous irons au Jardin des Plantes.

5. Quand Epiménide **rétablir** (*Prétér. ant.*) la concorde parmi les Athéniens, il revint dans sa patrie.

6. Lorsque Dieu **avertir** (*Prétér. ant.*) Noé que le déluge était proche, le patriarche se retira dans l'arche avec sa famille.

7. Quand Justinien **bâtir** (*Prétér. ant.*) l'église de sainte Sophie, il la dédia à la sagesse divine.

132ᵉ Exercice.

Nota. — Copier ou écrire sous la dictée et, d'après le sens de la phrase, orthographier les verbes à l'un des temps suivants : présent, imparfait, parfait et plus-que-parfait du subjonctif.

1. Ma cousine est allée en Italie, et elle en est revenue sans qu'elle **rétablir** (*Parf. du subj.*) sa santé.

2. Adressez-vous au prince pour qu'il **aplanir** (*Prés. du subj.*) toutes les difficultés.

3. Il aurait fallu que les ouvriers **démolir** (*Plus-que-parf.*) toute la ville, pour pouvoir la reconstruire sur un plan régulier.

4. J'ai rejoint les voyageurs avant qu'ils **gravir** (*Plus-que-parf. du subj.*) la colline.

5. Il ne faut pas que j' **agrandir** (*Prés. du subj.*) mon domaine aux dépens de mon voisin.

6. Il a fallu que les prières **fléchir** (*Prés. du subj.*) ce cœur barbare, pour que vous ayez obtenu cette grâce.

7. Avant que la sécheresse **tarir** (*Parf. du Subj.*) toutes nos sources, nous aurons eu le temps de creuser nos bassins.

8. Il ne faut pas que vous **amoindrir** (*Prés. du Subj*) vos torts, si vous voulez qu'on vous traite avec indulgence.

133ᵉ Exercice.

Nota. — Copier ou écrire sous la dictée, et, d'après le sens de la phrase, orthographier les verbes à l'un des temps suivants : présent de l'impératif, présent et passé du conditionnel, infinitifs et participes.

1. **Flétrir** (*Imp. prés.*) le vice, partout où vous le rencontrez.

2. Tu **amincir** (*Prés. du Cond.*) facilement ce bois, si tu avais le rabot du menuisier.

3. La douceur de Pellisson **adoucir** (*Plus-que-parf. du Subj.*) le gardien de sa prison, si l'on pouvait adoucir un geôlier.

4. Orphée seul eut la puissance d' **attendrir** (*Inf. prés.*) les hôtes des bois et les rochers.

5. Les dieux se réjouirent d' **unir** (*Inf. passé*) les deux cœurs de Philémon et Baucis, lorsqu'ils eurent vu la constante tendresse de ces deux époux.

6. On fait preuve de sagacité en **saisir** (*Part. prés.*) toutes les occasions favorables qui se présentent.

7. Le christianisme **abolir** (*Part. act. passe*) les sacrifices des victimes humaines, se montra une religion bien supérieure au paganisme.

8. **Gémir** (*Imp. pres.*) sur les misères de la vie, et efforçons-nous de les adoucir par la charité.

9. Il faut que chacun **compâtir** (*Pres. du Subj.*) au malheur d'autrui.

134ᵉ Exercice. — Récapitulation

Sur l'orthographe des verbes de la 1ʳᵉ et de la 2ᵉ conjugaison.

NOTA. — Copier ou écrire sous la dictée et terminer le devoir, ainsi qu'il est recommandé. Lorsque l'élève rencontrera un temps primitif, il le conjuguera en entier à la fin du devoir, ainsi que les temps formés de ce primitif. — S'il rencontre un temps dérivé il le conjuguera en entier, en indiquant sa dérivation.

LE PRÉSENT ET L'AVENIR.

I

Les hommes **passent** comme les fleurs, qui s'épanouissent le matin, et qui, le soir, sont **flétries** et foulées aux pieds. Les générations des hommes s'écoulent, comme les ondes d'un fleuve rapide ; rien ne peut **arrêter** le temps, qui **entraîne** après lui tout ce qui paraît le plus immobile. Toi-même, ô mon fils ! mon cher fils ! toi-même, qui **jouis** maintenant d'une jeunesse si vive et si féconde en plaisirs, **souviens**-toi que ce bel âge n'est qu'une fleur qui sera presque aussitôt séchée qu'éclose ; tu te verras changer insensiblement : les grâces riantes, les doux plaisirs qui t'**accompagnent**, la force, la santé, s'**évanouiront** comme un beau songe ; il ne t'en **restera** qu'un triste souvenir.

II

La vieillesse languissante et ennemie des plaisirs, viendra rider ton visage, **courber** ton corps, **affaiblir** tes membres, faire **tarir** dans ton cœur la source de la joie, te **dégoûter** du présent, te faire craindre l'avenir, te rendre insensible à tout, excepté à la douleur. Ce temps te paraît éloigné. Hélas ! tu te **trompes**, mon fils ; il se hâte ; le voilà qui **arrive** ; ce qui **vient** avec tant de rapidité n'est pas loin de toi, et le présent qui s'enfuit* est déjà bien loin, puisqu'il **s'anéantit** dans le moment que nous **parlons**, et il ne peut plus se **rapprocher**. Ne **compte** donc jamais, mon fils, sur le présent ; mais soutiens-toi dans le sentier rude et âpre de la vertu, par la vue de l'avenir. **Prépare**-toi, par des mœurs pures et par l'amour de la justice, une place dans l'heureux séjour de la paix.

FÉNELON.

135ᵉ Exercice.

Conjugaison et orthographe du verbe Recevoir.

Nota. — L'élève copiera et apprendra successivement les différents temps du verbe *recevoir*.

Temps simples.   **Temps composés.**

MODE INDICATIF.

Présent.			*Passé indéfini.*	
Je	reçoi	*s.*	J'	ai reçu.
Tu	reçoi	*s.*	Tu	as reçu.
Il	reçoi	*t.*	Il	a reçu.
Nous	recev	*ons.*	Nous	avons reçu.
Vous	recev	*ez.*	Vous	avez reçu.
Ils	reçoiv	*ent.*	Ils	ont reçu.

Imparfait.			*Plus-que-parfait.*	
Je	recev	*ais.*	J'	avais reçu.
Tu	recev	*ais.*	Tu	avais reçu.
Il	recev	*ait.*	Il	avait reçu.
Nous	recev	*ions.*	Nous	avions reçu.
Vous	recev	*iez.*	Vous	aviez reçu.
Ils	recev	*aient.*	Ils	avaient reçu.

Passé défini.			*Prétérit antérieur.*	
Je	reç	*us.*	J'	eus reçu.
Tu	reç	*us.*	Tu	eus reçu.
Il	reç	*ut.*	Il	eut reçu.
Nous	reç	*ûmes.*	Nous	eûmes reçu.
Vous	reç	*ûtes.*	Vous	eûtes reçu.
Ils	reç	*urent.*	Ils	eurent reçu.

Futur simple.		*Futur passé.*	
Je	recev *rai.*	J'	aurai reçu.
Tu	recev *ras.*	Tu	auras reçu.
Il	recev *ra.*	Il	aura reçu.
Nous	recev *rons.*	Nous	aurons reçu.
Vous	recev *rez.*	Vous	aurez reçu.
Ils	recev *ront.*	Ils	auront reçu.

MODE SUBJONCTIF.

Présent.		*Parfait.*	
Que je	reçoiv *e.*	Que j'	aie reçu.
Que tu	reçoiv *es.*	Que tu	aies reçu.
Qu'il	reçoiv *e.*	Qu'il	ait reçu.
Que nous	recev *ions.*	Que nous	ayons reçu.
Que vous	recev *iez.*	Que vous	ayez reçu.
Qu'ils	reçoiv *ent.*	Qu'ils	aient reçu.

Imparfait.			*Plus-que-parfait.*	
Que je	reç	*usse.*	Que j'	eusse reçu.
Que tu	reç	*usses.*	Que tu	eusses reçu.
Qu'il	reç	*ût.*	Qu'il	eût reçu.
Que nous	reç	*ussions.*	Que nous	eussions reçu.
Que vous	reç	*ussiez.*	Que vous	eussiez reçu.
Qu'ils	reç	*ussent.*	Qu'ils	eussent reçu.

MODE IMPÉRATIF.

Présent.		(Point de temps composé.)
	Reçoi *s.*	
Qu'il	reçoiv *e.*	
	Recev *ons.*	
	Recev *ez.*	
Qu'ils	reçoiv *ent.*	

MODE CONDITIONNEL.

Présent.				*Passé.*
Je	recev	*rais.*	J'	aurais reçu.
Tu	recev	*rais.*	Tu	aurais reçu.
Il	recev	*rait.*	Il	aurait reçu.
Nous	recev	*rions.*	Nous	aurions reçu.
Vous	recev	*riez.*	Vous	auriez reçu.
Ils	recev	*raient.*	Ils	auraient reçu.

MODE INFINITIF.

Présent.		*Passé.*
Recev	*oir.*	Avoir reçu.

PARTICIPE.

Actif.	*Actif passé.*
Recev	*ant.*	Ayant reçu.

Passé.

Reç *u,* reç *ue,*
Reç *us,* reç *ues.*

Verbes à conjuguer sur Recevoir.

Apercevoir. Concevoir. Percevoir.

136ᵉ Exercice.

Conjugaison et orthographe du verbe Rendre.

Nota. — L'élève copiera et apprendra successivement les
différents temps du verbe *rendre.*

Temps simples.	**Temps composés.**

MODE INDICATIF.

Présent.	*Passé Indéfini.*
Je rend *s.*	J' ai rendu.
Tu rend *s.*	Tu as rendu.
Il rend.	Il a rendu.
Nous rend *ons.*	Nous avons rendu.
Vous rend *ez.*	Vous avez rendu.
Ils rend *ent.*	Ils ont rendu.

Imparfait.	*Plus-que-parfait.*
Je rend *ais.*	J' avais rendu.
Tu rend *ais.*	Tu avais rendu.
Il rend *ait.*	Il avait rendu.
Nous rend *ions.*	Nous avions rendu.
Vous rend *iez.*	Vous aviez rendu.
Ils rend *aient.*	Ils avaient rendu.

Passé défini.	*Prétérit antérieur.*
Je rend *is.*	J' eus rendu.
Tu rend *is.*	Tu eus rendu.
Il rend *it.*	Il eut rendu.
Nous rend *îmes.*	Nous eûmes rendu.
Vous rend *îtes.*	Vous eûtes rendu.
Ils rend *irent.*	Ils eurent rendu.

Futur simple.	*Futur passé.*
Je rend *rai.*	J' aurai rendu.
Tu rend *ras.*	Tu auras rendu.
Il rend *ra.*	Il aura rendu.
Nous rend *rons.*	Nous aurons rendu.
Vous rend *rez.*	Vous aurez rendu.
Ils rend *ront.*	Ils auront rendu.

MODE SUBJONCTIF.

Présent.

Que je	rend *e*.
Que tu	rend *es*.
Qu'il	rend *e*.
Que nous	rend *ions*.
Que vous	rend *iez*.
Qu'ils	rend *ent*.

Parfait.

Que j'	aie rendu.
Que tu	aies rendu.
Qu'il	ait rendu.
Que nous	ayons rendu.
Que vous	ayez rendu.
Qu'ils	aient rendu.

Imparfait.

Que je	rend *isse*.
Que tu	rend *isses*.
Qu'il	rend *ît*.
Que nous	rend *issions*.
Que vous	rend *issiez*.
Qu'ils	rend *issent*.

Plus-que-parfait.

Que j'	eusse rendu.
Que tu	eusses rendu.
Qu'il .	eût rendu.
Que nous	eussions rendu.
Que vous	eussiez rendu.
Qu'ils	eussent rendu.

MODE IMPÉRATIF.

Présent.

(Point de temps composé.)

	rend *s*.
Qu'il	rend *e*.
	rend *ons*.
	rend *ez*.
Qu'ils	rend *ent*.

MODE CONDITIONNEL.

Présent.

Je	rend *rais*.
Tu	rend *rais*.
Il	rend *rait*.
Nous	rend *rions*.
Vous	rend *riez*.
Ils	rend *raient*.

Passé.

J'	aurais rendu.
Tu	aurais rendu.
Il	aurait rendu.
Nous	aurions rendu.
Vous	auriez rendu.
Ils	auraient rendu.

MODE INFINITIF.

Présent.	*Passé.*
Rend *re.*	Avoir rendu.

PARTICIPE.

Actif.	*Actif passe.*
Rend *ant.*	Ayant rendu.

Passé.

Rend *u,* rend *ue,*
Rend *us,* rend *ues.*

Verbes à conjuguer sur Rendre.

Prendre. Fendre. Tendre. Descendre. Vendre. Comprendre. Défendre. Attendre. Moudre. Perdre. Tordre. Mordre. Fondre. Reprendre. Répondre. Coudre. Apprendre. Prétendre.

Remarque. — La 3e personne du singulier des verbes se termine ordinairement par *t;* mais tous les verbes de la 4e en *dre* se terminent aux trois personnes du singulier du présent de l'Indicatif par *ds, ds, d.* Ceux qui sont terminés en *aindre, eindre, oindre, soudre,* se terminent à ces mêmes personnes en *s, s, t.* Tels sont: plaindre, craindre, peindre, teindre, joindre, poindre, absoudre, dissoudre.

137e Exercice.

Nota. — Copier ou écrire sous la dictée, et, d'après d'après le sens, orthographier les verbes à l'un des temps suivants : présent, imparfait, passé défini, futur de l'indicatif. — Dans les exercices suivants les verbes sont tous à l'infinitif.

1. L'homme qui **défendre** (*prés. de l'ind.*) l'opprimé, soutient une cause généreuse.

2. O Judas Machabée, tu **défendre** (*passé déf.*) vaillamment ton peuple.

3. Tu **moudre** (*futur de l'ind.*) avec une seule paire de meules autant de blé, que mon moulin en **moudre** (*futur*) avec deux paires.

4. Etant jeunes nous **perdre** (*passé déf.*) notre temps à courir après la fortune.

5. Le tailleur **tordre** (*ind. prés.*) son fil, et le cire pour le rendre plus solide.

6. Prends dans ma bibliothèque, tu ne **lire** (*futur*) que de bons livres.

7. Nous fûmes interrogés, et nous **répondre** (*passé défini*). avec assurance.

8. Les habits que tu **battre** (*prés. de l'ind*). sont pleins de poussière.

138ᵉ Exercice.

Nota. — Copier ou écrire sous la dictée et, d'après l.e sens, orthographier les verbes à l'un des temps suivants : passé indéfini, plus-que-parfait, prétérit antérieur, futur passé de l'indicatif.

1 J' **battre** (*passé ind.*) à Marathon les Perses qui avaient envahi la Grèce.

2. Les sacs que tu **coudre** (*plus-que-parf. de l'ind.*) pour mes vignes, m'ont été fort utiles.

3. Dieu nous recevra parmi ses élus, lorsque nous **vivre** (*futur passé.*)

4. Nous **écrire** (*passé ind.*) la semaine dernière, à nos correspondants, et nous avons reçu leurs réponses.

5. Nous nous serions méfiés de ces hommes, si nous les **connaître** (*plus-que-parf. de l'ind*) depuis plus longtemps.

6. Spartacus **rompre** (*passe indéf.*) ses fers, et a lutté pendant trois ans contre les romains.

7. Jean le bon fut heureux, lorsqu'il **reprendre** (*préterit antér.*) ses fers en Angleterre.

8. Nous vendrons nos cerises et nos abricots, lorsque les arbres de notre verger **produire** (*futur passe.*) leurs fruits.

9. Les barbares **réduire** (*passé indef.*) en cendres toutes les villes qu'ils ont conquises.

10. Vous serez enchantés d'arriver au terme du voyage, si vous **suivre** (*passé indef.*) la bonne route.

139ᵉ Exercice.

Nota. — Copier ou écrire sous la dictée, et, d'après le sens, orthographier les verbes à l'un des temps suivants : présent de l'impératif, présent et imparfait du subjonctif.

1. **Prendre** (*prés. de l'imp.*) ce bois, dit Abraham à Isaac, et **suivre** (*pres. de l'imp.*) moi vers cette montagne.

2. Il ne faut pas que tu **vendre** (*prés. du sub.*) la peau de l'ours avant de l'avoir tué.

3. Il faudrait que tu **vivre** (*imp. du sub.*) honnêtement pour mériter l'estime de ceux qui te connaissent.

4. **battre** (*prés. de l'imp.*) le fer, quand il est chaud.

5. Il faudrait que nous **connaître** (*imparf. du sub.*) bien le monde, pour échapper aux piéges qu'il nous tend.

6. Pharaon voulait que ses soldats **poursuivre** (*imparf. du sub.*) les Hébreux ; mais il ne s'attendait pas à les voir engloutis dans la mer rouge.

7. Romulus voulut qu'après sa mort, Rome lui **rendre** (*imparf. du sub.*) les honneurs divins.

140e Exercice.

Nota. — Copier ou écrire sous la dictée, et, d'après le sens, orthographier les verbes à l'un des temps suivants : parfait et plus-que-parfait du subjonctif, présent de l'impératif, présent du conditionnel.

1. J'attendrai que vous **promettre** (*parf. du sub.*) une récompense, pour essayer de la mériter.

2. Alexandre ne pouvait supporter que son père Philippe **soumettre** (*plus-que-parf. du sub.*) toute la Grèce.

3. **Vaincre** (*imp.*) toi, toi-même, et tu seras le roi de tes passions.

4. Tu **vivre** (*pré. du cond.*) mieux, si tu connaissais le prix de la vie.

5. On ne peut croire que Jupiter et tous les Dieux de l'Olympe **plaire** (*parf. du sub.*) si longtemps aux Grecs et aux Romains.

6. Pour avoir de la célébrité, il aurait fallu que nous eussions **peindre** (*part. passé.*) aussi bien que les Rubens et les Michel-Ange.

7. Mon enfant est paresseux; j'attendrai pour le gronder qu'il n'**apprendre** (*parf. du sub.*) pas ses leçons.

8. Il serait à désirer que vous **apprendre** (*plus-que-parf. du sub.*) à mieux réfléchir.

9. Nous **rire** (*pre. du cond.*) moins des autres, si les autres riaient moins de nous.

141e Exercice.

NOTA. — Copier ou écrire sous la dictée, et, d'après le sens, orthographier les verbes à l'un des temps suivants : passé du conditionnel, infinitif et participes.

1. Darius n' **boire** (*passé du cond.*) pas de l'eau bourbeuse et infectée, s'il n'eût pas été vaincu et poursuivi après la bataille d'Arbelles.

2. Quel plaisir d'entendre **lire** (*inf. prés.*) une des belles tragédies de Corneille.

3. Plusieurs personnes, sont mortes, pour **rire** (*inf. passé.*) immodérément.

4. Souvent en **nuire** (*part. présent.*) au prochain, on se nuit à soi-même.

5. Avant que Pisistrate n'eut **prétendre** (*part. passé.*) à gouverner ses concitoyens, il vivait tranquillement à Athènes.

6. Socrate est mort pour **reconnu** (*inf. passé.*) un Dieu suprême.

7. Anacréon fut suffoqué par un pépin de raisin, en **boire** (*part. pres.*) le vin de l'île de Chio.

8. Nous **boire** (*plus-que-parf. du sub.*) bien davantage, si le vin n'était venu à manquer.

9. Tu **rire** (*passé du cond.*), si tu eusses été avec nous.

10. Nous aurions **lire** (*part. passé.*) toutes les œuvres de Racine, si nous les eussions apportées à la campagne.

142e Exercice.

*Récapitulation sur l'orthographe des verbes de la
1re, 2e, 3e et 4e conjugaison.*

Nota. — Copier ou écrire sous la dictée et terminer le
devoir ainsi qu'il est recommandé. Lorsque l'élève rencontrera un temps primitif, il le conjuguera en entier à la fin du
devoir, ainsi que les temps formés de ce primitif. — S'il rencontre un temps dérivé, il le conjuguera en entier, en indiquant sa dérivation.

APOLLON DEVENU BERGER.

I.

Il **jouait** de la flûte, et tous les autres bergers venaient à l'ombre des ormeaux, sur le bord d'une claire
fontaine, **écouter** ses chansons. Jusque-là ils avaient
mené une vie sauvage et brutale ; ils ne savaient que
conduire leurs brebis, les **tondre**, traire leur lait et
faire des fromages : toute la campagne était comme
un désert affreux. Bientôt Apollon **montra** à tous les
bergers les arts qui peuvent **rendre** la vie agréable.
Il **chantait** les fleurs dont le printemps se **couronne**,
les parfums qu'il **répand**, et la verdure qui naît sous
ses pas ; puis il chantait les délicieuses nuits de l'été,
où les zéphyrs **rafraîchissent** les hommes et où la
rosée **désaltère** la terre.

II.

Il **mêlait** aussi, dans ses chansons, les fruits dorés
dont l'automne **récompense** les travaux des laboureurs,

et le repos de l'hiver, pendant que la jeunesse folâtre **danse** auprès du feu. Enfin il **représentait** les forêts sombres qui **couvrent** les montagnes, et les creux vallons, où les rivières, par mille détours, **semblent** se **jouer** au milieu des riantes prairies. Il **apprit** ainsi aux bergers quels sont les charmes de la vie champêtre, quand on sait **goûter** ce que la simple nature a de gracieux.

III.

Bientôt les bergers, avec leurs flûtes, se virent plus heureux que les rois ; et leurs cabanes **attiraient** en foule les plaisirs purs qui fuient les palais dorés. Les jeux, les ris, les grâces **suivaient** partout les innocentes bergères. Tous les jours étaient des jours de fête : on **n'entendait** plus que le gazouillement des oiseaux, ou la douce haleine des zéphyrs qui se **jouaient** dans les rameaux des arbres, ou le murmure d'une onde claire qui **tombait** de quelque rocher, ou les chansons que les muses **inspiraient** aux bergers qui **suivaient** Apollon. FÉNELON.

II. — EXERCICES SUR LES FINALES DES PERSONNES

143ᵉ Exercice

1ʳᵉ personne du Singulier.

RÈGLE. — La 1ʳᵉ personne du singulier du Présent de l'Indicatif des verbes de la 1ʳᵉ conjugaison, et de quelques irréguliers de la 2ᵉ a pour finale *e* muet.

Nota. — Copier ou écrire sous la dictée, et orthographier chaque verbe à la première personne du présent de l'indicatif. — Dans les exercices suivants les verbes sont tous à l'infinitif.

1. J'**aimer** Dieu par dessus toutes choses.
2. J'**admirer** la patience du saint homme Job.
3. J'**adorer** un seul Dieu en trois personnes.
4. J'**adresser** mes vœux au Ciel.
5. J'**affirmer** que la terre tourne.
6. J'**amuser** les enfants avec des joujoux.
7. J'**apporter** une lettre à mon grand-père.
8. J'**approuver** les écoliers studieux.
9. J'**armer** les soldats pour le combat.
10. J'**arracher** les mauvaises herbes du jardin.

144ᵉ Exercice.

Règle. — La 1ᵉ personne du singulier du Présent du Subjonctif des quatre conjugaisons a pour finale *e* muet. Excepté le verbe *être* qui fait au Présent du Subjonctif : *que je sois.*

Nota. — Copier ou écrire sous la dictée, et donner à chaque verbe la terminaison de la première personne du présent du subjonctif.

1. Il faut que j'**aimer** Dieu de tout mon cœur.
2. Il faut que j'**admirer** le dévouement de Judith.
3. Il faut que j'**adorer** Dieu seul créateur du monde.
4. Il faut que j'**adresser** ma prière au ciel.
5. Il faut que je **finir** mes études avec succès.

6. Il faut que j'**avertir** mon frère de ses défauts.

7. Il faut que je **recevoir** mes amis sans cérémonie.

8. Il faut que je **apercevoir** mes troupeaux dans la plaine.

9. Il faut que je **rendre** à Dieu ce qui est à Dieu.

10. Il faut que je **battre** le fer, quand il est chaud.

145ᵉ Exercice.

RÈGLE. — La 1ʳᵉ personne du singulier de l'Imparfait des quatre conjugaisons a pour finale *e* muet.

NOTA. — Copier ou écrire sous la dictée, et donner à chaque verbe l'orthographe de la première personne de l'imparfait du subjonctif.

1. Il fallait que j'**arroser** les œillets du salon.
2. Il fallait que j'**assurer** ma maison contre l'incendie.
3. Il fallait que j'**attacher** mon nom à cet ouvrage.
4. Il fallait que j'**attaquer** la ville avec audace.
5. Il fallait que je **finir** mon thème à midi.
6. Il fallait que je **bâtir** ma maison plus loin de la route.
7. Il fallait que j'**apercevoir** vos signaux.
8. Il fallait que je **rendre** tout ce que je possède.
9. Il fallait que je **battre** en retraite.
10. Il fallait que je **défendre** mon arrière-garde.

146ᵉ Exercice.

RÈGLE. — Lorsqu'une première personne, terminée par un *e* muet, est suivie du pronom *je*, l'*e* muet prend un accent aigu, et l'on met un trait d'union entre le verbe et le pronom. C'est ce qui a lieu au Présent de l'Indicatif des verbes de la 1e conjugaison et à l'Imparfait du Subjonctif. Finale : *é-je.*

Nota. — Copier ou écrire sous la dictée, et rendre compte de l'orthographe du verbe terminé par *é-je.*

Lorsque nous voyons quelqu'un faire une faute, demandons-nous à nous-même : Ne lui **ressemblé-je** pas? — En ce moment ne **parlé-je** pas trop vite, et ne m'**abusé-je** pas sur ma prononciation? Eclairez-moi, s'il vous plaît. — Il faut que je m'examine bien consciencieusement? Voyons : **aimé-je** les observations? Ne **prononcé-je** pas trop vite les voyelles longues? Ne **sauté-je** pas trop vite sur les è ouverts? Ne **passé-je** pas trop rapidement d'un alinéa à un autre? J'ai bien besoin d'un bon conseil sur ce sujet. **Puissé-je** le recevoir avec reconnaissance. — **Eussé-je** perdu toute ma fortune, **fussé-je** poursuivi par mes créanciers, je ne perdrais pas courage, **dussé-je** souffrir mille tourments à la fois.

142e Exercice.

Règle. — La 1re personne du singulier du Présent de l'Indicatif des verbes *vouloir*, *pouvoir* et *valoir* a pour finale *x*.

Nota. — Copier ou écrire sous la dictée, et orthographier les verbes à la 1re pers. du sing. du prés. de l'indicatif.

1. Je **vouloir** achever ma journée ; je ne **vouloir** pas mourir encore !

2. Je viendrai vous voir, si je **pouvoir**.

3. On saura après ma mort ce que je **valoir**, disait Henri IV quelques jours avant de mourir.

RÈGLE. — La 1re personne du présent de l'Indicatif des verbes de la 2e, de la 3e, de la 4e conjugaison, a pour finale *s*.

Nota. — Copier ou dicter, et orthographier les verbes à la 1re pers. du sing. du prés. de l'indicatif.

4. Je **finir** la lettre que j'ai commencée.
5. Je **chérir** mes parents plus que ma vie.
6. Je **compâtir** à tes malheurs.
7. Je **démolir** les vieilles maisons de Paris.
8. Je **être** heureux de vos succès.
9. Je **rendre** hommage au mérite.
10. Je **vendre** mon droit d'aînesse pour un plat de lentilles.

148e Exercice.

RÈGLE. — La 1e personne du singulier de l'Imparfait de l'Indicatif de tous les verbes a pour finale *s*.

Nota. — Copier ou dicter, et donner à chaque verbe l'orthographe de la première personne de l'imparfait de l'indicatif.

1. Je **déjeuner**, lorsque vous êtes entré chez moi.
2. Je **cultiver** le champ de mes pères.
3. Je **coucher** dans des draps de toile de Hollande.
4. Je **conter** un conte des Mille et une Nuits.

5. Je **convertir** les idolâtres au christianisme.

6. Je **assouplir** mes membres par la gymnastique.

7. Je **recevoir** des louanges de toutes parts.

8. Je **pouvoir** dormir sans me réveiller.

9. Je **écrire** une page chaque matin.

10. Je **dépendre** de mes supérieurs.

149ᵉ Exercice.

RÈGLE. — La 1ᵉ personne du singulier du Passé défini des verbes de la 2ᵉ, 3ᵉ et 4ᵉ conjugaison. a pour finale *s*.

NOTA. — Copier ou dicter, et donner à chaque verbe l'orthographe de la première personne du passé défini de la deuxième, troisième et quatrième conjugaison.

1. Je **finir** hier le dernier volume de M. Thiers.

2. Je **partir** l'année dernière pour l'Algérie.

3. Je **convertir** il y a deux ans les païens de la Germanie.

4. Je **recevoir** l'hospitalité chez Lysimaque.

5. Je **battre** l'ennemi et triomphai complétement.

6. Je **combattre** avec courage, mais je fus vaincu.

7. J' **entendre** des cris perçants.

8. Je **permettre** aux enfants de grimper aux arbres.

9. Je **conduire** mes amis à la campagne.

10. Je **lire** toute la matinée..

150ᵉ Exercice.

RÈGLE. — La 1ᵉ personne du singulier du Présent du Conditionnel de tous les verbes a pour finale *s*.

Nota. — Copier ou dicter, et donner à chaque verbe l'orthographe de la première personne du présent du conditionnel des quatre conjugaisons.

1. J' **aimer** la campagne, si j'avais des loisirs.

2. J' **admirer** la tempête, si elle n'était pas si effrayante.

3. J' **arroser** mes fleurs, si la pluie ne tombait pas.

4. J' **attaquer** Gibraltar, si j'avais des vaisseaux.

5. Je **réfléchir**, si vous me laissiez le loisir.

6. Je **guérir**, si j'avais l'esprit tranquille.

7. Je **coudre**, si j'avais du fil.

8. J' **écrire**, si j'avais une plume et de l'encre.

9. Je **mettre** mon habit neuf, s'il faisait beau.

10. Je **prendre** votre cheval, si vous me le prêtiez.

151ᵉ Exercice.

RÈGLE. — La 1ᵉ personne du singulier du Passé défini des verbes de la 1ᵉ conjugaison a pour finale *ai*.

Nota. — Copier ou dicter, et donner à chaque verbe l'orthographe de la première personne du passé défini de la première conjugaison.

1. Je **recommander** mon âme à Dieu.

2. Je me **tromper** de route, et j' **errer** à l'aventure.

3. Je me **sauver** à toutes jambes dans les bois.

4. Je me **pencher** sur l'eau et **tomber** dans la rivière.

5. Je m' **informer** de la santé de votre père.

6. Je me **heurter** contre une poutre et me **briser** la tête.

7. Je m' **éveiller** en sursaut et **sauter** à bas du lit.

8. Je m' **étudier** à contenter tout le monde.

9. Je m' **emparer** de l'esprit du prince.

10. Je m' **enfoncer** dans la profondeur de la forêt.

152ᵉ Exercice.

Règle. La 1ᵉ personne du singulier du Futur de tous les verbes a pour finale *ai*.

Nota. — Copier ou dicter, et donner à chaque verbe l'orthographe de la première personne du futur de tous les verbes.

1. Je **visiter** les monuments de Paris.

2. Je **trouver** des amis, lorsque la fortune me sourira.

3. Je **travailler** avec ardeur à mes devoirs.

4. Je **tâcher** d'apaiser la haine de nos familles.

5. Je **supporter** vos défauts, pour vous les faire remarquer.

6. Je **soulager** les malheureux, autant que je le pourrai.

7. Je **bénir** toujours le Seigneur.

8. Je **flétrir** le vice partout.

9. Je **recevoir** toujours mes amis avec plaisir.

10. Je **rendre** à César ce qui est à César.

153ᵉ Exercice.

Règle. — La 2ᵉ personne du singulier se termine ordinairement, à presque tous les temps, par *s*.

Nota. — Copier ou écrire sous la dictée, et donner à chaque verbe l'orthographe de la deuxième personne du singulier.

1. Si tu **aimer** (*Prés. ind.*) le superflu, tu **négliger** (*Futur*) bientôt le nécessaire.

2. Dis-moi qui tu **hanter** (*Prés. ind.*), je te dirai qui tu es.

3. Je **dormir** (*Imparf de l'Ind.*) tranquille, parce que tu **veiller**. (*Imparf. de l'Ind.*) pour moi.

4. Il faut que tu **remplir** (*Prés. du Subj.*) bien tous tes devoirs.

5. Tu te **avilir** (*Prés. du cond.*) si tu **renier** (*Imparf. de l'Ind.*) ton Dieu.

6. Tu **entendre** (*Futur*) la voix de ta conscience, si tu **rentrer** (*Prés. de l'Ind.*) en toi-même.

7. Tu ne **jouir** (*Prés. Ind.*) pas de la vie, si tu ne **chercher** (*Prés. de l'Ind.*) pas à faire des heureux.

8. Tu **embellir** (*Futur*) le journal de ta vie, si tu n'y **inscrire** (*Prés. de l'Ind.*) que de bonnes actions.

9. Tu te **enrichir** (*Prés. de l'Ind.*) si tu **donner** (*Prés. de l'Ind.*) aux pauvres.

10. Tu **avancer** (*Futur*) dans la voie de la vertu, toutes les fois que tu te **repentir** (*Futur*) d'une mauvaise action.

154ᵉ Exercice.

RÈGLE. — La 2ᵉ personne du singulier du Présent de l'Impératif des verbes *avoir*, des verbes de la 1ᵉ conjugaison et de quelques irréguliers de la seconde, a pour finale *e* muet.

Nota. — Copier ou écrire sous la dictée, et donner à chaque verbe l'orthographe de la deuxième personne du singulier du présent de l'indicatif.

1. **Accueillir** le voyageur fatigué.

2. **Labourer** bien profondément, et tu recueilleras abondamment.

3. **Hâter**-toi lentement, et sans perdre de temps.

4. **Adorer** le Seigneur, ton Dieu.

5. **Aimer** ton prochain, comme toi-même.

6. **Rappeler**-toi que tu es mortel. — **Partager** ton pain avec ton frère.

7. **Honorer** tes parents, **respecter** les, et surtout **contempler** avec respect leurs cheveux blancs.

8. **Prier** Dieu matin et soir, et surtout dans toutes les épreuves qu'il nous envoie.

9. Ne **envier** pas la beauté, ni les richesses ; car elles ne procurent pas le bonheur.

10. **Rechercher** la société des gens de bien, et **éviter** celle des méchants.

153ᵉ Exercice.

RÈGLE. — 1° Les verbes terminés à l'Impératif par un *e* muet, prennent une *s*, lorsque cet impératif est suivi de *y* ou de *en*. — 2° L'impératif *va* prend également une *s*, quand il est suivi de *y* ou de *en*, à moins qu'il ne soit lui-même suivi d'un Infinitif, et dans ce cas, il n'en prend pas.

NOTA. — Copier ou dicter, et rendre compte de l'orthographe de chaque verbe.

1. **Songe** au sang qui coule dans tes veines.

2. Cette affaire est grave ; **songes y**, mon frère.

Pense à chaque instant que Dieu te voit ; **penses-y**, et toutes tes actions seront plus mesurées.

4. **Préfère** le devoir au plaisir.

5. Aime Cinna, ma fille, en cet illustre rang ;
préfères-en la pompe à celle de mon sang.

CORNEILLE.

6. Voici une belle corbeille de fruits ; **offres-en** à tes amis ; **goûtes-y** et tu apprécieras leur saveur.

7. Je t'envoie de mes nouvelles ; **donnes-en** à mes amis.

8. Le climat du midi est favorable aux santés délicates ; **vas-y,** ma fille ; **va y soulager** tes souffrances.

9. Si tu as des livres intéressants, **apportes-en,** nous les lirons ensemble.

10. Les roses ont des épines ; **touches-y** avec précaution.

156ᵉ Exercice.

RÈGLE. — La 2ᵉ personne du singulier du Présent de l'Indicatif des verbes *vouloir*, *pouvoir* et *valoir* a pour finale x.

NOTA. — Copier ou dicter, et rendre compte de l'orthographe de chaque verbe.

1. **Veux-tu** voyager loin, ménage ta monture.

2. Si tu **veux** qu'on t'épargne, épargne aussi les autres.

3. Pauvre bête,
Tandis qu'à peine à tes pieds tu **peux** voir,
Penses-tu lire au-dessus de ta tête ?

LA FONTAINE.

4. Ose me démentir ; dis-moi ce que tu **vaux** ;
Conte-moi tes vertus, tes glorieux travaux.

CORNEILLE.

5. J'aime mieux toutefois céder à ton envie ;
Règne, si tu le **peux**, aux dépens de ma vie.

Idem.

La 2ᵉ personne du singulier de l'impératif du verbe *aller*, a pour finale *a* ; mais cet impératif prend une *s* quand il est suivi du pronom *y*.

Nota. — Copier et rendre compte de l'orthographe du verbe *aller*.

8 **Va** dedans les enfers pleurer ton Curiace !

CORNEILLE.

6. Julie, **va** à ton piano ; **vas-y** et étudie avec soin la symphonie que je t'ai donnée.

157ᵉ Exercice.

RÈGLE. — La 3ᵉ personne du singulier se termine par *t* à presque toutes les personnes de la plupart des verbes. Finale : *t*.

Nota. — Copier ou dicter, et donner à chaque verbe l'orthographe de la troisième personne du singulier.

1. Le Roi Josaphat **instruire** (*passé défini.*) son peuple.

2. Tobie **servir** (*passé def.*) Dieu jusqu'à sa mort.

3. Jérémie **prédire** la captivité du peuple Juif.

4. Nabuchodonosor **perdre** (*passé déf.*) l'usage de la raison pendant sept ans.

5. Daniel **confondre** (*passé déf.*) l'imposture des prêtres de Bel.

6. Cyrus **vendre** (*passé def.*) aux Juifs les vases d'or et d'argent du temple de Jérusalem.

7. Aman **faire** (*imparf. de l'ind.*) fléchir le genou devant lui à tous les serviteurs du Roi.

8. Esther **s'évanouir** (*passé def.*) devant Assuérus.

9. A la naissance de Jésus Christ, une étoile **apparaître** (*passe déf.*) en Orient, et **conduire** (*passe déf.*) vers Béthléem trois mages qui vinrent adorer l'enfant.

10. Jésus **vivre** (*passé déf.*) dans l'obscurité jusqu'à 30 ans.

158ᵉ Exercice.

Règle — La 3ᵉ personne du singulier du Présent de l'Indicatif des verbes de la 1ᵉ conjugaison et de quelques irréguliers de la seconde a pour finale *e* muet.

Nota — Copier ou dicter, et donner à chaque verbe l'orthographe de la troisième personne du singulier du présent de l'indicatif.

1. Le chien **aimer** son maître.

2. L'écureuil **demeurer** comme les oiseaux sur la cime des arbres.

3. Le chien **commander** aux autres animaux.

4. Il **régner** à la tête d'un troupeau. — 5. Il **consulter** son maître, l'**interroger**, le **supplier**.

6. Le chien de Terre-Neuve **affronter** le courroux des vagues, s'**élancer** dans les flots, **braver** le déchaînement de la tempête, **plonger** dans les gouffres de la mer, et **ramener** vers les rivages, les malheureux naufragés.

7. L'enfant **offrir** un bouquet à sa mère.

8. Le ciel se **couvrir** de nuages.

9. L'homme **souffrir** toute sa vie.

10. Mon cœur **tressaillir** d'allégresse.

159ᵉ Exercice.

Règle. — La 3ᵉ personne du singulier du Présent de l'Impératif et du Subjonctif a pour finale *e* muet. Excepté les verbes *être* et *avoir* qui prennent un *t*.

Nota. — Copier ou dicter, et donner à chaque verbe l'orthographe de la troisième personne du singulier du présent de l'impératif ou du subjonctif.

1. Il faut que le méchant **périr**.
2. Dieu veut que le crime **trouver** tôt ou tard sa punition.
3. L'arbre tient bon, quoique le vent **souffle** avec force.
4. Il faut qu'on **étudier**, pendant qu'on est jeune.
5. Quand on travaille, il faut que l'on s'**appliquer**.
6. Il ne faut pas que l'on **jouer**, que l'on **courir**, que l'on **crier** dans la chambre d'un malade.
7. Il ne faut pas que l'on se **moquer** du prochain.
8. Dieu dit : Que la lumière **être**, et la lumière fut.
9. Il faut qu'un enfant **avoir** toujours bon cœur.
10. Que celui qui est sans péché, lui **jeter** la première pierre.

160ᵉ Exercice.

Règle. — 1º La 3ᵉ personne du singulier du Présent de l'Indicatif du verbe *avoir* et du verbe *aller*, se termine par *a*. — 2º La 3ᵉ personne du Passé défini des verbes de la 1ᵉ conjugaison a pour finale *a*.

Nota. — Copier ou dicter, et donner à chaque verbe l'orthographe qui lui convient.

1. L'éléphant (*prés. de l'ind.*) **avoir** la grosseur en partage.

2. La fortune **aller** (*prés. de l'ind.*) souvent trouver l'homme qui est dans son lit.

3. Jonas s'**embarquer** (*passé déf.*) pour aller prêcher la pénitence à Ninive.

4. Elie se **retirer** (*passé déf.*) dans un désert au bord d'un torrent.

5. Elisée **diviser** (*passé déf.*) miraculeusement les eaux du Jourdain.

6. L'ange Raphaël **accompagner** (*passé déf.*) Tobie dans son voyage.

7. Judith **couper** (*passé déf.*) la tête à Holopherne.

8. David **tuer** (*passé déf*) Goliath d'un coup de fronde.

9. Daniel **annoncer** (*passé déf.*) la fin de la captivité des Juifs.

10. Jésus **changer** (*passé déf.*) l'eau en vin aux noces de Cana.

161ᵉ Exercice.

Règle. — La 3ᵉ personne du singulier du Futur de tous les verbes a pour finale *a*.

Nota. — Copier ou dicter, et donner à chaque verbe l'orthographe de la troisième personne du sing. du futur.

1. L'enfant bien élevé **adorer** un seul Dieu, et l'**aimer** toujours parfaitement.

2. Le ciel le **favoriser** dans toutes ses entreprises.

3. L'impie **passer** sur la terre avec la rapidité de l'éclair; mais la mémoire du juste **durer** éternellement.

4. Au jour du jugement dernier, la trompette de l'ange **retentir** dans la vallée de Josaphat.

5. Alors Dieu **récompenser** les bons, et **châtier** les méchants.

6. Lorsque l'hiver **être** arrivé, la glace se **former** sur la surface des rivières, des étangs et des lacs, et **garnir** nos glacières.

7. Lorsque le soleil **disparaître**, ce soir, sous l'horizon, journée **finir**, le soir **succéder** au jour.

8. La lecture **plaira** toujours aux esprits studieux.

162ᵉ Exercice.

Règle. — Lorsque la 3ᵉ personne du singulier des verbes est terminée par *e* ou par *a*, et qu'elle est suivie des pronoms *il*, *elle*, *on*, on place un *t* euphonique entre deux traits d'union après le verbe pour empêcher la rencontre des deux voyelles.

Nota. — Copier ou écrire sous la dictée, et placer le *t* euphonique où il convient.

1. Le chien **aime-il** plus son maître que la maison? On pourrait citer mille exemples de l'attachement de cet animal à son maître, sans en trouver un seul du contraire.

2. La gloire de Corneille **passera-elle** à la postérité? On peut l'affirmer sans crainte.

3. Alexandre se **comporta-il** bien envers Porus? Se

montra-il aussi généreux envers Darius? Non. A l'un il rendit ses états; et à l'autre, il les lui enleva.

4. Le méchant est plein d'audace sur la terre; mais que **dira-il** à Dieu lorsqu'il comparaîtra devant lui? **Osera-il** soutenir la vue de Dieu? Ne **cherchera-il** pas à se cacher dans l'ombre?

5. **Parle-on** souvent de cet avare? **Vante-on** ses libéralités? **Prône-on** son nom dans le voisinage? Non; si l'on parle de lui, c'est pour le maudire.

163ᵉ Exercice.

RÈGLE. — La 3ᵉ personne du Présent de l'Indicatif des verbes *vaincre* et *convaincre* a pour finale *c*. — 2ᵒ La 3ᵉ personne du Présent de l'Indicatif des verbes *seoir* et *s'asseoir* a pour finale *d*. 3ᵒ La 3ᵉ personne du Présent de l'Indicatif des verbes en *dre* a pour finale *d* (excepté les verbes en *soudre, aindre, cindre* et *oindre* qui prennent un *t*.) Finales : *c, d*.

Nota. — Copier ou écrire sous la dictée, et donner aux verbes l'orthographe de la troisième personne du présent de l'indicatif.

1. Le géant Goliath insultait les Israélites épouvantés : David se présente et **vaincre** son ennemi avec le secours de Dieu.

2. L'orateur éloquent **convaincre** toujours ses auditeurs.

3. La modestie **seoir** à tout le monde.

4. Le prince **s'asseoir** toujours sur son trône dans les réceptions d'apparat.

5. Le cygne **attendre** l'aigle sans le craindre.

6. La glace **fondre** au soleil.

7. Le poisson **mordre** à l'hameçon.

8. La couturière bâtit son ouvrage et le **coudre** ensuite.

9. Le soleil **répandre** sa chaleur dans le monde.

10. Le bon père de famille n'**apprendre** que le bien à ses enfants : il les **reprendre** avec douceur, lorsqu'ils commettent une faute.

164ᵉ Exercice.

3ᵉ personne du singulier. — Verbes en dre *(suite).*

Nota. — Copier ou dicter, et donner à chaque verbe l'orthographe de la troisième personne du singulier du présent de l'indicatif.

1. Le juge **absoudre** le prévenu, lorsque celui-ci n'est point coupable.

2. Le feu **dissoudre** le plomb et tous les métaux.

3. Par le moyen de l'algèbre, on **résoudre** les problèmes les plus difficiles.

4. Le juste **craindre** Dieu seul.

5. J. B. Rousseau **peindre** la magnificence de Dieu dans ses odes sacrées.

6. La Marne **joindre** la Seine à Charenton.

7. La faim **contraindre** le loup à sortir du bois.

8. Un cœur tendre aime, **plaindre**, et soulage ceux qui souffrent.

9. L'hypocrite **feindre** la franchise ; il faut se méfier de lui.

10. On **atteindre** aux honneurs et aux dignités, quand on est ambitieux.

165e Exercice.

1re personne du pluriel.

RÈGLE. — Presque toutes les premières personnes du pluriel des verbes ont pour finale *ons*.

NOTA.— Copier ou écrire sous la dictée, et orthographier les verbes à la première personne du pluriel.

1. Si nous **aimer** (*ind. prés.*) Dieu, nous le **servir** (*futur*) avec zèle.

2. **Être** (*prés. de l'imp.*) humains ; **savoir** (*prés. de l'imp.*) vaincre nos mauvais penchants, et nous **jouir** (*futur*) du bonheur que procure une conscience tranquille.

3. Il faut que nous nous **accoutumer** (*prés. du sub.*) à regarder la vie comme un voyage.

4. Nous **mourir** (*pres. de l'ind.*) tous les jours ; chaque instant nous dérobe une portion de notre vie

5. Si nous **trouver** (*prés. de l'ind.*) un ami fidèle, nous **trouver** (*prés. de l'ind.*) un trésor.

6. Si nous **vouloir** (*imp. de l'ind.*) avoir un ami fidèle, et que nous **aimer** (*prés. du sub.*) **choisir** (*prés. de l'imp.*) vertueux.

7. Nous **faire** (*futur*) notre bonheur, si nous nous **occuper** (*prés. de l'ind.*) de celui des autres.

8. Nous **âner** (*prés. de l'ind.*), nous **peiner** (*prés. de l'ind.*) comme bêtes de somme.

LA FONTAINE.

166ᵉ Exercice.

RÈGLE. — La 1ᵉ personne du Pluriel du Présent de l'Indicatif du verbe *être*, et du Passé défini de tous les verbes a pour finale *mes*.

NOTA. — Copier ou écrire sous la dictée et orthographier les verbes à la première personne du pluriel du passé défini.

1. Dès que nous **être** en mer, nous **perdre** la terre de vue.

2. Nous **faire** partie de l'expédition d'Égypte, et nous **explorer** ce pays du nord au sud.

3. Nous **partir** cinq cents, mais par un prompt renfort,
Nous nous **voir** trois mille en arrivant au port.

CORNEILLE.

4. Nous nous **diriger** vers la côte, et nous **aborder** dans l'île de Calypso.

5. Il faut être Turenne ou Condé pour dire du même ton : Je fuyais, nous les **battre**.

6. Nous **longer** le cap de Bonne-Espérance, et nous **entrer** dans la mer des Indes.

7. Quand nous **sortir** d'Athènes, nous **dire** adieu à nos compagnons, et nous nous **diriger** vers Corinthe.

8. Quand nous **apercevoir** l'acropolis, nous **pousser** des cris de joie.

167ᵉ Exercice.

RÈGLE. — La 2ᵉ personne du Pluriel a presque toujours pour finale *ez*.

Nota. — Copier ou écrire sous la dictée et orthographier d'après le sens les verbes a la deuxième personne du pluriel.

1. **Régler** (*prés. de l'imp.*) votre dépense sur votre revenu, c'est sagesse.

2. Si vous **vouloir** (*prés. de l'ind.*) être riche, n'apprendre (*pres. de l'imp.*) pas seulement comme on gagne, **savoir** (*pres. de l'imp.*) aussi comme on ménage.

3. Si vous **gagner** (*pres. de l'ind.*) ce que vous pouvoir (*pres. de l'ind.*), et que vous **garder** (*prés. du sub.*) votre gain, vous **changer** (*futur*) votre plomb en or.

4. Quand vous **consacrer** (*futur*) votre temps à l'étude, vous vous **éviter** (*futur*) tout ennui.

5. **Apprendre** (*prés. de l'imp.*) comme si vous ne **savoir** (*Imparf. de l'ind.*) rien, et **craindre** (*pres. de l'imp.*) surtout d'oublier ce que vous **avoir** (*pres. de l'ind.*) appris.

6. Ne **rejeter** (*prés. de l'imp.*) pas la demande de l'affligé et ne **détourner** (*pres. de l'imp.*) point votre visage du pauvre.

7. **Rallier** (*prés. de l'imp.*) vous à mon panache blanc.

168ᵉ Exercice.

Règle. — La 2ᵉ personne du Pluriel du Présent de l'Indicatif des verbes *être, dire, faire* et des composés de *faire*, a pour Finale *tes*.

Nota. — Copier ou écrire sous la dictée et orthographier à la deuxième personne du pluriel du présent de l'indicatif.

1. Quand vous **être** seul, pensez toujours que Dieu vous voit.

2. Vous vous **dire** libre, et vous ne vous apercevez pas que vous **être** l'esclave de tous vos désirs.

3. Vous **redire** si souvent la même chose, que vos paroles sont gravées dans notre mémoire.

4. Quand vous **faire** du bien avec la main droite, il faut que la gauche n'en sache rien.

5. Vous **contrefaire** l'insensé, aussi bien que Brutus.

6. Quand vous **dire** que la vertu vaut mieux que les richesses, vous pensez avec la plus grande sagesse.

7. Vous avez un caractère bien changeant : vous **défaire** souvent, le soir, ce que vous faites le matin.

169ᵉ Exercice.

Règle. — La 2ᵉ personne du Pluriel du Passé défini de tous les verbes a pour Finale *tes*.

Nota. — Copier ou écrire sous la dictée et orthographier les verbes à la *deuxième* personne du pluriel du passé défini.

1. Aussitôt que vous **être** dans le salon, vous vous **mettre** à danser.

2. Dès que vous **avoir** vaincu l'ennemi, vous **aller** labourer vos champs.

3. Hier vous **recevoir** vos hôtes avec empressement, et vous leur **donner** l'hospitalité avec cordialité.

4. Vous **recevoir** un charmant cadeau le jour de votre fête.

5. Vous me **faire** grand plaisir en venant me voir.

6. Vous **rendre** un grand service à mes parents.

7. Vous me **lire** une histoire qui me fit grand plaisir.

8. Vous nous **donner** l'année dernière une fête brillante.

9. Vous **partir** au mois de mai pour l'Italie.

170ᵉ Exercice.

3ᵉ *personne du pluriel.*

RÈGLE. — La 3ᵉ personne du Pluriel de tous les verbes a pour Finale *nt.*

NOTA. — Copier ou écrire sous la dictée, et orthographier les verbes à la troisième personne du pluriel.

1. Les oiseaux **voler** (*pré. de l'ind.*)

2. Les serins **chanter** (*pré. de l'ind.*)

3. Les feuilles des arbres **pousser** (*futur*) et **tomber** (*futur*) sur la terre.

4. Les hirondelles **partir** (*prés. de l'ind.*) et **revenir** (*futur*) l'année prochaine.

5. Mes sœurs **sortir** (*prés. du cond.*) s'il faisait beau temps.

6. Les oiseaux **gazouiller** (*prés. de l'ind.*).

7. Les loups **manger** (*pr. de l'ind.*) gloutonnement.

8. Les lilas **fleurir** (*prés. de l'ind.*) en avril.

9. Les hommes **devoir** (*pré. de l'ind.*) travailler à se rendre parfaits.

10. Les Egyptiens **embaumer** (*imparf. de l'ind.*) les corps des morts ; ce qui s'appelait momies.

11. La vertu n'est solide, que quand les principes religieux lui **servir** (*pré. de l'ind.*) de base.

12. Les Phéniciens **inventer** (*passé déf.*) la navigation.

13. Les Égyptiens ne **cultiver** pas la musique.

14. Les injustes n'**hériter** (*futur*) point du royaume des cieux.

15. Les bons comptes **faire** (*pré. de l'ind.*) les bons amis.

171ᵉ Exercice.

Sur quelques difficultés que peuvent trouver les élèves dans l'orthographe des verbes, au sujet de la distinction du futur et du conditionnel.

Règle. — Le Futur se termine par *rai, ras, ra, rons, rez, ront*, et le Présent du Conditionnel par *rais, rais, rait, rions, riez, raient*. (L'Élève s'exercera à distinguer ces deux temps l'un de l'autre d'après le sens de la phrase.)

Nota. — Copier ou écrire sous la dictée.

Je **sortirai** à trois heures aujourd'hui ; mais je **sortirais** avec plus de plaisir, si mon cousin Amédée de Grandval venait me prendre avec son coupé. Où **irions**-nous bien, s'il faisait beau ? Nous **irions** visiter le jardin d'acclimation qui attire tant de monde par les animaux étrangers et rares qu'il renferme, et la serre qui contient des plantes remarquables. Je **parcourrai** avec plaisir le bois de Boulogne ; mais je ne le **parcourrais** pas à pied ; je me **fatiguerais**, et **pourrais** bien gagner une bonne courbature. J'**aimerais** bien aussi à connaître le bois de Vincennes; mais je réserve cette promenade pour un autre jour. Amédée n'arrive pas. Il m'avait pourtant bien dit qu'il ne se **ferait** pas attendre, si le temps lui paraissait passable. Allons, deux heures et demie sonnent; je **partirai** seul ; je **partirais** bien plus volontiers avec lui, s'il paraissait en ce moment. Il en est temps encore! Cependant je n'**attendrai** plus que cinq minutes. Oui, mais se promener seul sans avoir à qui parler. Ah! décidément, j'**attendrai** une demi-heure, et puis après je **prendrai** mon chapeau et ma canne, et je me **mettrai** en route. Certes, je ne m'y **mettrais** pas seul, si je voulais; je **pourrais** bien à la rigueur passer chez Auguste de Riberac : c'est aussi mon ami : il ne me **refuserait** pas — Mais on sonne! Oh! bonheur! c'est lui. Viens donc vite, cher Amédée; partons. Chemin faisant, je te **raconterai** toutes mes perplexités.

172ᵉ Exercice.

Suite des difficultés sur la 1ʳᵉ et la 3ᵉ pers. du pluriel.

RÈGLE. — Le régime n'exerce aucune influence sur l'accord du verbe; le sujet seul fait la loi, et le verbe s'accorde avec lui en nombre et en personne.

NOTA. — Copier ou écrire sous la dictée, et rendre compte de l'accord des verbes avec leurs sujets.

La neige tombe : nous **subissons** l'hiver. Les petits oiseaux s'approchent de ma terrasse, c'est qu'ils ont faim. Nous **allons** leur jeter du pain, ils le **becquetteront**, ils le **mangeront**, et nous les **verrons** contents. Demain, ils nous **reviendront** encore, car la terre est glacée, et ils ne **sauront** où aller chercher leur nourriture. Nous la leur **donnerons**, et nous les **empêcherons** de mourir de faim. Oui, ce que nous **faisons** là est bien; mais si nous **pensions** aussi qu'il y a autour de nous des malheureux, des femmes, des enfants qui, semblables à ces petits oiseaux, meurent de froid et de faim. Ah! **secourons** les bien vite; **entrons** dans leurs maisons, nous **pénétrerons** dans leurs mansardes, et nous les **trouverons** aux prises avec les privations et la souffrance. La charité veut que nous les **secourions** que nous les **soulagions**, que nous leur **adoucissions** leur misère; **prenons** des vêtements et notre bourse, et **marchons**. A notre vue, ils **oublieront** leurs maux, ils nous **remercieront**, ils **verseront** des larmes de reconnaissance. Quel honneur de faire le bien! Ils nous **verront** venir avec joie, ils nous **confieront** leurs peines, nous les **écouterons** avec patience et douceur, et nous les **consolerons** dans leurs afflictions. Ils nous **feront** aimer de leurs enfants, auxquels nous **ferons** aussi le plus de bien possible; ils les **exhorteront** à prier pour nous; nous les **entendrons** supplier Dieu de nous conserver sains et saufs; et nous les **remercierons** de prier le ciel en notre faveur. **Aimons, aimons** ceux qui nous **font** du bien, et ceux qui aiment à en faire aux autres : **abandonnons** nos cœurs aux douceurs de la reconnaissance.

III. — EXERCICES SUR LA FORMATION DES TEMPS.

173ᵉ Exercice.

TEMPS PRIMITIFS.

Règle : Il y a cinq temps qui servent à former les autres temps des verbes, et que l'on appelle Primitifs ; ce sont :

1° l'Infinitif ; 2° le Participe présent ; 3° le Participe passé ; 4° le présent de l'Indicatif ; 5° le Passé défini.

1° TEMPS FORMÉS DE L'INFINITIF :

De l'Infinitif on forme deux temps :

1° Le Futur, en changent *r*, *oir*, *re* en *rai*, *ras*, *ra*, *rons*, *rez*, *ront*.

Aimer	Finir	Recevoir	Rendre
J'aime*rai*	Je fini*rai*	Je recev*rai*	Je rend*rai*

2° Le Présent du Conditionnel en changeant *r*, *oir*, *re* en *rais*, *rait*, *rions*, *riez*, *raient*.

Aimer	Finir	Recevoir	Rendre
J'aime*rais*	Je fini*rais*	Je recev*rais*	Je rend*rais*

Nota. — Conjuguer au futur et au conditionnel les verbes suivants, en ajoutant aux radicaux donnés les terminaisons du futur et du conditionnel.

1° Aimer. — 2° Agréer. — 3° Louer. — 4° Finir.— 5° Recevoir. — 6° Rendre.

174ᵉ Exercice.

NOTA. — Copier ou écrire sous la dictée et donner aux verbes les terminaisons qui leur conviennent pour le futur et le conditionnel.

CONSEILS AUX ENFANTS.

Petits enfants, c'est par tendresse que je vous appelle ainsi ; car je n'**adresser** (1ʳᵉ *pers. prés. du Cond.*) pas mon discours à ceux qui, dans le berceau, ne m'**écouter** (3ᵉ *pers. prés. du Cond.*) pas encore ; je **parler** (*Futur* 1ʳᵉ *pers.*) donc à vous, ô enfants, qui commencez à avoir de la connaissance. Dès qu'elle **commencer** (3ᵉ *pers. du Futur*) à poindre, vous **connaître** (2ᵉ *pers. du pl. du futur*) votre véritable père qui est Dieu. Vous l' **honorer** (2ᵉ *pers. du plur. du futur*) dans vos parents, qui sont les images de son éternelle paternité ; ayez sa crainte dans le cœur ; vous **apprendre** (2ᵉ *pers. du futur*) de bonne heure à vous laisser enseigner, corriger et conduire à sa sagesse. Vous lui **dire** (2ᵉ *pers. du futur*) O Seigneur, de qui je tiens tout, je vous **aimer** (1ʳᵉ *pers. du futur*) à jamais ; je vous **aimer** (1ʳᵉ *pers. du futur*) ô Dieu ! qui êtes ma force. Vous **allumer** (2ᵉ *pers. du futur*) en moi cet amour ; envoyez-moi du plus haut des cieux votre Saint-Esprit, ce Dieu qui ne fait qu'un cœur et qu'une âme de tous ceux que vous sanctifiez.

BOSSUET.

175ᵉ Exercice.

TEMPS FORMÉS DU PARTICIPE PRÉSENT.

RÈGLE. — Du Participe présent on forme trois temps :

1º Les trois personnes plurielles du Présent de l'Indicatif, en changeant *ant* en *ons*, *ez*, *ent*.

Aim*ant* Finiss*ant* Recev*ant* Rend*ant*

Nous aim*ons*, nous finiss*ons*, nous recev*ons*, nous rend*ons*.

Vous aim*ez*, vous finiss*ez*, vous recev*ez*, vous rend*ez*.

Ils aim*ent*, ils finiss*ent*, ils reçoiv*ent*, ils rend*ent*.

Nota. — Copier ou écrire sous la dictée, et donner aux verbes de l'exercice les terminaisons qui leur conviennent pour les trois personnes plurielles du présent de l'indicatif.

LE BERGER ET LE TROUPEAU.

Vous **aimant** (2ᵉ *pers. du pres. de l'ind.*) sans doute à voir un nombreux troupeau, qui, répandu sur une colline vers le déclin d'un beau jour, paît tranquillement le thym et le serpolet; vous **jouissant** (2ᵉ *pers. du prés. de l'ind.*) de lui voir brouter, dans une prairie, une herbe nuancée et tendre qui a échappé à la faux du moissonneur; vous vous **plaisant** (2ᵉ *pers. du pres. de l'ind.*) à voir le berger qui, soigneux et attentif, est debout auprès de ses brebis: « Berger, **aimant** (1ʳᵉ *pers. du plur. du prés. de l'ind.*) nous à lui dire, vous ne **perdant** (2ᵉ *pers. du plur.*) pas de vue vos chères brebis; vous les **suivant** (2ᵉ *pers. du prés. de l'ind.*), vous les **conduisant** (2ᵉ *pers. du prés. de l'ind.*), vous les **changeant** (2ᵉ *pers. du prés de l'ind.*) de pâturage; si elles se **dispersant** (3ᵉ *pers. du prés.*

de l'ind.), vous les **rassemblant** (2ᵉ *pers. du prés. de l'ind.*); si un loup avide paraît, vous **lâchant** (2ᵉ *pers. du prés. de l'ind.*) votre chien qui le met en fuite; vous les **nourrissant** (2ᵉ *pers. du prés. de l'ind.*), vous les **défendant** (2ᵉ *pers. du prés. de l'ind.*). L'aurore vous trouve déjà en pleine campagne, d'où vous ne vous **retirant** (2ᵉ *pers. du prés. de l'ind.*) qu'avec le soleil. Quels soins! quelle vigilance! quelle servitude! Quelle condition **trouvant** (1ʳᵉ *pers. du prés. de l'ind.*) nous la plus délicieuse et la plus libre, ou du berger ou des brebis? Ne **reconnaissant** (1ʳᵉ *pers. du prés. de l'ind.*) nous pas là une image naïve des peuples et du prince qui les gouverne?

LA BRUYÈRE.

176ᵉ Exercice.

TEMPS FORMÉS DU PARTICIPE PRÉSENT.

RÈGLE. — Du Participe présent on forme l'Imparfait de l'Indicatif, en changeant *ant* en *ais, ais, ait, ions, iez, aient.*

Aim*ant*	Finiss*ant*	Recev*ant*	Rend*ant*
J'aim*ais*	Je finiss*ais*	Je recev*ais*	Je rend*ais*

1° Former d'après la règle l'imparfait de l'indicatif des verbes suivants:

1° Aimant. — 2° Payant. — 3° Priant. — 4° Finissant. — 5° Recevant. — 6° Rendant.

2° Copier ou écrire sous la dictée, et donner aux verbes les terminaisons qui leur conviennent pour l'imparfait de l'indicatif.

LE MODÈLE DES ÉCOLIERS.

Je **voyant** (1re *pers. de l'imparf. de l'ind.*), dans une classe au-dessus de la mienne, un écolier dont la sagesse et la vertu se **conservant** (3e *pers. de l'imparf. de l'ind.*) inaltérables, et je me **disant** (1re *pers. de l'imparf. de l'ind.*) à moi-même que le seul bon exemple à suivre **étant** (3e *pers. de l'imp. de l'ind.*) le sien ; mais, en le regardant avec des yeux d'envie, je n'**osant** (1re *pers. de l'imp. de l'ind.*) croire avoir le droit de me distinguer comme lui. Dans ce rare jeune homme, toutes les qualités de l'esprit et de l'âme **semblant** (3e *pers. de l'imp. de l'ind.*) s'être accordées pour le rendre accompli. Sa figure **étant** (3e *pers. de l'imp. de l'ind.*) noble et douce, sa taille haute, son maintien grave, son air sérieux, mais serein. Je le **voyant** (1re *pers. de l'imp. de l'ind.*) arriver au collége ayant toujours à ses côtés quelques-uns de ses condisciples qui **étant** (3e *pers. de l'imp. de l'ind.*) fiers de l'accompagner. Il **étant** (3e *pers. de l'imp. de l'ind.*) sociable avec eux, sans être familier. La croix ne **quitter** (3e *pers. de l'imp. de l'ind.*) point sa boutonnière ; pas un même n'**osant** (3e *pers. de l'imp. de l'ind.*) prétendre à la lui enlever. Je l'**admirant** (1re *pers. de l'imp. de l'ind.*), j'avais du plaisir à le voir ; et toutes les fois que je l'avais vu, je m'en **allant** (1re *pers. de l'imp. de l'ind.*) mécontent de moi-même. Ce n'**étant** (3e *pers. de l'imp. de l'ind.*) pas qu'à force de travail, je ne fusse, dès la troisième, assez distingué dans ma classe ; mais j'avais deux ou trois rivaux : Amalty n'en avait aucun. Je n'avais point acquis dans mes compositions cette constance de succès qui nous **étonnant** (3ᵉ *pers. de l'imp. de l'ind.*) dans les siennes, et j'avais encore moins cette mémoire facile et sûre dont Amalty **étant** (3ᵉ *pers. de l'imp. de l'ind.*) doué. Il **étant** (3ᵉ *pers. de l'imp. de l'ind.*) plus âgé que moi : c' **étant** (3ᵉ *pers. de l'imp. de l'ind.*) ma seule consolation, et mon ambition était de l'égaler, lorsque je serais à son âge. Je ne m' **affligeant** (1ʳᵉ *pers. de l'imp. de l'ind.*) pas qu'il y eût au monde un Amalty, mais j'aurais demandé au ciel qu'il y en eût deux, et que je fusse le second.

MARMONTEL.

177ᵉ Exercice.

TEMPS FORMÉS DU PARTICIPE PRÉSENT.

RÈGLE. — Du participe présent on forme le présent du subjonctif en changeant *ant* en *e*, *es*, *e*, *ions*, *iez*, *ent*.

Aim**ant** Finiss**ant** Recev**ant** Rend**ant**

Que j'aim*e* Que je finiss*e* Que je reçoiv*e*

Que je rend*e*.

1° Former, d'après la règle, le présent du subjonctif des verbes suivants :

1° Aimant ; 2° riant ; 3° finissant ; 4° recevant ; 5° rendant.

2° Copier ou écrire sous la dictée, et donner aux verbes les terminaisons qui leur conviennent pour le présent du subjonctif.

TRAIT DE GÉNÉROSITÉ.

Le prince Edouard était dans la maison d'un gentilhomme, lorsque cette maison est tout à coup investie par les milices ennemies. Que faire? Il faut que le prince se **montrant** (3ᵉ *pers. du prés. du subj.*) courageux, et qu'il **ouvrant** (3ᵉ *pers. du prés. du subj.*) lui-même la porte aux soldats. Il se résigne à son sort et a le bonheur de ne pas être reconnu ; mais bientôt après on sut dans l'île qu'il était dans ce château. Alors, ô pauvre Prince, il faut que tu te **séparant** (2ᵉ *pers. du prés. du subj.*) de tes compagnons, et que tu t'**abandonnant** (2ᵉ *pers. du prés. du subj.*) seul à ta destinée. Sa sûreté exige qu'il **marchant** (3ᵉ *pers. du prés. du subj.*) dix milles, suivi d'un simple batelier. Enfin, pressé par la faim, et prêt à succomber, il est nécessaire qu'il se **hasardant** (3ᵉ *pers. du pres. du subj.*) d'entrer dans une maison dont il sait bien que le maître n'est pas de son parti.« Il faut que vous **accordant** (2ᵉ *pers. du prés. du subj.*) au fils de votre Roi, dit-il avec fermeté, du pain et un habit. Je sais que vous êtes mon ennemi; mais je vous crois assez de vertu pour que vous n'**abusant** (2ᵉ *pers. du prés. du subj.*) pas de ma confiance et de mon malheur. Prenez les misérables vêtements qui me couvrent; il faut que vous les **gardant** (2ᵉ *pers. du pres. du subj.*) vous pourrez me les apporter un jour dans le palais des rois de la Grande-Bretagne.» Le gentilhomme auquel il s'adressait fut touché, comme il devait l'être; il s'empressa de le secourir, autant que la pauvreté de ce pays peut le permettre, et lui garda le secret.

178ᵉ Exercice.

RÈGLE. — Dans les verbes dont le participe

présent est terminé en *iant* ou *yant*, la 1re et la
2e personne du pluriel de l'imparfait de l'indicatif et du présent du subjonctif doivent se terminer en *iions*, *iiez*, et *yions*, *yiez*.

Nota. — Copier ou écrire sous la dictée, et rendre compte
de l'orthographe des verbes en appliquant la règle ci-dessus.

1. Vous avez la voix enrouée : pourquoi **criiez**-vous
hier si fort, mesdemoiselles ? Prenez donc des récréa-
tions plus tranquilles.

2. Si vous **criez** aujourd'hui si fort, vous serez obli-
gées d'aller à l'infirmerie.

3. Allons aux champs voir les ouvriers : **liez** bien
solidement vos gerbes, afin que nous ne les **reliions**
pas après vous.

4. Pourquoi **payez**-vous aujourd'hui dimanche vos
ouvriers, tandis que vous les **payiez** le samedi dans
ces derniers temps?

5. Nous **essayions** nos armes, lorsque vous nous
avez vus.

6. Vous vous **ennuyez** de nous attendre, et vous
vous **ennuyiez** hier de ne nous avoir pas vus.

7. Nous nous **tutoyions** autrefois au collége.

179e Exercice.

*Verbes dont le participe présent est terminé en yant
et iant.*

Nota. — Copier ou écrire sous la dictée, et rendre compte
de l'orthographe des verbes.

1. **Priez et suppliez** Dieu de nous être favorable.

2. Il faut que vous **suppliiez** et **priiez** Dieu d'exaucer nos vœux.

3. **Pliez** votre serviette, comme hier vous **pliiez** votre lettre.

4. Vous **oubliez** facilement vos amis, comme vous **oubliiez** autrefois vos leçons au collége.

5. Nous **relayions** à Reims, lorsque vous nous avez rencontrés.

6. Nous **côtoyions** les rivages de la fertile Égypte, lorsqu'un vaisseau phénicien apparut à nos yeux.

7. Vous vous **frayez** un chemin vers la célébrité, en vous plongeant dans les sciences.

8. Exercez-vous au style, pour que vous **employiez** toujours l'expression propre.

9. Vous **rayez** le marbre de ma cheminée, en posant une cafetière dessus.

180ᵉ Exercice.

Nota. — Copier ou écrire sous la dictée, et rendre compte de l'orthographe des verbes.

1. Il ne faut pas que nous **riions** des imperfections d'autrui.

2. **Rions** avant d'être heureux, de peur de mourir avant d'avoir ri.

3. Il faut que vous vous **confiiez** toujours en la Providence.

4. Il faut que nous **voyions** clair dans nos affaires.

5. Si vous m'**envoyiez** de vos nouvelles, je serais instruit.

6. Il est nécessaire que nous **riions**, que nous nous

égayions, afin que vous ne vous **ennuyiez** pas pendant notre long voyage.

7. **Étudiez** bien cet homme, afin que vous vous **fiez** à lui.

8. Nous ne vous appelions pas, parce que nous **croyions** que vous étiez sorti.

181ᵉ Exercice.

TEMPS FORMÉS DU PARTICIPE PASSÉ.

RÈGLE. — Du participe passé on forme tous les temps composés des verbes en y joignant les auxiliaires avoir ou être.

NOTA. — Copier ou écrire sous la dictée, et terminer le devoir en indiquant le nom des temps formés du participe passé, et en les conjugant en entier.

1. César, rendant compte au Sénat d'une victoire qu'il venait de remporter sur Pharnace, écrivit : Je **suis venu, j'ai vu, j'ai vaincu.**

2. Jeanne d'Arc **avait** déjà plusieurs fois **battu** les Anglais, lorsqu'ils la firent prisonnière.

3. Quand les Romains **eurent pris** Carthage, ils commencèrent à tomber dans la mollesse.

4. Quand ce coq **chanté aura,**
   Philippe Cassel conquêtra.

5. Les Turcs disaient de saint Louis : C'est le plus brave chrétien que nous **ayons vu.**

6. Vatel se tua, ne pouvant supporter plus longtemps que le rôti **eut manqué** à la vingt-cinquième table.

7. Pyrrhus, roi d'Épire, disait qu'il **aurait soumis** le monde entier, s'il avait eu des soldats semblables aux Romains.

182ᵉ Exercice.

RÈGLE. — Du présent de l'indicatif on forme la seconde personne du singulier, la première et la deuxième personnes du pluriel du présent de l'impératif, en ôtant seulement les pronoms Je, Nous, Vous.

J'aime,   je finis,   je reçois,   je rends.
Nous aimons, nous finissons, nous recevons, nous rendons.
Vous aimez, vous finissez, vous recevez, vous rendez.

Impératif.	*Impératif.*	*Impératif.*	*Impératif.*
Aime	Finis	Reçois	Rends
Aimons	Finissons	Recevons	Rendons
Aimez	Finissez	Recevez	Rendez

NOTA. — Copier ou écrire sous la dictée, et terminer le devoir en formant d'après la règle le présent de l'impératif des verbes de l'exercice.

BONHEUR DE L'OBSCURITÉ.

Heureux celui pour qui le village voisin même est une terre étrangère ! Il **met** sa gloire et sa religion à rendre heureux ce qui l'**environne**. S'il ne **trouve** dans ses jardins, ni les fruits de l'Asie, ni les ombrages de l'Amérique, il **cultive** des plantes qui font la joie de sa femme et de ses enfants. Dès que ses blés sont **mûrs**, il **rassemble** ses parents, il **invite** ses voisins, et, dès l'aurore, il y **entre** avec eux, la faucille à la main. Son cœur **palpite** de joie, en voyant ses gerbes s'accumuler, et ses enfants danser autour d'elles, couronnés de bleuets et de coquelicots : leurs eux lui rappellent ceux de son premier âge, et la mémoire des vertueux ancêtres qu'il **espère** revoir un jour dans un monde plus heureux.

BERNARDIN DE SAINT-PIERRE.

183ᵉ Exercice.

TEMPS FORMÉS DU PASSÉ DÉFINI.

RÈGLE. — Du passé défini se forme l'imparfait du subjonctif en changeant *ai* en *asse* pour la première conjugaison, et en ajoutant *se* pour les trois autres.

J'aim*ai*, je finis, je reçus, je rendis.

Que j'aim*asse*, que je finis*se*, que je reçus*se*, que je rendis*se* (1).

NOTA. — Copier ou écrire sous la dictée, et terminer le devoir en prenant tous les verbes qui sont au passé défini, et en formant l'imparfait du subjonctif d'après la règle.

NAISSANCE ET PREMIÈRE ÉDUCATION D'HENRI IV.

Sitôt qu'il **fut né**, son grand'père, Henri d'Albret, roi de Navarre, l'**emporta** dans sa chambre, et **donna** son testament, qui était dans une boîte d'or, à sa fille, en lui disant : « Ma fille, voilà qui est à vous, et ceci

---

(1) Pour l'orthographe des autres personnes de l'imparfait du subjonctif, voir les quatre verbes modèles, pag. 111, 120, 127 et 130.

est à moi. » Quand il **tint** l'enfant, il **frotta** ses petites lèvres d'une gousse d'ail, et lui **fit** sucer une goutte de vin dans sa coupe d'or, afin de lui rendre le tempérament plus mâle et plus vigoureux.

Dans la suite, il ne **voulut** pas qu'on le **nourrît** avec la délicatesse qu'on a d'ordinaire pour les gens de cette qualité, sachant bien que dans un corps mou et tendre n'habite ordinairement qu'une âme molle et faible.

Il **défendit** aussi qu'on l'**habillât** richement, ni qu'on lui **donnât** des babioles; qu'on le **flattât** et qu'on le **traitât** de prince, parce que toutes ces choses ne font que donner de la vanité, et élèvent le cœur des enfants plutôt dans l'orgueil que dans les sentiments de la générosité. Mais il **ordonna** qu'on l'**habillât** et qu'on le **nourrît** comme les autres enfants du pays, et même qu'on l'**accoutumât** à courir et à grimper sur les rochers, attendu que, par ces moyens on l'habituait à la fatigue, et que, pour ainsi dire, on donnait une trempe à ce jeune corps pour le rendre plus dur et plus robuste : ce qui sans doute était nécessaire à un prince qui avait à souffrir beaucoup pour reconquérir son État.

PÉRÉFIXE.

184° Exercice. — Récapitulation

Nota. — Copier ou écrire sous la dictée. Prendre tous les verbes de l'exercice; en écrire les temps primitifs et les temps dérivés. Bien expliquer de vive voix la formation des temps dérivés.

TENDRESSE DE SAINT JEAN CHRYSOSTOME POUR SA MÈRE

Chrysostome **était né**, vers l'an 347, dans la ville

d'Antioche. Fils d'un père illustre qui **remplissait** un haut grade dans les armées de l'empire en Orient, il **fut élevé** dans la foi chrétienne par sa mère. Un ami chrétien qui **partageait** et **excitait** sa foi, **voulait l'entraîner** dans un désert de la Syrie, où quelques solitaires **pratiquaient** la pénitence. Ce projet ne **fut combattu** dans le cœur de Chrysostome que par la résistance et les regrets de sa mère. Il faut l'**entendre** lui-même **raconter** cette scène touchante. Jamais son éloquence ne **surpassa** le langage persuasif et tendre de cette femme pieuse.

Lorsque ma mère, **dit** l'apôtre chrétien, **eut appris** ma résolution de me **retirer** dans la solitude, elle me **prit** par la [main, me **conduisit** dans sa chambre, et, m'ayant fait **asseoir** auprès d'elle, elle se **mit à pleurer**, et ensuite me **dit** des choses encore plus tristes que ses larmes. — Mon fils, ma seule consolation, au milieu de mes misères, a été de te **voir** sans cesse, et de **contempler** dans tes traits l'image fidèle de mon mari qui n'est plus. Cette consolation **a commencé** dès ton enfance, lorsque tu ne **savais** pas encore **parler**, temps de la vie, où les enfants **donnent** à leurs parents les plus grandes joies.

Je ne te **demande** maintenant qu'une seule grâce : ne me **rends** pas veuve une seconde fois; ne **ranime** pas une douleur assoupie; **attends** au moins le jour de ma mort; peut-être me faudra-t-il bientôt **sortir** d'ici-bas. Quand tu m'**auras ensevelie** et que tu auras **réuni** mes cendres à celles de ton père, **entreprends** alors de longs voyages, **passe** telle mer que tu **voudras**, personne ne t'en empêchera; mais pendant que je **respire** encore, ne t'**ennuie** pas de **vivre** avec moi : n'**attire** pas sur toi l'indignation de Dieu, en m'accablant de si grands maux sans avoir été **offensé** par moi. Chrysostome n'eut pas le courage d'**affliger** sa mère et **renonça** au projet de s'éloigner d'elle.

M. VILLEMAIN.

IV. — EXERCICES SUR LES EXCEPTIONS A LA RÈGLE DE LA FORMATION DES TEMPS.

185° Exercice.

EXCEPTIONS A LA RÈGLE DE LA FORMATION DU FUTUR

RÈGLE. — Les verbes suivants font, au futur et au conditionnel :

	Futur.	*Conditionnel.*
1° Aller.	j'irai	j'irais
2° Envoyer	j'enverrai	j'enverrais
3° Tenir	je tiendrai	je tiendrais
4° Venir	je viendrai	je viendrais
5° Courir	je courrai	je courrais
6° Cueillir	je cueillerai	je cueillerais
7° Mourir	je mourrai	je mourrais
8° Acquérir	j'acquerrai	j'acquerrais

NOTA. — Copier ou écrire sous la dictée, et donner aux verbes de l'exercice les terminaisons qui leur conviennent pour le futur et le conditionnel.

PROJET DE CAMPAGNE.

Lorsque vous **aller** (2° *pers. du futur*) à la campagne, vous m' **envoyer** (2ᵉ *pers. du futur*) des fleurs pour faire deux jolis bouquets ; vous les **cueillir** (2ᵉ *pers. du futur*) dans les plates-bandes qui sont devant le salon ; ils **tenir** (3ᵉ *pers. du futur*) dans les deux beaux vases de porcelaine du Japon qui sont sur ma cheminée. Je veux que toutes les dames qui **venir** (3ᵉ *pers. du futur*) les voir en soient émerveillées. Je serais contente de vous accompagner ; j' **aller** (1ʳᵉ *pers. du prés. du cond.*) avec bonheur me promener sous les magnifiques ombrages du parc ; nous **courir** (1ʳᵉ *pers. du prés. du cond.*) dans la prairie après les papillons pour les faire nos prisonniers et compléter notre collection ; nous **cueillir** (1ʳᵉ *pers. du prés. du cond.*) de tendres myosotys au bord des eaux, et j' **acquérir** (1ʳᵉ *pers. du prés. du cond.*) ainsi la certitude que nous doublons nos plaisirs, lorsque nous sommes ensemble. Croyez-moi, je **mourir** (1ʳᵉ *pers. du futur*) de chagrin, si vous partez sans moi.

186ᵉ Exercice.

SUITE DU PRÉCÉDENT.

Règle. — Les verbes suivants font, au futur et au conditionnel :

		Futur.	*Conditionnel.*
9°	Avoir	j'aurai	j'aurais
10°	Échoir	il écherra	il écherrait
11°	Déchoir	il décherra	il décherrait
12°	Pouvoir	je pourrai	je pourrais
13°	Savoir	je saurai	je saurais
14°	S'asseoir	je m'asseyerai	je m'asseyerais

	ou	ou
	je m'assiérai	je m'assiérais
15° Voir	je verrai	je verrais

NOTA. — Copier ou dicter et donner aux verbes les terminaisons qui leur conviennent pour le futur et le conditionnel.

LE BILLET DE LOTERIE.

Mon billet de loterie **échoir** (3ᵉ *pers du futur*) dans quelques jours : je gagnerai le gros lot, j'en suis sûr, et alors je **être** (1ʳᵉ *pers. du futur*) riche. Oh ! comme je vais avoir une belle maison ! et des domestiques ! et une bonne table ! J' **avoir** (1ʳᵉ *pers. du futur*) beaucoup d'amis ; ils **avoir** (1ʳᵉ *pers. du futur*) auprès de moi tous les plaisirs : nous **aller** (1ʳᵉ *pers. du futur*) au bal, au spectacle, à la campagne ; et je ne **déchoir** (1ʳᵉ *pers. du futur*) pas de mon rang. Je veux avoir des fermes, des basses-cours, des canards, des dindons, des lapins, que sais-je ? Tous les hôtes de la campagne ? Je **savoir** (1ʳᵉ *pers. du futur*) me rendre heureux au milieu de tous mes volatiles ! Je **venir** 1ʳᵉ *pers. du futur*) souvent, souvent leur donner à manger. De mes salons somptueux j' **aller** (1ʳᵉ *pers. du futur*) avec mes amis sous les charmilles de mon parc ; nous nous **asseoir** (1ʳᵉ *pers. du futur*), que dis-je, nous nous roulerons sur le gazon, et nous ne **déchoir** (1ʳᵉ *pers. du futur*) point de notre dignité. Point de gêne : tu **voir** (2ᵉ *pers. du futur*), mon cher billet, combien tu nous rendras heureux !

187e Exercice.

SUITE DU PRÉCÉDENT.

RÈGLE. — Les verbes suivants font, au futur et au conditionnel :

		Futur.	*Conditionnel.*
16°	Vouloir	je voudrai	je voudrais
17°	Valoir	je vaudrai	je vaudrais
18°	Pourvoir	je pourvoirai	je pourvoirais
19°	Falloir	il faudra	il faudrait
20°	Faire	je ferai	je ferais

NOTA. — Copier ou écrire sous la dictée, et donner aux verbes les terminaisons qui leur conviennent pour le futur et le conditionnel.

VOYAGE A LYON.

Quand tu **vouloir** (2ᵉ *pers. du futur*) partir pour Lyon, nous le **vouloir** (1ʳᵉ *pers. du futur*) aussi; nous **être** (1ʳᵉ *pers. du futur*) prêts dès que tu **être** (2ᵉ *pers. du futur*) décidé, mon cher Henri. Il **valoir** (3ᵉ *pers. du prés. du cond.*) mieux peut-être commencer par visiter Rouen, où nous **faire** (1ʳᵉ *pers. du prés. du cond.*) des achats et des commandes dont les bénéfices nous aideraient pour nos opérations de Lyon. Les fabricants de Rouen nous **faire** (1ʳᵉ *pers. du prés. du cond.*) des avantages qui nous **valoir** (3ᵉ *pers. du pres. du cond.*) d'assez grands bénéfices, et il ne nous **falloir** (3ᵉ *pers. du prés. du cond.*) pas autant de capitaux pour les achats que nous **faire** (1ʳᵉ *pers. du futur*) à Lyon.

Allons, partons. Je **vouloir** (1ʳᵉ *pers. du prés. du cond*) déjà être arrivé. Dans deux jours, nous **être** (1ʳᵉ *pers. du futur*) au centre des manufactures. Mes domestiques **pourvoir** (3ᵉ *pers. du futur*) à tous les détails du ménage, et **faire** (3ᵉ *pers du futur*) notre service avec exactitude : je les connais. Réfléchissons : il **falloir** (3ᵉ *pers. du futur*) que j'achète cent pièces de velours broché d'or; cent *idem* broché d'argent; cent douzaines de bobines de rubans de soie, et trois cents douzaines de foulards français. Nous calculerons plus tard ce que **valoir** (3ᵉ *pers. du futur*) toutes ces emplettes. En attendant, nous voici arrivés : allons vite en fabrique.

188ᵉ Exercice.

Exceptions à la règle de la formation des trois personnes du pluriel de l'Indicatif présent. —

Les verbes suivants font, à l'indicatif présent'

1° Etant	nous sommes vous êtes ils sont
2° Ayant	nous avons vous avez ils ont
3° Tenant	ils tiennent
4° Venant	ils viennent
5° Acquérant	ils acquièrent.
6° Mourant	ils meurent
7° Mouvant	ils meuvent

Nota.—Copier ou écrire sous la dictée, et donner aux verbes les terminaisons qui conviennent à l'indicatif présent.

LETTRE DU ROI DES SCYTHES A DARIUS.

Indathyrse, roi des Scythes, écrivait à Darius : « Nous **étant** (1re *pers. du prés. de l'ind.*) étrangers l'un à l'autre ; je ne sais pas pourquoi vous venez me faire la guerre. Vous n' **ayant** (2e *pers. du prés. de l'ind.*) besoin de rien ; vous **étant** (2e *pers. du prés. de l'ind.*) puissant. Mes déserts **étant** (3e *pers. du prés. de l'ind.*) pauvres ; que voulez-vous de nous ? Mes Scythes **tenant** (3e *pers. du prés. de l'ind.*) à leur repos, respectez-les. Si vos soldats **acquérant** (3e *pers. du prés. de l'ind.*) une gloire nouvelle en poursuivant des ennemis dénués de tout, cette gloire sera peu honorable. Les Scythes **étant** (3e *pers. du prés. de l'ind.*) sobres ; vos soldats **mourant** (3e *pers. du prés. de l'ind.*) de faim dans nos déserts. Qu'ils se retirent avant que la famine ne fasse de trop grands ravages parmi eux. Au surplus, je vous laisse un cadeau ; tâchez de le comprendre. » Darius reçut en même temps un rat, un oiseau, une grenouille et cinq flèches. Il demanda l'explication à ses officiers, et voici celle qu'il reçut : « A moins, dit-il, que nous ne nous envolions comme les oiseaux, que nous ne nous cachions sous la terre comme les rats, que nous ne nous plongions dans l'eau comme les grenouilles, nous ne saurions échapper aux traits des Scythes.

189e Exercice.

SUITE DU PRÉCÉDENT.

Les verbes suivants font, à l'indicatif présent,

8° Pouvant	ils peuvent
9° Voulant	ils veulent
10° Sachant	nous savons vous savez ils savent
11° Prenant	ils prennent
12° Buvant	ils boivent
13° Disant	vous dites
14° Faisant	vous faites ils font

Nota. — Copier ou écrire sous la dictée, et donner aux verbes les terminaisons qui conviennent aux trois personnes du pluriel de l'indicatif présent.

L'ASTROLOGUE VOLÉ.

Tandis qu'un astrologue annonçait dans une place publique qu'il connaissait l'avenir, des voleurs se glissèrent furtivement dans sa maison. Un des auditeurs, qui avait vu ce qui se passait, adresse ainsi la parole au prétendu devin : « Ami, les astrologues sont bien savants, je l'avoue. Ils **pouvant** (3ᵉ *pers. du prés. de l'ind.*) tout prévoir, ce que ne **pouvant** (3ᵉ *pers. du prés. de l'ind.*) pas faire les hommes ordinaires; je l'avoue aussi ; ils devinent tout ce qu'ils **voulant** (3ᵉ *pers. du prés. de l'ind.*); nous autres, simples mortels, nous **sachant** (3ᵉ *pers. du prés. de l'ind.*) combien ils nous sont supérieurs; mais nous **pouvant** (1ʳᵉ *pers. du prés. de l'ind.*) quelquefois aussi, messieurs les savants, vous apprendre des choses que vous ne **sachant** (2ᵉ *pers. du prés. de l'ind.*) pas. Ainsi, en ce moment, que diriez-vous, si nous vous annoncions que des voleurs sont chez vous; qu'ils y **prenant** (3e *pers. du prés. de l'ind.*) tout ce qui est à leur convenance; qu'ils y **buvant** (3e *pers. du prés. de l'ind.*) tout votre vin de Sicile; et qu'ils **faisant** (3e *pers. du prés. de l'ind.*), en un mot, tout ce qui leur convient. Ami, comment croirai-je que tu prévois l'avenir, quand je vois par mes propres yeux que tu ne sais pas même le présent; car, si tu le connaissais, tu irais promptement dans ta maison pour en chasser les voleurs.

Moquons-nous des diseurs de bonne aventure.

190e Exercice.

EXCEPTIONS à la règle de la formation de l'imparfait de l'Indicatif.— Les verbes suivants font, à l'imparfait de l'indicatif:

	Imparfait.
1° Ayant	j'avais, etc.
2° Sachant	je savais, etc.

NOTA. — Copier ou écrire sous la dictée, et donner aux verbes de l'exercice les terminaisons qui leur conviennent pour l'imparfait de l'indicatif.

LE MARCHAND HOLLANDAIS.

Le grand Frédéric, roi de Prusse, **se mettant** (3e *pers. de l'imp de l'ind.*) avec une simplicité qui **approchant** (3e *pers. de l'imp de l'ind.*) de la négligence, à tel point qu'un marchand hollandais, qui ne **sachant** (3e *pers. de l'imp. de l'ind.*) pas à qui il avait affaire, le prit un jour pour un garçon jardinier. Le roi l' **ayant** (3e *pers. de l'imp. de l'ind.*) rencontré seul dans les jardins de Sans-Souci, s' **étant** (3e *pers. de l'imp. de l'ind.*) amusé à lui en montrer les curiosités. Cet étranger tira sa bourse et voulut payer ses peines. « Il ne me faut rien, dit Frédéric, le roi l'a défendu. — Le roi n'en saura rien, repartit le Hollandais. — Il sait tout ce qui se passe, répliqua le roi ; et il le congédia. »

BERNARDIN DE SAINT-PIERRE.

191e Exercice.

EXCEPTIONS à la règle de la formation du présent du Subjonctif. — Les verbes suivants font, au présent du subjonctif :

1° Allant, — que j'aille, que tu ailles, qu'il aille, qu'ils aillent.

2° Tenant, — que je tienne, que tu tiennes, qu'il tienne, qu'ils tiennent.

3° Venant, — que je vienne, que tu viennes, qu'il vienne, qu'ils viennent.

4° Acquérant, — que j'acquière, que tu acquières, qu'il acquière, qu'ils acquièrent.

5° Mourant, — que je meure, que tu meures, qu'il meure, qu'ils meurent.

6° Recevant, — que je reçoive, que tu reçoives, qu'il reçoive, qu'ils reçoivent.

7° Pouvant, — que je puisse, etc. (le temps tout entier.)

8° Valant, — que je vaille, que tu vailles, qu'il vaille, qu'ils vaillent.

Nota. — Copier ou écrire sous la dictée, et donner aux verbes l'orthographe qui leur convient pour le présent du subjonctif.

BEL EXEMPLE DE DÉVOUMENT.

Avant que j' **allant** (1re *pers. du prés. du sub.*) visiter les charmants paysages du Berry, mon cher Alfred, et que tu **allant** (2e *pers. du prés. du subj.*) faire ton voyage de Bretagne, il faut que je te **tenant** (1re *pers. du prés. du subj.*) au courant des nouvelles qui m'arrivent, afin que tu **tenant** (2e *pers. du prés. du subj.*) note de tout ce qui se présente d'intéressant. Sache donc que, quelques jours avant que je **venant** (1re *pers. du prés. du subj.*) visiter Orléans, des pluies abondantes, trop fortes pour qu'on **pouvant** (3° *pers. du prés. du subj.*) ne pas leur donner le nom de déluge, avaient grossi les eaux de la Loire, et inondaient les campagnes voisines. Avant que le fleuve **acquérant** (3e *pers. du pres. du subj.*) tant de force, il aurait fallu que les pauvres habitants des campagnes prévissent ce malheur, pour avoir au moins le temps de sauver leurs bestiaux. Mais il n'en fut point ainsi : il faut toujours, hélas! que les hommes **acquérant** (3e *pers. du prés. du subj.*) de l'expérience à leurs propres dépens.

Un pauvre village, non loin de Nevers, était surtout victime de l'inondation. C'était une chose horrible de voir les habitants réfugiés sur les toits de leurs maisons, et implorant du secours en tendant leurs mains suppliantes. Quel est l'homme qui **pouvant** (3e *pers. du prés. du subj.*) ne pas gémir devant un tel malheur? Qui ne **recevant** (3e *pers. du prés. du subj.*) au fond de son cœur l'impression la plus douloureuse? Toute la population de la ville de Nevers regardait avec effroi ce triste spectacle. La crainte d'un danger presque certain glaçait le cœur des hommes les plus intrépides. Ce serait folie, disaient-ils, d'exposer sa vie sur ce terrible élément; car il faut nécessairement que celui-là **mourant** (3° *pers. du prés. du subj.*), qui ose braver la fureur des eaux.

Cependant le maire de Nevers, homme plein d'humanité, arrive. Quoiqu'il **tenant** (3° *pers. du prés. du subj.*) beaucoup à la vie, et qu'il **acquérant** (3° *pers. du prés. du subj.*) de jour en jour l'estime de ses concitoyens par sa paternelle administration, quoiqu'il **recevant** (3° *pers. du prés. du subj.*) à chaque instant des marques d'affection de tous, il sent qu'il faut donner l'exemple du devoûment. « Mes amis, s'écrie-t-il, mes frères sont en danger; il faut que nous **allant** (1ʳᵉ *pers. du prés. du subj.*) les sauver! » En même temps il descend dans une barque, saisit les rames et gagne le milieu du fleuve. Ce bel exemple anime le courage des citoyens; chacun ne doute plus qu'il ne **pouvant** (3° *pers. du prés. du subj.*) triompher de la fureur des eaux; on lutte contre les vagues. Enfin après des peines inouïes le succès couronna les efforts du maire et des citoyens; tous sont ramenés sains et saufs vers la terre. Il est difficile de peindre la scène touchante qui suivit la délivrance de ces malheureux, qui bénirent et leurs concitoyens et surtout leur généreux maire, l'auteur de leur salut.

192e Exercice.

SUITE DU PRÉCÉDENT.

9° Voulant, — que je veuille, que tu veuilles, qu'il veuille, qu'ils veuillent.

10° Mouvant, — que je meuve, que tu meuves, qu'il meuve, qu'ils meuvent.

11° Prenant, — que je prenne, que tu prennes, qu'il prenne, qu'ils prennent.

12° Buvant, — que je boive, que tu boives, qu'il boive, qu'ils boivent.

13° Faisant,—que je fasse, etc. (le temps entier).

14° Etant, — que je sois, etc. (le temps entier).

Nota. — Copier ou écrire sous la dictée, et donner aux verbes l'orthographe qui leur convient pour le présent du subjonctif.

BEAU DÉVOUMENT DES SIX CALAISIENS.

Il peut se faire, mon ami, que tu **voulant** (2e *pers. du prés. du subj.*) lire et étudier l'histoire de France, je te le conseille. Tu y trouveras de beaux exemples de vertu et de dévoûment. Tel est celui-ci :

Edouard III, roi d'Angleterre, assiége Calais. Il a décidé qu'il est de son honneur qu'il **prenant** (3e *pers. du prés. du subj.*) la ville. Effectivement, après un an de siége, il s'en empara. Il n'est pas présumable que ce prince **voulant** (3e *pers. du prés. du subj.*) épargner une ville qui lui a résisté si longtemps. Irrité contre les habitants, il a juré leur mort; il faut qu'ils **payant** (*subj.*) cher leur résistance. Il condamne à sortir de la ville, nu-pieds et la corde au cou, six des principaux habitants, qui s'étaient dévoués pour calmer le ressentiment du vainqueur. Le roi ordonna, en outre, qu'ils **faisant** (3e *pers. du prés. du subj.*) leurs adieux à leurs familles; et qu'ils lui **étant** (3e *pers. du pres. du subj.*) ensuite livrés, pour qu'il les **faisant** (3e *pers. du prés. du subj.*) périr du dernier supplice.

Quoi de plus admirable que ces six cœurs dévoués pour leurs frères. Il faut, se sont-ils dit, que nous sacrifiions nos vies pour sauver nos concitoyens; il faut que nous **priant** (1re *pers. du prés. du subj.*) le Ciel de nous accorder la force nécessaire pour marcher au martyre; il faut que nous **étant** (1re *pers. du prés. du subj.*) courageux et fermes jusqu'à notre dernier soupir.

Arrivés devant le roi d'Angleterre, ils s'abandonnèrent à sa merci; mais la reine, informée de la cruelle résolution de son époux, vint lui demander la grâce des six Calaisiens, et par ses larmes, elle les délivra de la mort qui les menaçait.

Quel plus beau dévoûment l'histoire peut-elle nous offrir, et quel nom plus respectable que celui de Philippe de Hainaut, la reine d'Angleterre !

193e Exercice.

EXCEPTIONS à la règle de la formation de l'Impératif présent. — Les verbes suivants font, à l'Impératif présent:

1° Je suis	sois	6° Je vais	va
2° Nous sommes	soyons	7° Je sais	sache
3° Vous êtes	soyez	8° Nous savons	sachons
4° Nous avons	ayons	9° Vous savez	sachez
5° Vous avez	ayez		

NOTA. — Copier ou écrire sous la dictée l'exercice, et terminer le devoir en écrivant en entier l'impératif des verbes de l'exercice.

1. Je **suis** le Seigneur, ton Dieu,

2. Justes, ne craignez point le vain pouvoir des hommes.
Quelque élevés qu'ils soient, ils **sont** ce que nous sommes.
RACINE.

3. Vous **êtes** sans parents? — Ils m'ont abandonné.
Idem.

4. J'**ai** mon Dieu que je sers; vous servirez le vôtre.
Idem.

5. Nous **sommes** malheureux, quand nous avons besoin d'autrui.

6. Souvenez-vous que vous **avez** un père dans le ciel.

7. Je **vais**, lui dit ce prince, à Rome où l'on m'appelle.
BOILEAU.

8. Tu **sais** combien je dois à ses heureux secours.
RACINE.

9. Nous **avons** du mérite, quand nous **savons** réprimer nos penchants.

10. Le ciel, vous le **savez**, a compté nos années.

11. **Sois** discret: ne trahis jamais le secret de ton ami.

12. **Soyons** amis, Cinna, c'est moi qui t'en convie.

CORNEILLE.

13. **Soyez** reine, dit-il, et dès ce moment même,
De sa main sur mon front posa son diadème.

J. RACINE.

14. **Aie** soin de ton frère, il aura soin de toi.

15. **Ayons** confiance en Dieu qui jamais ne nous abandonnera.

16. **Ayez** toujours les yeux tournés vers le ciel; c'est là notre patrie future.

17. **Va** dedans les enfers pleurer ton Curiace.

P. CORNEILLE.

18. **Sache**, dit Louis-le-Gros à un anglais qui voulait le faire prisonnier, qu'on ne prend jamais le roi, pas même au jeu d'échecs.

19. **Sachons**-nous comporter avec modération dans la prospérité.

20. **Sachez** de vos amis discerner les flatteurs.

194ᵉ Exercice. — Récapitulation

SUR LES VERBES QUI FONT EXCEPTION A LA RÈGLE
DE LA FORMATION DES TEMPS.

NOTA. — Copier ou écrire sous la dictée, et expliquer l'irrégularité de chaque verbe.

Je **vais** parler d'une des provinces de notre pays, froide, boisée, dans laquelle nous **voyons**, de temps immémorial, se pratiquer avec passion la chasse aux petits oiseaux : je **veux dire** la Lorraine.

Pourvue par la nature de vastes forêts ou de bois qui se **suivent** presque sans interruption, cette province **savait** autrefois, comme elle le **sait** encore aujourd'hui, **entretenir** dans son sein, un abondant gibier qui **pourvoyait** constamment de viandes savoureuses les tables de ses intrépides chasseurs. Cette province si riche ne **maudissait** pas son sort, mais remerciait le ciel des biens abondants qui lui étaient **échus** en partage. Si les gibiers de toute espèce se **plaisaient** à **vivre** dans ces lieux agrestes, au printemps et surtout à l'automne, ces bois **servaient** de lieux de repos ou d'étapes aux oiseaux qui ne **pouvaient** supporter la rigueur de notre climat.

Dans cette province, diverses sortes de chasses sont pratiquées; mais il en **est** une que je **voudrais voir exclure**; c'est celle des petits oiseaux. Enfants jeunes et adultes, pauvres et riches, les femmes même, tous **veulent** chasser les petits oiseaux; rien ne **peut vaincre** cette passion; le chasseur **tressaille** de joie, **acquiert** chaque jour de nouveaux succès, et multiplie ses champs de bataille : chasse à l'abreuvoir, chasse à la pipée dans le feuillage, chasse aux sentiers, et à la lisière des bois, chasse à l'arbre et aux buissons amorcés d'appeaux, et de milliers de piéges; tout lui est bon : gluaux, collets, raquettes, vergettes, sont mis en usag pour **battre** l'ennemi. **J'ai ouï dire** que la tendue à la lisière des bois et aux sentiers dans l'intérieur, a presque toujours plus d'une lieue de parcours. D'où je **conclus** que le chasseur **doit** avoir fort à faire : il **s'assied** rarement, obligé qu'il est de surveiller presque partout à la fois, pour que l'oiseau **pris** ne **vienne** à s'échapper et ne **fuie** sans retour.

L'ouverture de la chasse qui commence de bonne heure, se **clot** à la chute des feuilles. Dès que le jour marqué **a lieu**, le chasseur qui **bout** d'impatience, **part**, en **tressaillant** de plaisir, pour dresser et **faire mouvoir** ses dangereux engins. Il est deux heures du matin. A l'aide de ses amis, les collets sont tendus, les raquettes courbées, les vergettes enduites de la glu perfide, les lisières des bois débarrassées des branches incommodes, les sentiers et les abords des mares nettoyés, et la hutte du chasseur construite. Alors malheur à vous, pauvres petits oiseaux qui **paissez** si innocemment dans les bois et dans les plaines de l'air. Bientôt peut-être le soleil ne **luira** plus pour vous, et le chasseur **rit** d'avance en vous **voyant** voltiger autour de ses piéges malins! Ah! prenez bien garde, charmants petits habitants des airs! **N'allez** pas donner dans ces piéges trompeurs qui vous attendent. Vous **mourriez** inévitablement! Vous, charmants rossignols, vous, douces fauvettes, et vous, jolis rouges-gorges, mignons roitelets, grives, chardonnerets et tant d'autres, soyez prudents, **prenez** garde de **faillir**! Regardez ces arbres trompeurs qui se **revêtent**, non de verdure, mais d'objets nouveaux, d'objets qui vous sont inconnus! Le pauvret qui est une seule fois **chu** dans ces piéges perfides, en **sort** rarement sain et sauf. La mort **pleut** de tous côtés. Ah! méfiez-vous; ne demeurez point; il vous **faudrait** plutôt vous **résoudre** à traverser les mers que de vous rapprocher de ces instruments de mort! Une île retirée et obscure ne **pourrait**-elle pas **suffire** à votre existence? **Fuyez** le voisinage de l'homme qui cherche toujours à vous **nuire**. Vous **naissez** pour être la proie du plus fort :

ne vous montrez-pas; cachez-vous; l'insecte qui **bruit** sous l'herbe est plus heureux que vous!

Les jeunes enfants de la Lorraine s'adonnent à la chasse des oiseaux, dès leur plus tendre enfance. D'abord ils s'exercent à grimper aux arbres les plus élevés, et commencent leur carrière de chasseurs par **prendre** les oiseaux dans les nids. **Devenus** grands, ils s'établissent dans les bois et les forêts, et, au lieu de se livrer à un travail instructif, ils **font** les paresseux, et se transforment en chasseurs d'oiseaux. Ils dressent leurs embuscades, et se **cousent**, pour ainsi dire, dans une peau de renard, pour faire tomber leur proie dans leurs filets. Rien ne leur coûte, pourvu qu'ils **fassent** une bonne chasse.

Mais, jeunes Lorrains, vous ne **voyez** pas que vos piéges brisent les membres délicats des pauvres oiseaux; que ces charmantes créatures de Dieu **souffrent** aussi bien que l'homme; et que souvent vous ravissez une pauvre mère, ou un pauvre père à leur jeune couvée qui **va** alors **mourir** de faim! Ne **voyez-vous** donc pas ces petits êtres s'égosillant jusqu'à la fin du jour, n'**ayant** plus leur tendre mère pour les **couvrir** de ses ailes pendant la nuit, et, le lendemain, ces pauvres petits habitants du nid **meurent** de froid et de faim!

Je ne vois rien, jeunes Lorrains, qui vous **absolve** de votre cruauté, vous ne consultez que votre plaisir, n'est-ce donc pas un plaisir plus grand que de voir joyeux l'insecte qui **boit** la rosée des fleurs, l'oiseau qui voltige et chante? Jeunes Lorrains, **croyez-moi**, c'est un plaisir des plus purs que de **voir** et d'admirer une créature de Dieu qui est heureuse, et le bonheur que l'on éprouve **vaut** bien la chasse la plus fructueuse.

V. — EXERCICES SUR LES VERBES IRRÉGULIERS ET DÉFECTIFS.

195ᵉ Exercice.

RÈGLES. — 1º Les verbes irréguliers sont ceux qui, dans leurs temps primitifs ou dans leurs temps dérivés, ne suivent pas la règle de la formation des temps.

2º Les verbes défectueux sont ceux auxquels il manque un ou plusieurs des temps primitifs. — Lorsqu'un temps primitif manque, les temps qui en dérivent manquent également (excepté Falloir, qui, n'ayant pas de participe présent, fait cependant à l'imparfait : il fallait).

NOTA. — Copier ou écrire sous la dictée. Mettre les verbes irréguliers au temps indiqué, et terminer le devoir en conjuguant en entier le temps auquel ils appartiennent.

(Cette recommandation s'applique à tous les verbes irréguliers et défectueux qui vont suivre.)

1º *Aller.*

TEMPS PRIMITIFS.

Aller — Allant — Allé — Je vais — J'allai

NOTA GÉNÉRAL, *pour tous les verbes irréguliers.* — Copier ou écrire sous la dictée, en mettant les verbes aux temps indiqués.

J' (*fut. de l'ind.*) ce soir à la Comédie-Française, et toi, tu (*fut. de l'ind.*) à l'Opéra où tu entendras une excellente ouverture de Rossini. — (*Prés. de l'imp.*) demain chez ta tante (*prés. de l'imp.*) voir les curiosités que ton oncle a rapportées de Chine. — Il faut que j' (*pres. du subj.*) dimanche à la chapelle du château, pour y entendre une belle messe en musique. On dit qu'il faut que nous y (*prés. du subj.*) de bonne heure pour y être bien placées. Mon cher ami, dis à ta maman que je m'en (*passé ind.*) à trois heures et demie de l'Académie ; c'est l'heure à laquelle nous nous en (*plus q. parf. de l'indicat.*) la semaine dernière (*Impér.*) t'en vite, il est tard.

196ᵉ **Exercice.**

2° *Envoyer.*

TEMPS PRIMITIFS.

Envoyer — Envoyant — Envoyé — J'envoie — J'envoyai

J' (*prés. de l'ind.*) mon fils au collége Stanislas, où vous (*imp. de l'ind.*) vos enfants, il y a quelques années. — L' (*prés. de l'ind.*) tu seul? — Non, je le fais accompagner par le domestique que je l' (*passé défini*) hier au soir. — Les lettres que nous (*prés. de l'ind.*) en Algérie restent six jours en route, et celles que nous (*imparf. de l'ind*) l'année dernière au Mexique mettaient un mois pour parvenir à leur adresse. Je ne vous (*fut. de l'ind.*) pas une loge ce soir ; je vous la réserve pour le jour où vous m' (*fut. de l'ind.*) dire que vos amis sont arrivés d'Amiens. En attendant, il faut que vous m' (*prés. du subj.*) de leurs nouvelles.

197ᵉ Exercice.

3° *Bouillir*.

TEMPS PRIMITIFS.

Bouillir—Bouillant—Bouilli—Je bous—Je bouillis

L'eau (*prés. de l'ind.*) trop vite, et je (*prés. de l'ind.*) d'impatience de ne pouvoir l'en empêcher. Le bœuf sera bientôt trop (*part. passé*), et nous ne le mangerons qu'en marmelade. Otons un peu de braise et l'eau ne (*fut. de l'ind.*) plus si fort. Vous avez raison ; le feu est modéré, et tout à l'heure nous (*passé défini*) trop facilement d'impatience. — D'un autre côté, je désirais que l'eau du coquemar (*imparf. du subj.*) à petit feu, pour que rien ne nous manquât. Allons voilà qui est bien maintenant (*prés. de l'impér.*), cher potau-feu, et donnez-nous un bon bouillon bien succulent.

Si la mer (*imp. de l'ind.*), il y aurait, comme on dit, bien des poissons de cuits.

198ᵉ Exercice.

4° *Fuir*.

TEMPS PRIMITIFS.

Fuir — Fuyant — Fui — Je fuis — Je fuis

Le soldat qui (*prés. de l'ind.*) est bien malheureux ; d'abord il manque de cœur, et puis il se perd dans l'estime de ses concitoyens ; il ne (*prés. du cond.*) pas, s'il faisait ces réflexions. A Sparte, on le plongeait dans un bourbier, supplice déshonorant, et qui devait bien arrêter dans leur course tous ceux qui (*imp. de l'ind.*) devant l'ennemi. Nous (*prés de l'ind.*) les gens suspects, mais nous ne (*imparf. de l'ind.*) pas assez les gens de mauvaise compagnie, que trop souvent hélas ! nous fréquentons volontiers ! Nous ne (*fut. de l'ind.*) jamais devant les ennemis de la patrie, mais (*prés. de l'imper.*) devant la bassesse et la trahison.

199ᵉ Exercice.

5° *Mourir.*

TEMPS PRIMITIFS.

Mourir—Mourant—Mort—Je meurs—Je mourus

Je (*prés. de l'ind.*) content, dit Epaminondas, après la bataille de Mantinée ? Tu (*prés. de l'ind.*) nullement, grand homme, car tu laisses ta patrie triomphante. Il est à désirer que le guerrier (*prés. du subj.*) aussi dignement. Il faut que tu (*prés. du subj.*) aussi, Socrate, mais c'est pour la vérité, et vous (*pres. de l'ind.*) tous les deux, en laissant un nom illustre. L'homme de bien (*fut. de l'ind.*) sans éclat, mais sa mort sera agréable à Dieu ; il (*prés. du cond.*) d'une manière plus éclatante, si la modestie n'était pas son caractère.

6° *Faillir.*

TEMPS PRIMITIFS.

Faillir   .....   Failli   .....   Je faillis

Il arrive à tout le monde de (*prés. de l'inf.*). En vous voyant, je (*passé déf.*) tomber de mon haut.— Les forces me (*passé def.*) tout à coup. Le roi (*passé déf.*) être né devant Namur. Si (*passé indéf.*) que l'on me condamne : cet aveu (*inf. passé*) coûte beaucoup à mon amour-propre.

200ᵉ Exercice.

7° *Ouïr.*

Ouïr. .....   Ouï   .....   J'ouis

J'aime beaucoup à (*inf. prés.*) les récits merveilleux des contes de fées, surtout j' (*fut. de l'ind.*) toujours avec plaisir Riquet à la Houppe, comme tu (*prés, du cond.*) la plus intéressante des nouvelles. — J' (*prés. de l'ind.*) dire ces jours derniers que vous partiez pour Marseille, cette ville où nous (*passé déf.*) tant parler de l'Orient. J' (*passé indéf.*) dire avec raison que le verbe ouïr est fort défectueux.

8° *Acquérir.*

TEMPS PRIMITIFS.

Acquérir—acquérant—Acquis—J'acquis—J'acquis

Tous les jours tu (*prés. de l'ind.*) de l'expérience, car ton jugement (*prés. de l'ind.*) de la force, et si tu (*imparf. de l'ind.*) de la science en proportion, tu serais une personne accomplie.— Si nous (*pres. du cond.*) des richesses en proportion de nos désirs, nous pourrions bâtir des châteaux d'or; mais comme nous n' (*fut. de l'ind.*) jamais assez de fortune pour cela, nous pouvons imposer silence à notre ambition.— (*Pres. de l'imp.*) la bonté : c'est un trésor que l'on ne pourra jamais te ravir. — J' (*passé déf.*) beaucoup d'amis dans ma jeunesse, et ils m'ont successivement abandonné : il aurait fallu que j' (*imparf. du subj.*) en même temps

la science du cœur humain. — La gloire ne s' (*prés. de
'ind*) point à si bon marché.

201° Exercice.

9° *Saillir.*

TEMPS PRIMITIFS.

Saillir — Saillant — Sailli — Il saille — …..

Mon architecte a fait (*inf. prés.*) ce balcon avec un
peu d'exagération ; celui de votre maison (*fut. de
l'ind.*) moins, j'espère, et il fera un meilleur effet. —
Lisez-moi le passage le plus saillant de la tragédie
d'Esther : vous me ferez plaisir. Plaçons-nous sur ce
balcon, quoiqu'il (*prés. du subj.*) trop sur la rivière, et
qu'il m'effraye un peu. — Les groupes apposés à l'arc
de triomphe de l'Etoile (*prés. de l'ind.*) avec un relief
et une vigueur extraordinaires.

10° *Tressaillir.*

TEMPS PRIMITIFS.

Tressaillir — Tressaillant — Tressailli —
Je tressaille — Je tressaillis.

Maman, je (*prés. de l'ind.*) de joie, en pensant que
je visiterai les pauvres avec vous. Nous (*prés. de l'ind.*)
aujourd'hui, ma fille, comme le mois dernier nous
(*imp. de l'ind.*) de bonheur, en allant tirer de la misère la femme Lucas et ses six enfants. Comme leurs
cœurs (*passé déf. de l'ind.*) de plaisir en recevant la
bonne nouvelle que nous leur portions ! Nous (*fut. de
l'ind.*) de joie, à notre tour, quand nous les aurons revus

oyeux et heureux ; et nous (*prés. du cond.*) d'allégresse, si nous parvenions ainsi, avec l'aide de Dieu,
à soulager tous les pauvres qui nous sont confiés.

202ᵉ Exercice.

11° *Vêtir.*

TEMPS PRIMITIFS.

Vêtir — Vêtant — Vêtu — Je vêts — Je vêtis

Je me (*prés. de l'ind.*) d'une veste grise dans ma
chambre, tandis que tu te (*pres. de l'ind.*) d'une robe
de chambre. — Chacun se (*prés. de l'ind.*) à sa manière : nous nous (*pres. de l'ind.*) à la française : c'est
la mode la plus gracieuse. Je me rappelle que ma
grand'mère se (*imparf. de l'ind.*) toujours en hiver
d'une robe de chambre ouatée, et la dernière saison
qu'elle et sa sœur se (*passé déf.*) ainsi, elles avaient
une douillette de soie-puce qu'elles aimaient beaucoup.
Nous nous (*fut. de l'ind.*) toujours avec goût, mais
les gens de la campagne se (*prés. de l'ind.*), et se (*fut.
de l'ind.*) sans cesse avec des étoffes à grand ramage ;
ainsi j'ai eu beau dire à Suzette : ma chère, (*prés. de
l'imp.*) toi plus simplement ; prends des étoffes plus
unies ; je n'ai jamais pu obtenir que cette petite
paysanne se (*imp. du subj.*) avec plus de simplicité, ni
qu'elle et ses petites voisines se (*imp. du subj.*) avec
plus de modestie ! Peut-être que si on ne leur faisait
aucune recommandation, elles se (*pres. du cond.*) plus
convenablement. Essayons : dès ce jour, je ne lui dirai
plus rien.

203ᵉ Exercice.

12° *Choir.*

TEMPS PRIMITIFS.

Choir ·   .....   Chu   ....

Voici une petite histoire ; écoutez bien, jeunes enfants : Un jour, un étourdi se laissa (*prés. de l'inf.*) dans l'eau en badinant sur les bords de la Seine. Réflexion : Un jeune enfant (*fut. de l'inf.*) toujours, quand il jouera sur les bords de l'eau, hors de la surveillance de ses parents. Notre petit garçon donc, qui avait (*part. passe*) dans la rivière, criait de toutes ses forces, au secours ! Il arriva sur ces entrefaites un magister qui l'avait vu (*prés. de l'inf.*) « Petit babouin, lui cria-t-il, une autre fois tu tâcheras d'être plus sage, » et il s'en alla. Pendant ce discours l'enfant se noya sans ressource.

13° *Déchoir.*

TEMPS PRIMITIFS.

Déchoir   .....   Déchu — Je déchois — Je déchus

Lorsqu'on est arrivé à être un des premiers de sa classe, il faut s'efforcer de ne pas (*prés. de l'inf.*). Si nous ne soutenons pas nos efforts, nous (*prés. de l'ind*), et ceux-là (*prés. de l'ind.*) inévitablement et (*fut. de l'ind.*) toujours qui ne déploieront pas une constance assidue dans leurs travaux. Voyez le Grand Pompée ! si des amis clairvoyants lui eussent dit à Rome : Vous (*prés. de l'ind.*) de votre puissance : relevez-vous, car votre rival s'avance. Pompée n'eût peut-être pas succombé. Après la bataille de Pharsale, il s'aperçut qu'il *(plus-que-parf. de l'ind.)* de son rang ; fuyons, amis, dit-il, puisque le destin a voulu que je *(imparf. du subj.)* en ce jour, abandonnons le monde à César, avant qu'à son tour, il ne *(prés. du subj.)* de la puissance qu'il m'enlève.

204ᵉ Exercice.

14° *Echoir*.

TEMPS PRIMITIFS.

Echoir — Echéant — Echu — Il échet — J'échus.

J'ai reçu ce matin la visite de mon propriétaire qui est venu m'annoncer que mon terme venait *(prés. de l'inf)* Eh ! quoi ! me suis-je écrié : il n' *(pres. de l'ind.)* que demain ! Pardieu, Monsieur, a-t-il repris, c'est aujourd'hui le 9, et votre terme *(passé indef.)* depuis hier. C'était vrai. Hélas ! me dis-je en moi-même, il faudrait que ce maudit terme n' *(imp. du subj.)* que dans trois jours ; car, en *(part. prés.)* quelques jours plus tard, je pouvais l'acquitter, tandis qu'aujourd'hui... Pourquoi faut-il qu'il *(prés. du subj.)* sitôt ? Mais il n'y a pas à différer ; exécutons-nous.

15° *Falloir*.

TEMPS PRIMITIFS.

Falloir ..... Fallu — Il faut — Il fallut

Il *(fut. de l'ind.)* mettre les points sur les i dans votre dictée ; et il *(pres. du cond.)* surtout bien réfléchir. Faites une bonne écriture, comme il (*prés. de l'ind.*) : il nous (*passé ind.*) acheter de bonnes plumes; en voici l: et de bon papier, en voilà. Il (*passé déf.*) aussi une encre bien noire et limpide ; nous vous en donnons. Faites donc de votre mieux.

205ᵉ Exercice.

16° *Mouvoir*.

TEMPS PRIMITIFS.

Mouvoir — Mouvant — Mu — Je meus — Je mus

Enfin nous déménageons! Voyez comme je (*prés. de l'ind.*) tous les petits meubles; pour les gros, c'est une autre affaire; je ne les (*prés. du cond.*) pas aussi aisément que mon domestique qui (*prés. de l'ind.*) mon piano et les armoires avec une merveilleuse facilité. Pierre est fort et adroit ; il (*imp. de l'ind.*) la semaine dernière tous mes bahuts gothiques à lui seul ; il (*fut. de l'ind.*) sans doute de même mon serre-papiers avec tout ce qu'il contient. Ma jeune sœur et moi, nous (*passe déf.*) sans peine les grands fauteuils et nous les fîmes placer dans les voitures. Essayons : il faut que je (*prés. du subj.*) toutes les chinoiseries pour les emballer. Ah! je suis fatiguée. Il faudrait cependant qu'avec ma sœur nous (*imp. du subj*) tous les livres de notre petite bibliothèque. Allons du courage !

206ᵉ Exercice.

17° *Pleuvoir*.

TEMPS PRIMITIFS.

Pleuvoir — Pleuvant — Plu — Il pleut — Il plut

Voici une bien ancienne chansonnette : Il (*prés. de*

l'ind.), il *(prés. de l'ind.)* Bergère ; nous ajouterons, pour la compléter : il *(passé indéf.)* et il *(fut. de l'ind.)* longtemps encore. Presque tous les jours de l'automne il *(imp. de l'ind.)* ; aussi la verdure s'est-elle longtemps conservée à la campagne ! Je ne me rappelle pas d'être sorti un seul jour sans qu'il n' *(parf. du subj.).* Aujourd'hui il *(prés. de l'ind.)* à verse : rentrons.

207ᵉ Exercice.

18° *Pouvoir.*

TEMPS PRIMITIFS.

Pouvoir — Pouvant — Pu — Je peux — Je pus

Je viendrai vous voir, si je le *(prés. de l'ind.),* et si nous le *(prés. de l'ind.),* ma cousine et moi, nous passerons avec vous toute l'après-midi. Nous travaillerons autant que nous le *(fut. de l'ind.),* et si vous le *(prés. de l'ind.),* vous nous aiderez à faire notre layette. Si nous *(imp. de l'ind.)* la finir avant la fin de la semaine, nous la donnerions à la pauvre mère qui nous l'a demandée. Nous ne *(passe déf.)* pas l'avancer plus la semaine dernière, faute d'argent pour acheter la doublure ; mais avec votre concours, nous *(fut. de l'ind.)* rattraper le temps perdu. *(Prés. du cond.)* aussi prier votre amie de nous aider un peu ; s'il en était ainsi, nous *(prés. du cond.)* arriver à temps.

208° Exercice.

19° *Savoir.*

TEMPS PRIMITIFS.

Savoir — Sachant — Su — Je suis — Je sus

(Prés. de l'ind.) vous que je me suis perdu aujour-

d'hui dans Paris? Ah'! si vous (*imp. de l'ind.*) combien j'ai parcouru de places, de rues et de boulevards sans m'y reconnaître, vous vous amuseriez à mes dépens. (*prés de l'imp.*) donc que je suis sorti de mon hôtel à dix heures, et que je ne suis rentré qu'à six heures passées. On ne (*prés. de l'ind.*) pas tout le chemin que j'ai fait, il n'y a que moi seul qui le (*prés. de l'ind.*). Depuis longtemps je (*imp. de l'ind.*) que la ville était complétement restaurée, et mes amis (*imp. de l'ind.*) aussi qu'elle avait une nouvelle physionomie. Je (*passé déf.*) aussi que beaucoup de magnifiques monuments et d'immenses boulevards en avaient changé l'aspect; mais vous ne (*prés. du cond.*) comprendre l'étonnement dans lequel j'ai été plongé en voyant tant de merveilles, des palais, des quais, des halles, des théâtres, des squares, que (*prés. de l'ind.*) je? Une foule de nouveautés que je ne (*prés. du cond.*) décrire: Venez voir, et vous serez émerveillés comme moi.

209ᵉ Exercice.

20° *S'asseoir*.

TEMPS PRIMITIFS.

S'asseoir — S'asseyant — Assis — Je m'assieds — Je m'assis.

Je m' (*prés. de l'ind.*) sur la causeuse. Comme tu t' (*prés. de l'ind.*) mal! regarde donc ta cousine : elle s' (*prés. de l'ind.*) avec grâce; vous ne vous (*prés. de l'ind.*) pas bien dans votre famille; vous avez toujours les jambes allongées, et c'est disgracieux. Quand j'étais petite, ma mère m' (*imp. de l'ind.*) sur une chaise en bois, qui me forçait de me tenir droite. Nous ne nous (*imp. de l'ind.*) pas autrement jusqu'à l'âge de quinze ans. Il s'est fait beaucoup de changements depuis la chaise de bois ! Aujourd'hui on invente toutes sortes de siéges pour qu'on s' (*prés. du subj.*) mollement! Pour moi, je ne m' (*fut. de l'ind.*) jamais sur les *poufs*, ni sur les *vis-à-vis* que je déteste. Je m' (*pres. du cond.*) plutôt sur les divans que je préfère. En attendant (*prés. de l'imp.*) vous, mesdames, sur ces bancs rustiques qui vous attendent, et reposons-nous-y quelques instants.

210ᵉ Exercice.

21° *Surseoir*.

TEMPS PRIMITIFS.

Surseoir ..... Sursis — Je surseois — Je sursis

Je cours vite chez le président de la Cour impériale pour qu'il (*prés. du subj.*) de quinze jours l'affaire de votre parent. Ce n'est vraiment pas de sa faute si ses lapins ont mangé le blé de ses voisins. Mais l'avocat de la partie adverse ne (*fut. de l'ind.*) pas les débats; on me dit qu'il est prêt à plaider, et je doute que nous (*prés. du subj.*) d'une semaine cette plaidoirie misérable. Quand j'étais magistrat, j'aimais bien (*pres. de l'inf.*) les causes; pendant ce temps, les parties pouvaient s'arranger et bénissaient le sursis. Mon fils, si tu étais magistrat, tu (*prés. du cond.*), comme moi, dans les affaires litigieuses, et tu t'en trouverais bien. Suis mon conseil : (*prés. de l'imp.*) le plus possible, et ne te mets jamais dans le cas de te dire à toi-même : « Il fallait que je

(*imp. du sub.*) dans cette cause, et je ne l'ai pas fait!»
En (*part. prés.*) à propos, un magistrat commet une
belle action.

211ᵉ Exercice.

22° *Voir.*

TEMPS PRIMITIFS.

Voir — Voyant — Vu — Je vois — Je vis

Je (*prés. de l'ind.*) le soleil s'élever sur l'horizon ; il
va faire beau ; tu (*prés. de l'ind.*) que nous pouvons
partir pour Châtillon. Allons chercher nos cousins. Ah!
les voilà ; vous nous voyez prêts, amis; prenons le
chemin de fer jusqu'à Clamart. Vous (*imp. de l'ind.*)
comme nous que la journée se préparait belle; nous
(*imp. de l'ind.*) ce matin un brillant soleil, et cela nous
a donné confiance. Partons. Grâce au chemin de fer,
nous (*futur de l'ind.*) la campagne dans quelques minutes. (*prés. de l'imp.*) déjà les fortifications. Enfin
voici Clamart : amis, pied à terre et gagnons la campagne. Vous (*fut. de l'ind.*) bientôt se dessiner à vos
yeux les bois verdoyants. Quelle belle journée! quel
air pur! (*prés. de l'imp.*) ce chemin pittoresque sur
votre gauche: prenons-le; c'est le chemin qui conduit
à la Tour des Anglais et à la charmante villa de notre
ami, M. Collot. Quelle fraîche verdure nous entoure!
On se croirait loin de Paris. Nous avançons; si vous
faisiez quelques pas encore, vous (*pres. du cond.*) la
paisible habitation de notre ami. Nous la (*prés. de
l'ind.*) C'est elle! Entrons-y, vous (*fut. de l'ind.*) que

c'est là qu'on reçoit véritablement une hospitalité franche du maître et de la maîtresse de la maison.

212ᵉ Exercice.

23° *Pourvoir.*

TEMPS PRIMITIFS.

Pourvoir—Pourvoyant —Pourvu—Je pourvois — Je pourvus.

Abraham allait sacrifier à Dieu son fils Isaac. Avant le départ, le père et le fils (*pres. de l'ind.*) à tout ce qui était nécessaire. (*prés. de l'imp.*) bien à tout ce qu'il faut, mon père, dit l'enfant. Si vous (*imp de l'ind.*) à tout, le sacrifice n'éprouverait aucune lenteur, et il serait plus agréable à Dieu. Mais, mon père, il faudrait que vous (*imp. du subj.*) à la victime; je ne la vois point. « J'y ai (*passé indéf.*) mon fils. » Isaac pensait bien que son père (*prés. du cond.*) à tout; mais il était inquiet de ne point apercevoir la victime dont il fallait qu'ils se (*imp. du subj*) avant le départ, et il ne se doutait pas que Dieu lui-même s'était chargé d'y (*prés. de l'inf.*)

213° Exercice.

24° *Vouloir.*

TEMPS PRIMITIFS.

Vouloir—Voulant—Voulu—Je veux—Je voulus

« Je (*prés. de l'ind.*) la lune, disait en riant un petit garçon volontaire. — Tu (*prés. de l'ind.*) la lune? dit la maman. — Oui, César (*pres. de l'ind.*) la lune, ajouta le papa, en riant. — Monsieur, le roi dit : Nous (*prés. de l'ind.*) et si vous voulez obtenir ce que vous désirez, parlez au pluriel, s'il vous plait. Les enfants qui (*prés. de l'ind.*) que l'on cède à leurs caprices, doivent s'y prendre poliment. Etant jeune comme vous, je (*passe déf.*) un jour, moi, avoir le soleil ; mais je m'y pris plus convenablement, et mon père m'accorda ce que je demandais. Voudriez-vous, lui dis-je, papa, voir si vous pourriez me donner le soleil ? — Oui, mon fils. » Et aussitôt il fit apporter un seau d'eau, au fond duquel se réfléchissait l'astre, et il me dit : « Le voici, prenez-le. » Je me mis à rire avec tout le monde, et depuis ce temps-là, mes sœurs et moi, nous ne (*passé déf.*) plus avoir une sotte fantaisie. (*prés. du cond.*) tu que j'en fisse autant pour toi ? Non, papa, répondit César : je suis corrigé pour longtemps ; je n'oublierai jamais qu'il ne faut pas qu'un enfant (*prés. du subj.*) l'impossible.

214ᵉ Exercice.

25° *Battre.*

TEMPS PRIMITIFS.

Battre — Battant — Battu — je bats — je battis

Autrefois à Rome, on (*imp. de l'ind.*) de verges les esclaves ; maintenant on ne les (*prés. de l'ind.*) plus ; car le christianisme ayant détruit l'esclavage, tous les hommes sont libres, et ne sont plus (*part passé*). Il est inhumain même de (*inf. prés.*) les animaux. Voyez ce charretier, s'il n'était pas en colère, il (*prés. du cond.*)

moins fort ses chevaux ; il les battra tant que durera sa
rage. Je n'aime pas les enfants qui se (*prés. de l'ind.*)
entre eux ; es-tu de mon avis, toi qui (*prés. de l'ind.*)
si facilement ton pauvre chien de chasse? Pour me
plaire, il faudrait que tu ne le (*prés. du subj.*) jamais
J'aime mieux que tu me (*prés. du subj.*) plutôt que ce
pauvre animal; entends-tu (*prés. de l'imp.*) moi, et
épargne Diamant, je t'en prie.

215ᵉ Exercice.

26° *Boire.*

TEMPS PRIMITIFS.

Boire — Buvant — Bu — je bois — je bus

Quel plaisir pour un buveur que de (*prés. de l'inf.*)
Comme il est joyeux quand il (*prés. de l'ind.*). Voyez le
père Mathurin et son ami; quand ils (*prés. de l'ind.*)
rient, ils crient, ils chantent, et s'ils ne (*imp. de l'ind.*)
pas, ils seraient sérieux, tristes même. Ils (*passé déf.*)
dimanche dernier plus de dix bouteilles ! Vous, dans
toute votre vie, vous n'en (*passé déf.*) jamais autant,
je parie : aussi, dès qu'ils (*passé ant.*) ils dansaient, ils
cabriolaient, ils faisaient mille folies ! Et ils recommen-
ceront quand ils (*fut. de l'ind.*) autant. Oh! si je (*imp.
de l'ind.*) comme eux, dans quel état serais-je ? Plaise
à Dieu que je ne (*prés. du subj.*) jamais que de l'eau !
et que le père Mathurin et son ami en fassent autant
que moi.

27° *Braire.*

TEMPS PRIMITIFS.

Braire   ....   Il brait   .....

Qu'entends-je? c'est Martin qui (*prés. de l'ind*) Est-ce moi qu'il appelle ? Ah ! si je savais (*prés. de l'inf.*) je comprendrais son langage. Je l'écouterai bien attentivement quand il (*futur de l'ind.;* afin de savoir ce qu'il dit. Tous les ânes qui (*fut. de l'ind.*) seront de ma part l'objet d'une grande attention.

216° Exercice.

28° *Bruire.*

TEMPS PRIMITIFS.

Bruire — Bruyant   ....

Allons nous promener dans le parc. Quelle charmante allée ! Suivons-la. Oh ! prenez garde de marcher sur ce petit lézard. Il fuit : c'est lui qui (*prés. de l'ind.*) dans les feuilles. Je rentrais hier au soir, et j'avais du plaisir à entendre (*prés. de l'inf.*) les insectes autour de moi. Ils (*imp. de l'ind.*) de toutes parts, comme les feuilles sèches et les branches mortes qui (*imp. de l'ind.*) sous chacun de mes pas. Suivons ce petit ruisseau qui nous ramène à la maison : son eau en (*part. prés.*) à travers l'herbe et les fleurs nous tiendra compagnie.

29° *Clore.*

TEMPS PRIMITIFS.

Clore ..... Clos — je clos ...

Le vent souffle fort; il faut (*inf. pré.*) hermétiquement toutes nos portes; il ne faut pas que le moindre zéphyr nous siffle dans les jambes; moi, je (*fut. de l'ind.*) notre chambre à coucher minutieusement; et toi, tu (*fut. de l'ind.*) ton cabinet de travail : nous serons ainsi chaudement renfermés. Commençons : moi, je (*prés. de l'ind.*) d'abord les fenêtres en les tamponnant avec les bourrelets que m'a donnés mon tapissier; toi, tu (*prés. de l'ind.*) la petite porte du corridor : en un mot (*pres. de l'imp.*) toutes les issues avec soin ; mais cependant n'imitons pas nos voisins M. et madame Denys, qui, dans leur zèle, (*passé ind.*) même les portes de leurs armoires! Ce serait folie. Maintenant que toutes les fentes minces et longues sont fermées, que toutes les portes sont (*part. passé.*) asseyons-nous devant le feu, dans deux bons fauteuils et jouissons des précautions que nous venons de prendre.

212° Exercice.

30° *Conclure.*

TEMPS PRIMITIFS.

Conclure — Concluant — Conclu — je conclus

Je (*prés. de l'ind.*) qu'il faut qu'on s'entr'aide : voici ce qu'a dit notre Lafontaine. Mais bien des moralistes l'ont dit avant lui, d'où nous (*prés. de l'ind.*) qu'il faut que les hommes se secourent mutuellement, puisque depuis longtemps le malheur assaille les hommes ici-bas. Je (*fut. de l'ind.*) d'après cela et nous (*fut. de l'ind.*) tous, comme les philosophes de l'antiquité, et surtout comme les moralistes chrétiens, qu'il nous faut partager les peines de nos frères : (*prés. de l'imp.*) donc qu'il faut nous montrer charitables, bons à l'excès même, et ne point imiter cette foule de gens riches qui ne se complaisent qu'au milieu de leurs trésors sans les répandre sur ceux qui souffrent. Je (*prés. du cond.*) bien volontiers que de tels cœurs ne méritent pas les faveurs de la fortune. Nous nous entretenions de ce sujet ces jours passés avec votre oncle qui est un homme si bienfaisant, et nous (*prés. du sub.*) que si les riches, ou ceux qui possèdent, donnaient en proportion de leur fortune, ils rempliraient les vues de la providence, et il n'y aurait pas de pauvres ici-bas! Nous (*passé déf*) en faveur de la justesse de nos pensées, et nous souhaitâmes de voir tous les hommes comprendre cette vérité.

218ᵉ Exercice.

31° *Confire.*

TEMPS PRIMITIFS.

Confire—Confisant—Confit—je confis—je confis

Monsieur Marquis, je donne un bal dans quelques jours; mettez-vous à l'œuvre et (*prés. de l'imp.*) moi toutes les sucreries qui me sont nécessaires. Il faut surtout que vous me (*prés. du sub.*) vingt douzaines de quartiers d'orangers ; j'y tiens beaucoup; dix livres de marrons glacés, et beaucoup de fruits en général. — Madame, tout sera prêt selon vos désirs. Mais ne serait-il pas bien que je vous (*imp. du sub.*) aussi des quartiers d'ananas, c'est excellent et fort distingué. — Volontiers. Mais il serait aussi fort agréable à mes danseurs et danseuses que vous leur (*imp. du sub.*) des raisins et de l'angélique. — Vos ordres seront exécutés, Madame, pour le grand jour qui se prépare. Mais je me rappelle que l'année passée, nous vous (*passé defini.*) des grappes de groseilles ; eh bien ! je vous en (*fut. de l'ind.*) également, et vous en serez contente, vous me (*prés. du cond.*) bien encore, je crois, du sucre de pomme et de cerises ; c'est rafraîchissant. — Il est vrai, Madame, et je vais commencer votre commande.

219ᵉ Exercice.

32° Coudre.

TEMPS PRIMITIFS.

Coudre—Cousant—Cousu—je couds—je cousis

Savez-vous (*prés. de l'ind.*) Mademoiselle? — Oui, Madame. — Eh bien ! je vous prends à mon service. D'abord pour vous essayer, (*prés. de l'imp.*) moi un poignet à cette chemise. Je vois avec plaisir que vous (*prés. de l'ind.*) vite et régulièrement (*prés du cond.*) vous longtemps ainsi? — Je (*prés. du cond.*) une journée tout entière, s'il le fallait Il y a quinze jours je (*pass. déf*) un jour et une nuit sans m'arrêter. Nous étions quatre femmes de chambre, et nous (*passé déf.*) sans dormir cinq minutes. — Vous (*passé déf.*) toutes avec beaucoup d'ardeur. — Nous avions trois robe de bal à faire, et nous avions promis que nous les (*prés du cond.*) exactement, et nous avons tenu parole. Hier encore, il fallait que je (*imp. du sub.*) en une heure et demie un corsage tout entier à madame d'Hamilton, et j'en suis venu à bout. Ce que vous dites me convient, et en (*part. prés.*) si adroitement, vous me plairez beaucoup.

220ᵉ Exercice.

33° *Dire.*

TEMPS PRIMITIFS.

Dire — Disant — Dit — je dis — je dis

Vous (*prés de l'ind.*) que l'histoire est utile à tout le monde ; mais nous (*pres. de l'ind.*) nous qu'elle est particulièrement avantageuse aux Rois. Nous le (*passe. def*) dans l'ouvrage que nous avons publié, et nous le (*fut de l'ind.*) encore ici. Les historiens (*prés. de l'ind.*) aux Rois les dangers qui les menacent, lorsqu'ils manquent à leurs devoirs, et abusent de leur puissance. Il est fort utile, ô historiens, que vous (*prés. du subj.*) aux rois combien leurs flatteurs leur cachent la vérité ; (2ᵉ *pers. du prés. de l'imp.*) que les princes s'irritent contre les hommes qui les blâment de leurs défauts, tandis qu'il serait impossible qu'ils (*imp. du subj.*) quelque chose contre le récit fidèle de l'histoire. Si j'étais historien, je (*pres. du cond.*) les châtiments réservés aux méchants princes qui ont ausé le malheur de leurs peuples ; nous (*pres. du ind.*) les récompenses qui attendent les bons rois. ne serait pas extraordinaire que nous (*imparf. du subj.*) l'amour des Romains pour Titus et Marc-Aurèle; nous (*pres. du cond.*) aussi leur haine pour Tibère et Néron, qui, en mourant, ont emporté la haine et la malédiction des peuples; c'est en (*part. pres.*) ainsi la vérité que l'histoire est une école de morale.

221e Exercice.

34° *Maudire.*

TEMPS PRIMITIFS.

Maudire — Maudissant — Maudit — Je maudis
Je maudis.

Que pensez-vous de la punition de Cham? Je pense que Noé le (*passe def.*) avec juste raison, et que, si j'eusse été son père, je (*plus que parf. du subj.*) avec la même rigueur. Un père (*fut. de l'ind.*) toujours un fils coupable, et les honnêtes gens le (*fut. de l'ind.*) de même. Quel malheur pour moi, si je (*imparf. de l'ind.*) mon fils! Je ne le (*prés. du cond.*) pas longtemps, car je mourrais bientôt de douleur. (*1er pers. plur. du prés. de l'imp.*) le vice par exemple de toutes nos forces; il serait imprudent que nous ne le (*imp. du subj.*) pas, car il ferait trop de progrès parmi nous.

35° *Exclure.*

TEMPS PRIMITIFS.

Exclure — Excluant — Exclu — J'exclus — J'exclus

J' (*prés. de l'ind.*) Adrien du nombre de mes amis, parce qu'il s'est moqué de moi avec ses camarades.

Mon cousin est aussi fort mécontent de lui, et décidément nous l' (*prés. de l'ind.*) de notre société. Nous avons du malheur depuis quelque temps : l'année dernière nous (*imparf. de l'ind.*) déjà Maximilien, et, cette année, nous (*passé ind.*) Adrien. J'espère que nous n' (*futur de l'ind.*) plus personne ; car en (*participe prés.*) ainsi quelques amis, il ne me restera plus que de simples connaissances. Mon père m'a répété souvent : Mon fils, (*prés de l'imp.*) les méchants de la société ; ils te perdraient, et tu serais (*participe passé.*) de tous les salons : il faut donc que tu les (*prés. du subj.*) impitoyablement d'auprès de toi J'obéis aux conseils de mon père, et je crois que je m'en trouverai bien.

222ᵉ Exercice.

36° *Faire.*

TEMPS PRIMITIFS.

Faire — Faisant — Fait — Je fais — Je fis

Que (*imparf. de l'ind.*) vous au temps chaud, disait la fourmi à la cigale? — Je (*imparf de l'ind.*) peu d'attention à l'avenir, répondit la pauvre cigale, et je commence à (*inf. prés.*) un triste retour sur moi-même. — Vous (*passé déf. de l'ind*) donc, dans de lointaines prairies, des excursions qui vous ont empêchée de songer à garnir vos magasins? — Non, je ne (*passé déf.*) que me promener à l'aventure dans cette campagne que vous voyez ; vous y passâtes souvent, mais vous ne (*passé déf.* jamais attention à moi, vous étiez trop occupée. — Eh bien! s'il n'est pas trop tard, quand (*futur de l'ind.*) vous quelques provisions ? Quand les hommes *futur de l'ind.*) ils choir çà et là quelques grains utiles à votre subsistance ? — Hélas ! il est trop tard maintenant, pour que les laboureurs (*pres. du sub.*) la moisson ; il faut attendre à l'année prochaine. — Eh bien ! Venez chez mes sœurs ; en vous voyant, il est possible qu'elles (*prés. du sub.*) pour vous quelques petits lots de morceaux d'insectes, d'ailes de mouches, qui vous (*pres. du sub.*) subsister jusqu'à la saison nouvelle Et alors devenue plus prévoyante, vous aurez moins d'inquiétude sur votre avenir.

223ᵉ Exercice.

37° *Lire.*

TEMPS PRIMITIFS.

Lire — Lisant — Lu — Je lis — Je lus

Que vais-je (*infin. prés.*) Sophie ? (*fut. de l'ind.*) je Boileau ou Racine? Que (*pres. du cond*) tu à ma place ? — Ma chère, puisque tu me consultes, (*2ᵉ pers. du pres. de l'impér.*) l'un et l'autre Tu (*fut. de l'ind*) dans le premier des satires qui t'amuseront et des épîtres qui t'intéresseront ; dans le second, tu trouveras une poésie tendre, harmonieuse, et qui te fera passer d'agréables instants. — Il faut donc que je les (*prés. du sub*) tous les deux. — Tu les (*passé indéf.*) je crois, avec ton frère ? — Oui, et j'en ai bien profité. Avant que je les (*parf. du sub.*) je ne me doutais pas du plaisir que j'éprouverais. — Mais avant que vous les (*imparf. du sub*), n'avez-vous pas un peu hésité devant la longueur de ces deux ouvrages ? — Non, parce que, quand on (*pres. de l'ind.*) de bons auteurs, on trouve toujours que la nuit arrive trop vite. — Bon! Je vais me mettre à les (*inf. prés.*)

224ᵉ Exercice.

38° *Luire.*

TEMPS PRIMITIFS.

Luire — Luisant — Lui — Je luis — Je luisis

Le soleil (*pres. de l'ind.*) pendant le jour, il est impossible qu'il (*pres. du sub.*) pendant la nuit, puisque la nuit, c'est l'absence du jour. Il (*prés. du cond*) d'un éclat sans pareil, si de légers nuages ne venaient voiler de temps en temps son éclat. Les générations passent, mais le soleil (*prés. de l'ind.*) toujours sur le monde et (*futur de l'ind.*) ainsi jusqu'à la fin des siècles. S'il (*imp. de l'ind.*) sur tout le monde à la fois, il n'y aurait plus de nuit, ni de ténèbres; mais pour qu'il (*imp. du sub.*) sur tout le monde en même temps, il faudrait que la terre fût plate, et non pas ronde. (*2° pers. du pres. de l'imp.*), soleil, aussi longtemps que le créateur du monde vous le permettra; et plût au ciel que vous ne (*imp. du sub.*) que pour éclairer notre terre devenue à jamais heureuse et tranquille.

225ᵉ Exercice.

39° *Moudre.*

TEMPS PRIMITIFS.

Moudre — Moulant — Moulu — Je mouds —
Je moulus.

Meunier, voulez-vous (*inf. pres.*) mon blé? Voici

cinquante sacs, et je suis pressé. — Vous serez servi en peu de temps ; mon moulin les (*fut. de l'ind.*) en trois heures ; il les (*prés. du cond*) même plus vite, si nous voulions augmenter la force de la vapeur ; mais si cela n'est pas nécessaire, (1re *pers. du fut.*) votre blé tout à notre aise : le temps le permet, il faut que nous le (*prés. du subj.*) en trois heures : comptez-y. Les trois heures sonnent, le voilà (*part. passé*). —Fort bien. Je reviendrai encore demain, et il faudrait que vous le (*imp. du subj.*) avec la même promptitude. — Soyez tranquille : nous le (*fut. de l'ind.*) selon votre désir.

40° *Naître.*

TEMPS PRIMITIFS.

Naître — Naissant — Né — Je nais — Je naquis.

Voici quelques pensées que nous suggère le verbe naître : nous allons nous efforcer de les comprendre. Voltaire nous dit que :

L'instant où nous (*prés. de l'ind.*) est un pas vers la mort.

Cette pensée est bien sérieuse, et en voici une qui ne l'est pas moins ; elle appartient au même poete : Tout (*pres. de l'ind.*). pour être dévoré. Cette pensée est concise et énergique. Choisissons-en une moins sérieuse ; celle-ci de Lamartine est bien douce au cœur : Heureux celui que Dieu a fait (*pres. de l'inf.*) d'une bonne et sainte famille ! C'est la première des bénédictions de la destinée. — Il est donc vrai qu'il faut que nous (*pres. du subj.*) pour mourir ensuite : il n'y a que Dieu qui soit immortel.

Enfants vous (*fut. de l'ind.*) dans ce monde pour y être la joie et l'ornement de vos familles; votre naissance est accueillie avec bonheur. (*2e pers. du prés. de l'imp.*) donc pour la vertu, et non pour le vice. S'il faut que vous (*prés. du subj.*) pour le déshonneur de vos familles, ah ! plutôt la mort dans vos jeunes années ! Qu'elle vous enlève avant que vous ayez commis le mal ! Il faudrait que nous (*imp. du subj.*) et que nous vécussions constamment vertueux.

226e Exercice.

41° Nuire.

TEMPS PRIMITIFS.

Nuire — Nuisant — Nui — Je nuis — Je nuisis.

Retenons ce proverbe : « Trop gratter cuit, trop parler (*prés. de l'ind.*) » La première action nous (*fut. de l'ind.*) à nous seuls, c'est désagréable; mais la seconde (*fut. de l'ind.*) non-seulement à nous-mêmes, mais encore aux autres, et c'est tout ce qu'il y a de plus fatal ici bas. (*Inf. prés.*) au prochain, c'est se déclarer son ennemi, c'est lui faire la guerre, c'est le tuer Ne (*1re pers. du prés. de l'imp.*) à personne; au contraire, ne faisons que ce qui peut être agréable aux autres : c'est ainsi que nous serons aimés. Si nous (*imp. de l'ind*) à nos semblables, ce serait nous conduire comme les frères ennemis de la tragédie de Racine. Ces deux pauvres frères se sont (*part. passé*) jusqu'à ce qu'ils se soient donné mutuellement la mort. Pour qu'ils ne se (*imp. du subj*) pas à ce point, il aurait fallu qu'ils eussent connu et pratiqué ce doux conseil du bon saint Jean : Mes amis, aimez-vous les uns les autres,

227ᵉ Exercice,

42° *Paître*,

TEMPS PRIMITIFS,

Paître — Paissant — ....., — Je pais — .....,

La Fontaine, dans une de ses fables, nous montre une bique qui allait (*inf. prés.*) l'herbe nouvelle. Quel plaisir, se disait-elle, j'éprouverai, en *(part. pres.)* l'herbe tendre de la prairie ! Quelle fraîcheur, quelle saveur pour mon palais ! O mes sœurs, nous (*pres. de l'ind.*) tous les jours ensemble dans les prés de notre maître, mais aujourd'hui je vais goûter une herbe délicate et savoureuse dans les prés fleuris du voisin ; vous (*pres. de l'ind.*) avec moins de plaisir que moi; vos biquets (*prés. de l'ind*) dans les mêmes campagnes que vous, et vous ne trouvez rien de plus succulent qu'à l'ordinaire, tandis que moi, je (*fut. de l'ind.*) dans des vignes nouvelles. Telles étaient ses pensées, lorsqu'elle arriva au milieu d'un troupeau de moutons qui (*imp. de l'ind.*) dans le même endroit. Tu ne (*fut. de l'ind.*) pas ici, lui dirent les chiens du troupeau; tu y (*prés. du cond.*) librement, si tu appartenais à notre maître; mais tu n'es qu'une étrangère; va-t'en (*inf. prés.*) ailleurs.

228ᵉ Exercice.

43° *Rire.*

TEMPS PRIMITIFS.

Rire — Riant — Ri — Je ris — Je ris.

Héraclite : Pourquoi donc, mon ami, *(prés. de l'ind.)* vous ainsi depuis le matin jusqu'au soir? Cela vous fera mal.

Démocrite : Je *(prés. de l'ind.)*, parce que je vois les hommes commettre toutes sortes de folies.

H. — Mais enfin les hommes dont vous *(prés. de l'ind.)* c'est la société avec qui vous vivez, ce sont vos amis, c'est votre famille.

D. — Je ne me soucie guère de tous les fous que je vois, et je *(fut. de l'ind.)*, tant que j'en verrai.

H. — Mais vous êtes une sorte de fou vous-même, et je pleure en vous voyant raisonner ainsi.

D. — Pleurez, si vous avez des larmes de reste, moi, je suis content de *(inf. prés)* des fous.

H. — Je conviens bien que les hommes ne suivent pas toujours la raison; mais il faut avoir pitié de ses frères. Si vous entriez dans un hôpital de blessés, *(prés. du cond.)* vous de voir leurs blessures ? Vous auriez honte de votre cruauté, si vous *(plus-que-parf. de l'ind.)* d'un malheureux qui a la jambe coupée; et vous croyez qu'il est nécessaire que vous *(prés. du subj.)* du monde entier qui a perdu la raison.

D. — Voyons; accommodons-nous. Il y a de quoi nous justifier tous deux : il y a partout de quoi *(inf. prés.)* et pleurer. Le monde est ridicule, et j'en *(prés.*

de l'ind.); il est déplorable, et vous en pleurez; chacun le regarde à sa manière. Ce qui est certain, c'est qu'il est de travers, et qu'il nous offre à chacun beaucoup de choses à reprendre.

228ᵉ Exercice.

44° *Absoudre*.

TEMPS PRIMITIFS.

Absoudre — Absolvant — Absous, oute. —
J'absous — .....

Je t' (*prés. de l'ind.*), cher ami, de la froideur que tu m'as témoignée, en ne venant pas me voir depuis deux mois; mais surtout ne recommence pas; car une autre fois, je ne t' (*pres. du cond.*) pas aussi facilement. Je sais que toi, tu (*pres. de l'ind.*) aisément les autres, parce que tu te sens coupable; mais tu ne les (*pres. du cond.*) pas ainsi, si tu n'avais rien à te reprocher : on l'a entendu dire souvent : (1ʳᵉ *pers. du pres. de l'imp.*) nous mutuellement les uns les autres; car nous sommes tous coupables de la même faute. Tu es trop facile en vérité. Il faut être plus sérieux que toi avec ses parents; je connais un neveu qui négligeait son oncle; eh bien, il n'a pas été (*part. passé*) de cette négligence, et son oncle l'a abandonné; puis une jeune dame de mes amies, qui n'a pas été (*part. passé*) par sa tante, qu'elle n'était pas venue voir pendant une saison tout entière, aussi sa tante l'a-t-elle déshéritée! Pour moi, je ne t' (*fut. de l'ind.*) volontiers, que quand je te verrai repentant de ta conduite. Médite donc sé-

rieusement sur cette belle pensée de Pascal : « Dieu
(*prés. de l'ind.*), aussitôt qu'il voit la pénitence dans
le cœur ; l'Église, quand elle la voit dans les œuvres. »

230ᵉ Exercice.

45° *Résoudre.*

TEMPS PRIMITIFS.

Résoudre — Résolvant — Résous, olu —
Je résous — Je résolus.

Je suis si tourmentée par cette lettre que je ne sais
que (*prés. de l'inf.*) Sortirai-je ? ou resterai-je ? Ma
foi, je me décide pour ce dernier parti, et je (*prés. de
l'ind.*) que je resterai chez moi. J'y attendrai mes
fournisseurs qui (*passé ind.*) de leur côté de venir me
présenter les linons et les dentelles que je leur ai de-
mandés. J'avais cependant (*part. passé*) de ne faire
aucune dépense pour ce mariage. Mais en voyant les
toilettes que mes connaissances (*passé déf.*) hier
d'avoir, je me repentirais de n' (*inf. passé*) pas d'en
faire autant. Je me (*prés. de l'ind.*) donc à avoir un
chapeau à la mode et un cachemire de l'Inde. Que
(*prés. du cond.*)-je de plus sensé ? Et toi, Amélie, que
(*prés de l'ind.*) tu de ton côté ? Et la mère, que (*prés.
de l'ind.*) elle ? — Nous (*passé déf.*) de rester comme
nous sommes, et je crois que nous fîmes sagement.
— Eh bien ! puisqu'il en est ainsi, je ferme ma porte
aux fournisseurs, et, chères amies, je suivrai votre
exemple.

231e Exercice.

46° *Suffire.*

TEMPS PRIMITIFS.

Suffire — Suffisant – Suffi — Je suffis — Je suffis

Le verbe suffire a inspiré à quelques-uns de nos écrivains de si belles pensées que nous nous plaisons à en rapporter quelques-unes ici. La Bruyère nous fournit celle ci : « La vertu se *(prés. de l'ind.)* à elle-même. » — Boiste nous donne cette autre : « Tel croit pouvoir se *(inf. pres.)* a lui-même, à qui rien ne *(prés. de l'ind...)* — Bernardin de Saint-Pierre nous dit : « Il faut tenir de la nature divine pour se *(inf. prés.)* à soi-même. » — Bossuet pour signaler le détachement des biens d'ici-bas, s'écrie : « Quand est-ce que Dieu me *(fut de l'ind.)* — A. Guiraud, un de nos poètes élégiaques fait dire à son petit savoyard :

Donnez, peu me *(prés. de l'ind.)*, je ne suis qu'un enfant;
Un petit sou me rend la vie !

— Massillon dit au sujet des puissants de la terre : Aux grands, rien ne *(prés. de l'ind.)* parce qu'ils peuvent prétendre à tout. » — « N'est-il pas honteux qu'un peuple ne se *(prés. du sub.)* pas à lui-même ? (Féne-lon.)

232e Exercice.

47° *Suivre.*

TEMPS PRIMITIFS.

Suivre — Suivant — Suivi — Je suis — Je suivis.

Dans sa jeunesse, Hercule *(part. prés.)* une route, ar-

riva à un endroit où il aperçut deux chemins. L'un était
celui du travail et l'autre, celui du plaisir. Lequel
(*futur de l'ind.*) je? Si je (*imp. de l'ind.*) le premier,
se dit-il, je me livrerais à de nobles exercices qui me
conduiraient peut-être à la célébrité. Mais il est plein
de ronces et d'épines. Après quelques moments d'hé-
sitation : (1re *pers. du prés. de l'imp.*) plutôt le second ;
il me semble plus agréable ; il est orné d'ombrages
et de fleurs. Si je le (*imparf. de l'ind.*)! Non, s'écria-t-il
bientôt, je ne le (*fut. de l'ind.*) pas ; car il me condui-
rait à la mollesse, et par suite au vice qui me perdrait.
Il faut, au contraire, que je (*prés. du sub.*) le premier ;
c'est le chemin du travail et par conséquent de la
vertu. Il n'y a plus à hésiter : (1re *pers. du plur. du
prés. de l'imp.*) le courageusement. Il (*passé défini*)
ce dernier parti et s'acquit un nom immortel par ses
travaux.

233e Exercice.

48° *Traire.*

TEMPS PRIMITIFS.

Traire — Trayant — Trait — Je trais — .....

A la campagne, je (*prés. de l'ind.*) les vaches moi-
même ; c'est un plaisir que je me donne. — Nous les
(*prés. de l'ind.*) aussi, nous ; mais quelquefois seulement, tandis que vous les (*prés. de l'ind.*) tous les
jours — Il est vrai, si tu les (*imp. de l'ind.*) plus
souvent, je t'assure que tu y prendrais goût. — Eh
bien, j'essayerai, je les (*fut. de l'ind.*) régulièrement
chaque matin, et nous verrons. Si vous les (*imp. de*

l'ind.) comme on le fait en Hollande, peut-être auriez-vous de meilleure crême. — (1re *pers. du prés. de l'imp.*) les donc comme en Hollande, pour voir si nous réussirons à avoir ce que nous désirons. — Eh bien ! Voulez-vous en faire l'épreuve ; venez avec moi, que je les (*prés. du sub.*) comme nous le disons, et j'espère vous satisfaire.—Allons, je vous accompagne, et j'espère que quand je vous les aurai vu (*inf. prés.*) je serai satisfait de mon épreuve.

234e Exercice.

49° *Vaincre.*

TEMPS PRIMITIFS.

Vaincre — Vainquant — Vaincu — Je vaincs — Je vainquis.

Notre bon La Fontaine nous présente dans une de ses fables un terrible combat dans lequel un moucheron (*prés. de l'ind.*) un lion avec avantage. Comment un moucheron peut-il (*inf. prés.*) un lion, dira-t-on ? Le fait est vrai, et le lion fut (*part. passe*) par un bien faible ennemi. Celui-ci se jette avec fureur sur le bout du nez du roi des animaux, en lui disant : Je te (*futur de l'ind.*) malgré ta force ; le lion ne voulant pas que son adversaire le (*prés. du sub.*) entre en fureur, écume de rage ; le moucheron augmente d'audace, et pénètre dans les naseaux du farouche animal. Je te (*futur de l'ind.*) cria-t-il, quand même tu serais deux fois plus fort. Le lion a beau se battre les flancs avec sa queue, il tombe épuisé sur la terre. Il fallait que je te (*imp. du sub.*) s'écrie alors le moucheron victorieux. Il avait raison, il (*passé défini,* triomphalement le roi des animaux.

235ᵉ Exercice.

50° *Vivre.*

TEMPS PRIMITIFS.

Vivre — Vivant — Vécu — Je vis — Je vécus.

1. Tu (*prés. de l ind.*) songe du moins à lui rester fidèle.
VOLTAIRE.

2.   Mécénas fut un galant homme :
Il a dit quelque part : qu'on me rende impotent,
. . . . goutteux, manchot, pourvu qu'en somme
Je (*présent du sub.*). C'est assez. Je suis plus que content.
LA FONTAINE.

3. Je (*prés. de l'ind*) au jour la journée assez sèchement, et avec diverses sujétions extérieures qui m'importunent. (Fénelon.)

4. Qui (*prés. de l'ind.*) content de rien possède toutes choses.
BOILEAU.

5. Rarement l'on rencontre ceux avec qui l'on (*prés. du cond.*) si bien. (Sénancourt.)

6. Quelle voix salutaire ordonne que je (*prés. du subj.*)
Et rappelle en mon sein mon âme fugitive ?
J. RACINE.

7. La plupart des hommes (*prés. de l'ind*) comme des fous. (Voltaire.)

8. Nous avons percé la nue du cri de (3ᵉ *pers. du prés. du sub.*) le roi ! (Mᵐᵉ de Sévigné.)

9. Le sage dit : selon les gens :
(3ᵉ *pers. du prés. du subj.*) le roi ! (3ᵉ *pers. du prés. du subj.*)
   [la ligue !

LA FONTAINE.

Il faudrait, disaient–ils, sans nous qu'il (3ᵉ *pers. de l imp. du*
   [*subj.,* d'air.

Idem.

236ᵉ Exercice. — Récapitulation

Sur les verbes irréguliers et defectueux.

NOTA. — Copier ou écrire sous la dictée, et terminer le
devoir en conjuguant en entier le temps auquel appartiennent les verbes irréguliers et défectueux de l'exercice.

LE RUISSEAU.

Un villageois **asseoir** (*plus-que-parfait de l'ind.*)
un jour au bord d'un ruisseau qui **bruire** (*imp de
l'ind.*) dans la prairie ; et il regardait ses troupeaux
qui **paître** (*imp. de l'ind.*) à quelque distance. Mais
cette vue ne réjouissait pas son âme ; car il **voir** (*imp.
de l'ind.*) que l'herbe était clair-semée, et ne **suffire**
(*pres. du cond.*) pas pour nourrir son bétail la moitié
de l'été.

Son voisin (*venir, passé déf.*) vers lui, et remarquant
son air soucieux, il **vouloir** (*passé déf.*) connaître la
cause de son chagrin.

Alors le villageois se **mettre** (*passé def.*) à parler
de ses craintes, et du chétif produit de son pré.

Le voisin lui **dire** (*passé déf.*) : **faire** (2ᵉ *pers du
sing. du pré. de l'Imp.*) comme j'ai fait moi-même
avec ma prairie. Elle se trouve au bord du même

ruisseau, et autrefois elle était avare et stérile comme la tienne. Je **résoudre** (*passé def.*) d'y conduire le ruisseau, et l'herbe est devenue épaisse et grasse, et elle monte jusqu'au ventre des taureaux.

Le villageois charmé **suivre** (*passé def.*) le bon conseil, se mit aussitôt à l'ouvrage avec ses gens, et ils coupèrent le ruisseau.

Le cours d'eau se déchargeant sur la prairie, l'inonda tellement qu'elle ressemblait à un lac, et il **pouvoir** (*passé déf.*) la couvrir de sable et de gravier. Alors le malheureux villageois **courir** (*passé déf.*) désespéré chez son voisin, le **maudire** (*part. prés.*) et lui reprocha le conseil qu'il lui avait donné.

Mais celui-ci lui **dire** (*passe déf.*) : mon ami, pourquoi me **maudire** (*prés. de l'ind.*) tu ? Pourquoi me reproches tu un conseil que je t'ai donné avec un cœur droit et bienveillant ? C'est contre toi, contre ton propre cœur et son impatience que tu **devoir** (*prés. du cond.*) te fâcher. Il **falloir** (*imp. de l'ind.*) conduire les eaux grasses du ruisseau par de petits canaux à travers ta prairie : si tu l'inondes subitement par la violence des eaux, le ruisseau dépose le gravier et le sable, et entraîne avec lui et son limon, et la bonne terre du pré.

Il en est de même des eaux vives de la vérité et de l'homme.

VI. — OBSERVATIONS SUR QUELQUES VERBES DE LA 1ʳᵉ ET DE LA 2ᵉ CONJUGAISON

Verbes en *cer*, *ger*, *yer*.

237ᵉ Exercice.

1° CER.

RÈGLE. — Dans les verbes terminés en *cer*, on met une cédille sous le *ç* quand il est suivi d'un *a* ou d'un *o*.

Nota. — Copier ou écrire sous la dictée, et donner aux verbes l'orthographe qu'ils demandent. — Terminer le devoir en conjuguant en entier quelques-uns des temps des verbes en *cer* de l'exercice, surtout ceux où l'on doit employer la cédille.

1. **Plaçons** toute notre confiance en Dieu.

2. **Efforçons**-nous de mériter l'estime publique.

3. Les anciens **lançaient** des flèches et des javelots à la guerre.

4. Le pêcheur **amorce** le poisson.

5. La victoire **balança** quelque temps, et se pro**nonça** ensuite en notre faveur.

6. Tu **renonceras** à Satan, à ses pompes et à ses œuvres.

7. Nous **bercâmes** notre petite sœur.

8. **Prononc z** toujours le saint nom de Dieu avec respect.

9. Je suis tombé en me **balancant**.

10. Nous **la ons** nos bottines pour sortir, et nous les **délacerons** quand nous rentrerons.

238ᵉ Exercice.

2° GER.

Règle. — Dans les verbes terminés en *ger*, on met un *e* après le *g*, quand la terminaison commence par *a* ou par *o*.

Nota. — Copier ou écrire sous la dictée, et donner aux verbes l'orthographe qu'ils demandent. — Terminer le devoir en conj guant en entier quelques-uns des temps des verbes en *ger* de l'exercice.

1. **Ménag-ons** notre argent pour **protég-er** ceux qui souffrent.

2. **Protég-ons** la veuve et l'orphelin.

3. Nous **abrég-âmes** notre route.

4. Ne **jug-ons** pas d'après les apparences

5. Nous **vendang ons** la semaine prochaine.

6. Le czar Pierre **log-a** au Louvre.

7. Les souris **rong-ent** le linge.

8. On se fait aimer en **oblig ant** ses amis.

9. Un loup avala un os en **mang-ant** gloutonnement.

10. Nous **voyag-rons** l'année prochaine en Italie.

11. **Soulag-ons** notre conscience par l'aveu de nos fautes.

239ᵉ Exercice.

$$3^{\circ} \text{ YER.} \begin{cases} ayer. \\ oyer. \\ uyer. \\ eyer \end{cases}$$

Règle. — Dans les verbes en *yer*, on met un *y* et un *i* à la 1ʳᵉ et à la 2ᵉ personne plurielles de l'imparfait de l'indicatif et du présent du subjonctif. — Dans ces verbes en *yer*, on change l'y en *i* avant un *e* muet. — Dans les verbes en *ayer*, l'y se conserve ou se change en *i*. — Dans le seul verbe *grasseyer*, l'y se conserve dans toute la conjugaison.

Nota — Copier ou écrire sous la dictée, et donner aux verbes l'orthographe indiquée.

1. Je **payer** (*pres. de l ind.*) mon fermage.

2. **Employer** (*prés. de l'imp.*) bien votre temps.

3. On s'**apitoyer** (*fut. de l'ind*) sur le sort des enfants perdus.

4. Le tonnerre **effrayer** (*pres. de l'ind.*) les enfants.

5. Les camarades de collége se **tutoyer** (*pres. de l'ind.*)

6. Le chant des oiseaux **égayer** (*fut. dè l'ind.*) le bocage.

7. Cette dame **grasseyer** (*prés. de l'ind.*) beaucoup.

8. Je **rayer** (*pres. de l'ind.*) mon cahier.

9. Les chiens **aboyer** (*pres. de l'ind.*) fort, parce que vous les **effrayer** (*prés. de l'ind.*).

10. Ceux qui **employer** (*prés. de l'ind*) mal leur temps sont les premiers à se plaindre de sa brièveté.

LA BRUYERE.

11. Un homme habile sent s'il convient ou s'il **ennuyer** (*prés. de l'ind.*).

12. Il ne faut pas que tu **rudoyer** (*pré. du subj.*) ton cheval, car il pourrait bien se venger de toi.

13. Vous vous **ennuyer** (*pres. de l'ind.*) moins à la ville qu'à la campagne.

14. Mon jardinier **déblayer** (*fut. de l'ind.*) les allées du jardin, et vous pourrez vous promener à votre aise.

240ᵉ Exercice.

Verbes en *eler*.

RÈGLE. — Dans les verbes en *eler*, on double la consonne *l*, quand elle est suivie d'un *e* muet.

NOTA — Copier et donner aux verbes l'orthographe qu'ils demandent. — Terminer le devoir en conjuguant en entier quelques-uns des temps des verbes en *eler* à l'infinitif.

1. Je m'**appel-e** Léon.

2. On se **rappel-e** toujours avec plaisir ses premières années.

3. Les huîtres s'**amoncel-ent** par milliers sur le rocher de Cancale.

4. Mon cocher **attel-era** pour six heures.

5. Les faneurs **bottel-aient** le foin dans la prairie.

6. Nous **chancel-ons** quelquefois dans le chemin de la vertu.

7. Les terrassiers **nivel-eront** l'avenue.

8. Cet opéra **étincel-e** de mille beautés.

9. **Renouvel-ons** notre première communion.

10. Votre visage **ruissel** e de sueur.

11. Je vais vous **désensorcel-er**.

241ᵉ Exercice.

Verbes en *eter*.

RÈGLE. — Dans les verbes en *eter*, on double la consonne *t*, quand elle est suivie d'un *e* muet.

NOTA. — Copier et donner aux verbes l'orthographe qu'ils demandent. — Terminer le devoir en conjuguant en entier le temps anquel les verbes de l'exercice appartiennent.

1. L'écolier **feuillet-e** souvent son dictionnaire.

2. Nous **étiquet-ons** nos pots de confitures.

3. Il ne faut pas **jet-er** le manche après la cognée.

4. L'homme **projet-e** toute sa vie.

5. Ne **rejet-e** jamais les bons conseils.

6. Tu as **cachet-é** ta lettre trop tôt; **décachet-e-la**, tu la **recachet-eras** ensuite.

7. Cette dame s'est trop **décollet-ée**.

8. Je désire que vous **épousset-iez** mes fauteuils, tandis que Jean **épousset-e** les livres de ma bibliothèque.

242ᵉ Exercice.

Verbes en *eler*.

RÈGLE. — Dans les verbes en *eler*, on change l'*é* fermé en *è* ouvert. lorsque *l* se trouve avant un *e* muet.

Nota. — Copier et donner aux verbes l'orthographe qu'ils demandent — Terminer le devoir en conjuguant en entier quelques-uns des temps auxquels les verbes de l'exercice appartiennent.

> 1. Mes frères, leur dit il, ne me **décelez** pas ;
> Je vous enseignerai les pâtis les plus gras.
>
> LA FONTAINE.

2. L'honnête homme est un vase qui ne doit rien **recel r** d impur.

3. La loi punit avec sévérité ceux qui volent et ceux qui **recelent.**

4. Un cœur droit et loyal **révele** toujours la vérité.

5. Les mauvais traitements que l'on exerce envers les animaux, **décelent** un mauvais cœur.

6. Ne **révele** pas le secret qui t'est confié.

243ᵉ Exercice.

Verbes en *éter.*

Règle — Dans les verbes en *éter*, on change l'*é* fermé en *è* ouvert, lorsque le *t* se trouve avant un *e* muet.

Nota — Copier et donner aux verbes l'orthographe qui leur convient — Terminer le devoir en conjuguant en entier quelques-uns des temps auxquels les verbes de l'exercice appartiennent.

1. Les perroquets **répetent** les mots qu'on leur enseigne.

2. Le bon saint Jean **répetait** souvent ces belles paroles : « Mes amis, aimez-vous les uns les autres. »

3. Combien de fois les maîtres **répetent**-ils et **répe-
teront-ils** la même chose aux élèves?

4. Mon voisin **empiete** toujours sur mon champ

5. Il me manque cent francs pour **compléter** la
somme que je vous dois.

6. L'homme de bien **complete** chaque jour sa vie,
en répandant quelque bienfait.

7. Une leçon mal **répétée** mérite un pensum.

244ᵉ Exercice.

Verbes en *eler* et *eter*, qui ne doublent pas *l* ou *t*.

Règle. — Les verbes qui suivent font exception
à la règle. Au lieu de doubler la consonne, on
met un accent grave sur l'*e* muet, lorsque la syllabe qui suit est muette, c'est-à-dire, contient un
e muet.

Suivent cette règle, les six verbes *acheter*, *bec-
queter*, *bourreler*, *geler*, *harceler*, *peler*.

Nota. — Copier et orthographier les verbes de l'exercice
comme il convient.

1. Il neige et il **gele**.
2. En l'an 1709, il **gela** à pierre fendre.
3. Je **pele** toujours mes fruits avant de les manger.
4. Catherine, **pelez** ces poires pour faire de la com-
pote.
5. La cavalerie **harcele** l'ennemi dans sa fuite.
6. Les affaires nous **harcelent** sans cesse.
7. Le remords **bourrele** constamment la conscience
du criminel.

8. J'acheterai un cachemire.

9. *Souvent nous* **achetons** cher le plaisir.

18. Les oiseaux **becquetent** nos fruits les meilleurs.

11. Si tu **achetes** le superflu, tu vendras bientôt le nécessaire.

245ᵉ Exercice. — Récapitulation

Sur les verbes terminés en *eler*, *eler*, *eter*, *eter*.

Nota. — Copier ou écrire sous la dictée, et orthographier, comme il convient, les verbes de l'exercice.

UN BAL D'ENFANTS.

Il est enfin arrivé ce jour si impatiemment attendu, ce jour qui **rappeler** (3ᵉ *pers. du pres. de l'ind.*) au plaisir tant de jeunes cœurs! Après le jour de l'an, le Mardi-gras n'est-il pas pour les enfants l'époque qui **ramener** (3ᵉ *pers. du prés. de l'ind.*) sa plus grande fête, la plus grande émotion.

Dès le matin, l'un des plus beaux salons de la Chaussée-d'Antin avait été préparé pour recevoir ses joyeux invités, et le commencement de la soirée parut bien long à la petite bergère qui **projeter** (3ᵉ *pers. de l'imp. de l'ind.*) de remplir les devoirs de maîtresse de maison. Elle allait sans cesse de la fenêtre à la pendule, **espérer** (*part. prés.*) à chaque minute entendre arriver ses jeunes amis. La pendule sonnait à peine huit heures qu'une fourmilière de petites têtes blondes et brunes se précipite dans le magnifique salon où allait **régner** (*inf. prés.*) la plus bruyante gaieté.

Dans leurs gracieux co-tumes, tous les pays et toutes les classes de la société se trouvent **rappeler** (*part. passé au masc. plur.*) Le bon vieux temps lui-même semble être **ramener** (*part. passé au masc. sing.*) avec ses modes coquettes qui donnent tant de grâce à celle qui les portent.

Rien n'a été négligé pour rendre ce bal piquant et enchanteur. D'une extrémité de la salle, le chevalier Bayard **appeler** (*3ᵉ pers. du prés. de l'ind.*) le brave Dunois ; non point, comme on pourrait le croire, pour causer bataille, mais bien pour **pénétrer** auprès d'un plateau, chargé de friandises, et lui donner l'assaut.

Pendant que les deux braves **déblayer** (*3ᵉ pers. du pres. de l'ind.*) la place des gâteaux qui s'y **amonceler** (*imp. de l'ind.*) et que par suite ils s'**essuyer** (*imp. de l'ind.*) leurs fausses moustaches, tous les regards étaient attirés par deux jolis enfants qui s'**avancer** (*imp. de l'ind.*) en **jeter** (*part. prés.*) autour d'eux des regards amis. C'est Marie Stuart et son jeune époux François II. Voyez comme ils se **promener** (*pres. de l'ind.*) majestueusement ! Mais ce couple si gentil se **partager** (*part. pres.*) bientôt, la reine **renoncer** (*prés. de l'ind.*) à sa dignité et se **jeter** (*prés. de l'ind.*) au cou d'un polichinelle, et le roi, **changer** (*part. prés.*) aussi de manières, va embrasser une fraîche normande qu'il **tutoyer** (*prés. de l'ind.*) et dont la gentillesse l'avait attiré : le monarque nous montre ainsi une fois de plus que le costume **niveler** (*pres. de l'ind.*) tous les rangs.

Tout à coup des sons mélodieux **annoncer** (*prés. de l'ind.*) que la danse va **commencer**. L'orchestre retenlil et **enlever** *(3e pers. du prés. de l'ind.)* tout ce petit monde enfantin. Marquis, pierrots, polichinelles et rois, bergères et reines, vivandières et paysannes se confondent dans un galop infernal. Bientôt la joie enfantine **régner** *(prés. de l'ind.)* sans partage et le bruit de leurs mille petites voix rivalise avec les sons éclatants de l'orchestre.

Le galop fini, chacun s'**efforcer** *(prés. de l'ind.)* de réparer sa toilette compromise. Ici, une petite bergère **relever** *(prés. de l'ind.)* ses guirlandes de roses qu'un certain petit mousquetaire mutin lui a arrachées ; là, un jeune marquis **procéder** *(prés. de l'ind.)* à la restauration de ses dentelles déchirées, lorsque les domestiques entrent de nouveau, portant des rafraîchissements variés. Il faudrait **peindre** ici quels cris de joie, quels bravos retentissent alors dans ce petit monde de lutins. Aucune réunion enfantine ne **rappeler** *fut de l'ind.)* fidèlement le tableau animé de cette soirée enchantée. La musique recommence, et cette fois la contredanse est en faveur. Les petits pieds se croisent, s'**entrelacent**, danseurs et danseuses se prennent, se quittent, se reprennent ; tous ces visages **étinceler** *(prés. de l'ind.)* de plaisir.

Mais hélas ! avec quelle rapidité le temps s'écoule au milieu de ces amusements ! Le plaisir s'**acheter** *(prés. de l'ind.)* cher quelquefois et dure toujours trop peu. L'heure fatale de la séparation se fait entendre, et chaque petite bouche **répéter** *(prés. de l'ind.)* un hélas. On obéit à l'autorité maternelle. Les danses cessent ; le bruit s'apaise ; ces Louis XIV d'un jour, ces grands maréchaux, ces marquises et ces princesses vont rejoindre leurs mères.

On **déployer** (*prés. de l'ind.*) du courage ; chaque enfant regagne son logis, où l'attend un moelleux petit oreiller, et, la tête encore toute pleine de galops et de quadrilles, va s'endormir sous le dernier baiser de sa mère.

246ᵉ Exercice.

1° *S'en aller.*   3° *Bénir.*
2° *Haïr.*   4° *Fleurir.*

Règle. — 1° *S'en aller* se conjugue aux temps simples comme le verbe *aller*. Aux temps composés, l'auxiliaire se place entre le mot *en* et le participe.

2° *Haïr* prend un tréma sur l'*i* à tous les temps, excepté aux trois personnes du présent de l'indicatif et à la 2ᵉ personne du singulier du présent de l'impératif.

3° *Bénir* a deux participes passés : *bénit*, signifiant consacré par une cérémonie religieuse ; et *béni*, signifiant loué, glorifié.

4° *Fleurir* fait fleurissant quand il signifie : *être en fleur*; quand on parle de la prospérité d'un empire des sciences, d'un grand homme, il fait *florissant* au participe présent, et *florissait* à l'imparfait de l'indicatif.

Nota. — Copier ou écrire sous la dictée, et orthographier, comme il convient, les verbes de l'exercice.

1. Un tout petit enfant **s'en aller** (*imp. de l'ind.*) à l'école.

2. Tu t' **s'en aller** (*passé indéf.*) de bonne heure.

3. Nous nous **s'en aller** (*imp. ind.*), parce que ma mère nous attendait.

3. **S'en aller** (*2ᵉ pers. du prés. de l'imp.*) chétif insecte.

LA FONTAINE.

5. On est bien près de **haïr** le monde, quand on ne le fréquente plus.

6. Tous les hommes vertueux **haïr** (*prés. de l'ind.*) le vice.

7. Un bon roi est toujours **béni** ou **bénit** de son peuple.

8. Sainte Marie, soyez **bénie** ou **bénite** entre toutes les femmes.

9. On a distribué le pain **béni** ou **bénit** à la grand'-messe.

10. J'ai deux chapelets qui ont été **bénis** ou **bénits** par notre saint Père le Pape.

11. **Béni** ou **bénit** soit celui qui vient au nom du Seigneur.

12. Mon rosier est **fleurissant** ou **florissant**.

13. Le **fleurissant** ou **florissant** empire des Assyriens est rentré dans la poussière.

14. Homère **fleurissait** ou **florissait** en Grèce avant Jésus-Christ.

15. Les lettres **fleurissaient** ou **florissaient** sous Louis XIV.

16. Pendant que l'Angleterre **fleurissait** ou **florissait** sous Élisabeth, la France était gouvernée par Henri IV.

VII. — EXERCICES SUR LES VERBES COMPOSÉS.

247ᵉ Exercice.

Renvoyer.   *Survivre.*
Interrompre.   *Contrefaire.*

Règle. — Les verbes composés suivent la conjugaison de leurs simples.

Nota. — Copier ou écrire sous la dictée, et mettre les verbes au temps indiqué. — On pourra aussi prendre quelques uns des verbes de l'exercice, et conjuguer en entier le temps auquel ils appartiennent.

1. Ne vous **contrefaire** (*prés. de l'imp.*) jamais : c'est le moyen d'être toujours naturel.

2. Brutus **contrefaire** (*passé déf.*) l'insensé pour échapper à la mort.

3. Au combat des Thermopyles, un seul Spartiate **survivre** (*passe def.*) à ses compagnons d'armes.

4. Après des sottises faites en commun, on se **renvoyer** (*pré. de l'ind.*) les torts l'un à l'autre.   Boiste.

5. Artémise, femme de Mausole, **survivre** (*passé déf.*) peu à son mari.

6. Ces gens se **contrefaire** (*prés. de l'ind.*)

7. Il ne faut pas que les enfants **interrompre** (*prés. du subj.*) les grandes personnes qui parlent.

14.

218e Exercice.

EXCEPTIONS.

Prévoir fait au futur : je prévoirai.
Prévaloir fait au subjonctif : que je prévale.
Prédire fait au présent de l'indic.: vous prédisez.
Redire fait : vous redites.
Médire fait: vous médisez.

Maudire fait : { nous maudissons.
vous maudissez.
ils maudissent.
je maudissais, etc.

NOTA. — Copier ou écrire sous la dictée orthographier les verbes, et terminer le devoir en prenant les verbes de l'exercice, et en conjuguant en entier le temps auquel ils appartiennent.

1. Les astrologues prétendent pouvoir lire dans les astres, mais il ne **prévoir** (*fut. de l'ind.*) jamais les événements futurs.

2 Tu **prévoir** (*prés. du cond.*) l'avenir, si tu avais une intelligence plus qu'humaine.

3. On doit regretter que souvent le mal **prévaloir** (*prés. du subj.*) sur le bien.

4. Il est ordinaire que les hommes de génie **prévaloir** (*prés. du subj*) sur leurs concitoyens.

5. Tout ce que vous **prédire** (*prés. de l'ind.*) arrive.

6. Si vous **médire** (*prés. de l'ind.*) du prochain, vous méritez les flammes de l'enfer.

7. Vous **redire** (*prés. de l'ind.*) cent fois la même chose.

8. Noé punit la méchanceté de Cham, en le **maudire** (*part. prés.*)

9. Nous **maudire** (*prés. de l'ind.*) la désobéissance d'Adam.

249ᵉ Exercice. — Récapitulation

Sur les verbes composés.

Nota. — Copier ou écrire sous la dictée, et orthographier les verbes ainsi qu'il est indiqué.

LES DEUX RATS.

Un jour, certain rat de ville, après avoir quitté sa riche habitation, **s'en all-r** (*3ᵉ pers. du sing. du plus-que-parf. de l'ind.*) faire visite à un de ses bons amis, qui ne **h-ïr** (*3ᵉ pers. du sing. de l'imp. de l'ind.*) pas la solitude, mais qui vivait loin du fracas du monde. C'étaient deux bons amis, qui avaient été assez heureux jusqu'alors pour ne rien rencontrer qui **interrompre** (*3ᵉ pers. du sing. de l'imp. du subj.*) leur bonne harmonie « Quelle joie de te voir' s'écria le campagnard à l'arrivée de son ami ; tu **survivre** (*2ᵉ pers. du sing. du prés. de l'ind.*) donc à tous les malheurs qui frappent nos semblables ! Entre vite dans mon modeste logis. Que les dieux **bénir** (*3ᵉ pers. du plur. du prés. du subj. passif*) ceux, qui te **renvoyer** (*3ᵉ pers. du plur. du prés. de l'ind.*) auprès de moi. » Puis notre campagnard joyeux **s'en aller** (*3ᵉ pers. du sing. du prés. de l'ind.*) chercher au fond de son garde-manger quelques provisions qui y restaient. Il veut en régaler son hôte : lard, noix, raisins secs, tout fut servi copieusement, pour que le citadin se **prévaloir** (3ᵉ *pers. du sing. de l'imp. du subj.*) de posséder un ami généreux. Le festin commença : les deux amis se **redire** (3ᵉ *pers. du plur. du passé déf.*) les mêmes choses qu'ils s'étaient tant de fois dites auparavant. Ils ne se **contredire** (3ᵉ *pers. du plur. du passé déf.*) point sur la politique; ils la **maudire** (3ᵉ *pers. du plur. de l'imp. de l'ind.*) tous les deux. Le citadin **médire** (3ᵉ *pers. du sing. du passé déf.*) seulement du sort de son ami le rustique, qui, selon lui, végétait tristement dans un trou de campagne, sans qu'il **entrevoir** (3ᵉ *pers. du sing. de l'imp. du sub.*) un peu des agréments de la ville, sans qu'il **prévoir** (3ᵉ *pers. du sing. de l'imp. du sub.*) les joies du lendemain! « Crois-moi, lui disait-il, quitte ton ennuyeux logis; s'en **aller** (2ᵉ *pers. du sing. du prés. de l'impér.*) loin d'un séjour si monotone. Je te **prédire** (1ʳᵉ *pers. du sing. du prés. de l'ind.*) que tu jouiras à la ville de plaisirs sans cesse renouvelés, et je ne **médire** (1ʳᵒ *pers. du sing. du fut. de l'ind.*) plus de la solitude.— Ainsi, dit le campagnard, je ne **maudire** (1ʳᵉ *pers. du sing. de l'imp. de l'ind.*) pas mon sort, mais celui que tu me **prédire** (2ᵉ *pers. du sing. du prés. de l'ind.*) est bien flatteur, et je quitte tout pour venir dans ta florissante cité; c'est dit, partons, quoiqu'il me semble que la vie de la ville ne **prévaloir** (3ᵉ *pers. du sing. du prés. du sub.*) pas sur celle de la campagne.»

Aussitôt ils s'en **aller** (3ᵉ *pers. du plur. du prés. de l'ind.*) trottant côte à côte, traversant des champs fleuris, et accomplissant un heureux voyage. Avan l'aube, nos voyageurs descendent dans un des plus riches logis de la cité : nul regret des champs ne **survivre** 3ᵉ *pers. du sing. du pres. de l'ind.* au fond de leur cœur. Bientôt ils pénètrent dans la salle à manger de la maison. A la vue de tous les plats qui étaient depuis la veille restés sur une table somptueuse nos deux amis se **redire** (3ᵉ *pers. du plur. du pres. de l'ind.*) qu'ils sont heureux d'une semblable aubaine, et notre citadin, sans qu'il **contrefaire** (3ᵉ *pers. du prés. du sub.*) ses manières, se met à faire au nouveau venu les honneurs de la place. Ils se livraient tous deux au plaisir et faisaient bombance, lorsqu'un grand bruit se fait entendre. Aussitôt ils **interrompre** (3ᵉ *pers. du plur. du prés. de l'ind.*) leurs ébats, sautent en bas de la table, et, poussés par la peur, ils vont, ils viennent de tous côtés, ils revont, ils reviennent, sans pouvoir trouver un petit trou où ils puissent se dissimuler. Une bande infernale de chats entre, et remplit la salle de miaulements affreux. Nos deux convives qui ont perdu l'appétit, meurent de peur, et pensent qu'ils ne **survivre** (3ᵉ *pers. du plur. du fut. de l'ind.*) certes pas à leur malheur. Le bruit cesse heureusement. « Oh ! oh ! s'écrie le campagnard, **maudire** (1ʳᵉ *pers. du plur. du prés. de l'imp.*) le sort qui nous a conduits ici. Vive ma solitude à la campagne ! Ami, j'y suis exempt de bruit et d'inquiétude ; si j'y mange peu, j'y mange en paix, et j'y retourne heureux de survivre à tant d'inquiétudes. Adieu ! »

VIII. — EXERCICES SUR L'ACCORD DU VERBE AVEC SON SUJET.

250ᵉ Exercice.

RÈGLE. — Le verbe doit être du même nombre et de la même personne que son sujet.

NOTA. — Copier et faire accorder les verbes avec leurs sujets.

1. J'aimer (*prés. de l'ind.*) Dieu par-dessus toutes choses.

2. Tu savoir (*prés. de l'ind.*) combien je devoir (*pres. de l'ind.*) à ses heureux secours

3. Dieu savoir (*prés. de l'ind.*), quand il lui plaire (*prés. de l'ind.*), faire éclater sa gloire.

4. Nous faire (*prés de l'ind.*) cas du beau; nous mépriser (*prés. de l'ind.*) l'utile.

5. Que faire (*imp de l'ind.*) vous au temps chaud?

6. Les cœurs droits pl ire (*prés. de l'ind.*) au ciel.

7. Les fleuves arroser (*prés. de l'ind.*) la terre.

8. Les moutons fournir (*pres de l'ind.*) la laine.

9. Les lauriers pousser (*fut. de l'ind.*) au printemps.

10. Tu semer (*prés. de l'ind.*), et tu recueillir (*fut. de l'ind.*) le fruit de tes peines

11. Un seul Dieu tu adorer (*fut. de l'ind.*) et aimer (*fut. de l'ind.*, parfaitement.

12. Si tu **connaître** (*imp. de l'ind.*) le prix de l'argent, tu **être** (*prés. du cond.*) plus économe.

13. Si les cornettes vous **manquer** (*prés. de l'ind.*),
rallier (*pres. de l'imp.*) vous à mon panache blanc.

251ᵉ Exercice.

RÈGLE. — Le verbe qui a pour sujet plusieurs
noms singuliers se met au pluriel.

NOTA. — Copier ou écrire sous la dictée et faire accorder
les verbes avec leurs sujets.

1. L'hirondelle et le rossignol nous **annoncer** (*prés.
de l'ind.*) le retour du printemps.

2. La colère et la précipitation **être** (*prés. de l'ind.*)
deux choses opposées à la prudence.

3. Ni l'or, ni la grandeur ne nous **rendre** (*prés. de
l'ind.*) heureux.

4. Patience et succès **marcher** (*prés. de l'ind.*) toujours ensemble.

5. Corneille et Racine **passer** (*fut. de l'ind.*) à la
postérité.

6. Le ver-à-soie et l'abeille **travailler** (*prés. de l'ind.*)
utilement pour l'homme.

7. Il faut que l'ordre et l'économie **régner** (*prés. du
subj.*) dans une maison.

8. Le cerfeuil et la ciguë se **ressembler** (*prés. de
l'ind.*) à la première vue.

9. La brebis et le chien se **raconter** (*imp. de l'ind.*)
un jour leur vie infortunée.

10. Un bon mari, sa femme et deux jolis enfants

coul-r (*imp. de l'ind.*) en paix leurs jours dans un simple ermitage.

252e Exercice

RÈGLE. — Lorsque les sujets sont de différentes personnes, le verbe se met toujours au pluriel, et à la personne qui a la priorité. La 1re a la priorité sur la 2e, la 2e sur la 3e.

NOTA. — Copier ou écrire sous la dictée, et faire accorder les verbes avec leurs sujets.

1. Vous et moi nous **sortir** (*fut. de l'ind.*)

2. Vous et lui vous **venir** (*fut. de l'ind.*) me voir.

3. Vous et moi nous ne **penser** (*pres. de l'ind.*) pas de même.

4. Vous et lui vous **parler** (*imp. de l'ind.*) avec éloquence.

5. Votre père et moi nous **partir** (*passe défini.*) pour la campagne au mois de mai.

6. Ni vous, ni lui vous ne m'**écrire** (*passé ind.*) de toute la saison.

7. Vous et votre oncle vous **arriver** (*fut. de l'ind.*) dans deux heures.

8. Votre tante et moi, nous **être** (*prés. de l'ind.*) vivement touchés de vos sentiments.

9. Ton ami et moi, il faut que nous **aller** (*prés. du sub.*) à l'audience.

10. Vous et cet élève il faut que vous **apprendre** (*prés. du sub.*) l'histoire grecque.

11. Vous, votre frère et moi, nous **dîner** (*futur de l'ind.*) ensemble aujourd'hui.

253ᵉ Exercice.

REGLE. — *Ce*, précédant le verbe *être*, veut ce verbe au pluriel, lorsqu'il est suivi d'un substantif pluriel ou d'un pronom pluriel de 3ᵉ personne.

NOTA. — Copier ou écrire sous la dictée, et faire accorder les verbes avec leurs sujets.

1. Ce **être** (*prés. de l'ind.*) moi qui suis le Seigneur ton Dieu.

2. Seigneur, ce **être** (*prés. de l'ind.*) toi qui nous jugeras d'après nos œuvres.

3. Cadmus vint en Europe, et ce **être** (*prés. de l'ind.*) lui qui nous apporta l'art de l'écriture.

4. Ce **être** (*prés. de l'ind.*) nous qui jouerons les tragédies de Racine.

5. Ce **être** (*prés. de l'ind.*) vous qui remplirez le rôle d'Iphigénie.

6. Les Phéniciens eurent la plus belle marine du monde : ce **être** (*prés. de l'ind.*) eux qui excellèrent les premiers dans la navigation.

7. Ce n'**être** (*imp. de l'ind.*) plus ces jeux, ces festins et ces fêtes

8. Où de myrte et de rose ils couronnaient leurs têtes.

VOLTAIRE.

8. Ce **être** (*passé déf.*) les Égyptiens qui inventèrent les hiéroglyphes.

9. Ce **être** (*futur*) toujours des tourments que les désirs.

10. Ce **être** (*prés. de l'ind.*) les honneurs qui enflent le cœur de l'homme.

254° Exercice. — Récapitulation

Sur l'accord du Verbe avec son sujet.

Nota. — Copier ou écrire sous la dictée et rendre compte de l'orthographe des mots en **noir**.

LA BIBLE.

Ma mère **avait** reçu de sa mère au lit de mort une belle Bible de Royaumont, dans laquelle elle m'**apprenait** à lire, quand j'**étais** petit enfant. Cette Bible **avait** des gravures de sujets sacrés à toutes les pages. C'**était** Sara, c'**était** Tobie et son ange, c'**était** Joseph ou Samuel ; c'**étaient** surtout ces belles scènes patriarcales, où la nature solennelle et primitive de l'Orient **était** mêlée à tous les actes de cette vie simple et merveilleuse des premiers hommes. Quand j'**avais** bien récité ma leçon, et lu à peu près sans faute la demi-page de l'Histoire sainte, ma mère **découvrait** la gravure ; et, tenant le livre ouvert sur ses genoux, me la **faisait** contempler en me l'expliquant pour ma récompense. Elle **était** douée par la nature d'une âme aussi pieuse que tendre, et de l'imagination la plus sensible et la plus colorée ; toutes ses pensées **étaient** sentiments, tous ses sentiments **étaient** images ; sa belle, noble et suave figure **réfléchissait** dans sa physionomie rayonnante tout ce qui **brûlait** dans son cœur, tout ce qui se **peignait** dans sa pensée ; et le son argentin, affectueux, solennel et passionné de sa voix **ajoutait** à tout ce

qu'elle **disait** un accent de force, de charme et d'amour,
qui **retentit** encore en ce moment dans mon oreille,
hélas ! après plusieurs années de silence ! La vue de ces
gravures, les explications et les commentaires pra-
tiques de ma mère, m'**inspiraient**, dès la plus tendre
enfance, des goûts et des inclinations bibliques. De
l'amour des choses au désir de voir les lieux où ces
choses s'**étaient** passées, il n'y avait qu'un pas. Je
brûlais donc, dès l'âge de huit ans, du désir d'aller
visiter ces montagnes où Dieu **descendait**; ces déserts
où les anges **venaient** montrer à Agar la source ca-
chée, pour ranimer son pauvre enfant banni et mourant de soif ; ces fleuves qui **sortaient** du Paradis ter-
restre ; ce ciel où l'on **voyait** descendre et monter les
anges sur l'échelle de Jacob. Ce désir ne s'**était** jamais
éteint en moi ; je **rêvais** toujours depuis, un voyage en
Orient, comme un grand acte de ma vie intérieure ; je
construisais éternellement dans ma pensée une vaste
et religieuse épopée dont ces beaux lieux **seraient** la
scène principale : car la vie, pour mon esprit, **fut** toujours un grand poème, comme pour mon cœur elle
fut de l'amour. Dieu, amour et poésie **sont** les trois
mots que je **voudrais** seuls graver sur une pierre, si
je **mérite** jamais une pierre.

LAMARTINE.

IX. — EXERCICES SUR LES RÉGIMES DES VERBES.

255ᶜ Exercice.

Sujet et Verbe.

Règle. — Une phrase est toujours composée : 1° d'un sujet ; — 2° d'un verbe. Ce dernier peut avoir un ou plusieurs régimes ou compléments.

1° Le sujet est ordinairement l'objet qui est, qui a ou qui agit. Il répond à la question : Qui est-ce qui est, a ou agit ? que l'on fait avant le verbe ; — ou simplement aux questions Qui ou Quoi ? faites également avant le verbe. — Le verbe répond aux questions : Qu'est-il ? Qu'a-t-il ? Que fait-il ? que l'on fait varier suivant le nombre, la personne et le temps du verbe de la phrase.

Nota. — Étudier les questions des phrases suivantes, copier ces phrases, et s'exercer ensuite à en écrire les questions, sans le secours du modèle.

1. Dieu commande.

Qui est-ce qui ? ou simplement qui ? . . .	Dieu	sujet.
Que fait-il ?	commande	verbe.

2. Je dessinais.

Qui ?	je.	sujet.
Que faisais-je ? . . .	dessinais . . .	verbe.

3. Vous écrirez.

Qui?. . . . . vous. . . . . . . sujet.
Que ferez-vous?. . . écrirez. . . . . verbe.

4. L'enfant a obéi.

Qui?. . . . . l'enfant. . . . . sujet.
Qu'a-t-il fait?. . . . a obéi. . . . . . verbe.

5. Le laboureur sème.

Qui?. . . . . le laboureur . sujet.
Que fait-il?. . . . . sème . . . . . verbe.

6. Les chiens aboient.

Qui est-ce qui? ou sim-
   plement quoi?. . . les chiens. . . sujet.
Que font-ils?. . . . aboient. . . . verbe.

7. Les chevaux avaient galopé.

Quoi? . . . . les chevaux. . sujet.
Qu'avaient-ils fait ? . avaient galopé verbe.

8. La beauté plaît.

Quoi? . . . . la beauté. . . sujet.
Que fait-elle?. . . . plaît . . . . . verbe.

9. Les pluies ne cessent pas.

Quoi? . . . . les pluies. . . sujet.
Que font-elles? . . . ne cessent pas verbe.

10. Le devoir est fini.

Quoi? . . . . le devoir . . . sujet.
Qu'est-il? . . . . . . est fini . . . . verbe.

256ᵉ Exercice.

Régime direct et Régime indirect.

RÈGLE. — Le régime direct dépend du verbe sans l'intermédiaire d'une préposition, et répond aux questions Qui ou Quoi ? faites après le verbe.

Le régime indirect dépend du verbe par le moyen d'une préposition, et répond aux questions : *de qui ? de quoi ? à qui ? à quoi ? par qui ? par quoi ? pour qui ? pour quoi ?* faites après le verbe. Les régimes sont placés entre parenthèses.

NOTA. — Copier et terminer le devoir en faisant deux colonnes : dans la première l'élève écrira les régimes directs, et dans la deuxième, les régimes indirects.

1. Dieu donna (sa loi) (à Moïse).

2. Le malheur des hommes dépend souvent (de leur humeur).

3. L'homme généreux sacrifie (son intérêt personnel) (à ses devoirs).

4. La douceur accompagne (l'innocence).

5. L'homme méchant ferme l'oreille (au cri des pauvres).

6. Je dois (ma fortune) (à votre protection).

7. Nous adresserons (notre prière) (à Dieu).

8. Louis XIV donna (de bons conseils) (à son petit-fils).

9. Le Nil arrose (l'Égypte).

10. Le printemps couvre (les campagnes) (de verdure).

257ᵉ Exercice.

Règle. — Le régime direct précède naturellement le régime indirect; mais il doit être le second, s'il contient plus de mots que le régime indirect.

Nota. — Copier et demander aux élèves si les régimes sont à la place qui leur convient.

1. Il honore (ses parents) et il (les) aime.
2. J'adore (le Seigneur), on (m)'explique (sa loi).
3. Dans le bonheur, rappelle-toi) (tes parents).
4. La nature fait (les parents), le moment fait (les connaissances), le temps fait (les amis).
5. Dieu a posé (le travail) (pour sentinelle de la vertu).
6. Fais (du bien) et jette-(le) à la mer; si les poissons (l)'ignorent, Dieu (le) saura.
7. Vous avez écrit (une lettre qui est pleine d'amabilité) (à votre tante).
8. Recherchez (la compagnie des honnêtes gens) (à tout âge).
9. Laissez venir (les petits enfants) (à moi).
10. Faites (le bien que vous pouvez) (aux malheureux).

258ᵉ Exercice.

Verbe actif.

Règle.—Le verbe actif est un verbe qui a un régime direct (ou complément direct), et après lequel on peut proposer les questions Qui? ou Quoi?

Les verbes actifs ont un régime direct, et la plupart un régime indirect.

Nota. — Copier ou écrire sous la dictée, et indiquer par le chiffre 1 les régimes directs, et par le chiffre 2 les régimes indirects.

1. Noé **planta** (la vigne).

2. Ève **présenta** (la pomme) (à Adam.)

3. Isaac **donna** (sa bénédiction) (à Jacob).

4. L'homme malheureux **accuse** (la Providence) (de son infortune).

5. L'adversité **conduit** (les esprits faibles) (au désespoir).

6. La Savoie **offre** (au voyageur) (un aspect merveilleux).

7. Les religieux du Saint-Bernard **consacraient** (leur vie) (aux voyageurs).

8. Le Vésuve **menace** (Portici) (d'une destruction perpétuelle).

9. Tobie **transmit** (ses vertus) (à son fils).

10. La cloche **appelle** (les fidèles) (à la prière).

259ᵉ Exercice.

Verbe passif.

RÈGLE. — Le verbe passif exprime une action reçue ou soufferte par le sujet de la phrase. Après ce verbe, on peut proposer les questions : *de qui? de quoi? à qui? à quoi? par qui? par quoi? pour qui? pour quoi?* Le verbe passif demande un régime indirect (ou complément indirect) précédé de *de* ou de *par.*

Nota. — Copier et souligner les régimes indirects des verbes passifs.

1. L'Asie **est arrosée** par de grands fleuves.

2. La Turquie **est gouvernée** par un sultan.

3. Le gentilles gazelles **sont** souvent **dévorées** par les lions.

4. Les voyageurs **sont empoisonnés** par le Simoun.

5. Les Maronites **sont persécutés** par les Druses.

6. Le mont Carmel **est parsemé** de chapelles.

7. Le mont Carmel **est consacré** à la piété.

8. Le temple de Jérusalem **fut détruit** par Titus.

9. Paris **est arrosé** par la Seine.

10. La ville de Paris **a été embellie** par Napoléon III.

260ᵉ Exercice.

Verbe neutre.

Règle. — Le verbe neutre est celui qui ne peut avoir de régime direct, c'est-à-dire, après lequel on ne peut pas faire les questions *qui?* ou *quoi?*

Quand les verbes neutres ont un régime, c'est toujours un régime indirect.

Nota. — Copier et souligner les régimes indirects des verbes neutres.

1. La vérité **plaît** à tout le monde.

2. Le chrétien **pardonne** à son ennemi.

3. La vanité **nuit** aux hommes.

4. Le beau temps **succède** à l'orage.

5. Paul **écrira** à son ami.

15.

6. Le fer **sert** à l'homme.
7. Cet enfant **parle** à sa maman.
8. L'enfant **sourit** à sa mère.
9. L'officier **commande** aux soldats.
10. Les oiseaux **pensent** à leurs nids.

261ᵉ Exercice.

Verbe réfléchi.

RÈGLE. — Le verbe réfléchi (ou pronominal), est celui qui se conjugue avec deux pronoms de la même personne.

Il y a trois espèces de verbes réfléchis : 1° ceux qui sont formés d'un verbe actif; — 2° ceux qui sont formés d'un verbe neutre; — 3° ceux qui ne s'emploient jamais autrement que comme réfléchis.

1° *Verbe réfléchi actif.*

Le verbe réfléchi actif est tantôt précédé de son régime direct, et tantôt il en est suivi. — On trouve ce régime direct en faisant les questions *qui?* ou *quoi?* après le verbe.

1° *Verbe réfléchi actif précédé de son régime direct.*

NOTA. — L'élève copiera et expliquera les régimes directs, en faisant les questions qui servent à le découvrir. — Nous rappellerons que, dans la conjugaison du verbe *réfléchi*, le verbe *être* est toujours mis pour le verbe *avoir*. Les régimes directs sont entre parenthèses.

1. Mon frère (s') est blessé. — Ma sœur (s') est bles-

sée. — Mes frères (se) sont blessés. — Mes sœurs (se) sont blessées.

2° *Verbes réfléchis suivis de leur régime direct.*

2. Mon frère s'est proposé (une question). — Ma sœur s'est proposé (une question). — Mes frères se sont proposé (une question). — Mes sœurs se sont proposé (une question).

2° *Verbes réfléchis neutres.*

RÈGLE. — Le verbe *réfléchi* neutre est un verbe qui a toujours un régime indirect. — On trouve le régime indirect en faisant après le verbe les questions : *de qui? de quoi? à qui? à quoi? par qui? par quoi? pour qui? pour quoi?*

NOTA. — L'élève copiera et expliquera les régimes indirects par le moyen des questions.

1. Mon frère (s') est nui. — Ma sœur (s') est nui. — Mes frères (se) sont nui. — Mes sœurs (se) sont nui.

2. Mes cousins (se) sont plu. — Mes cousines (se) sont plu.

3. Les rois (se) sont succédé. — Les reines (se) sont succédé.

4. Ils (se) sont parlé. — Elles (se) sont parlé.

5. Ils (se) sont écrit. — Elles (se) sont écrit.

6. Ces messieurs (se) sont souri. — Ces dames (se) sont souri.

7. Ces dames (se) sont écrit et ne (se) sont pas répondu.

3° *Verbes essentiellement réfléchis.*

RÈGLE. — Le verbe essentiellement réfléchi a toujours pour régime direct le pronom qui le précède.

NOTA. — L'élève copiera l'exercice et expliquera pourquoi les verbes suivants sont essentiellement réfléchis, et quel est le pronom qui leur sert de régime direct.

1. Mon frère s'est repenti. — Ma sœur s'est repentie. — Mes frères se sont repentis. — Mes sœurs se sont repenties.

2. Mon cousin s'est absenté, — Ma cousine s'est absentée. — Mes cousins se sont absentés. — Mes cousines se sont absentées.

3. Mon serin s'est envolé. — Ma serine s'est envolée. — Mes serins se sont envolés. — Mes serines se sont envolées.

4. Jules s'est écrié. — Julie s'est écriée. — Mes frères se sont écriés. — Mes sœurs se sont écriées.

Exemples des trois espèces de verbes réfléchis.

NOTA. — L'élève copiera et rendra bien compte de la nature de chaque verbe réfléchi, et remarquera bien les régimes directs.

1. Mon oncle s'est livré à l'étude.

2. Ma tante s'est acheté un cachemire de l'Inde.

3. Mes petites amies se sont rencontrées et se sont fait bien des compliments.

4. Nous nous sommes concilié leur estime.

5. Ces messieurs se sont vus et se sont plu à la première vue.

6. Vous **vous êtes écrit** de jolies lettres.

7. Elles **se sont adonnées** à la peinture.

8. Nous sommes entrés à l'église et nous **nous sommes agenouillés** devant Dieu.

9. Messieurs, vous **vous êtes rendus** à nos prières.

10. Les enfants **se sont rencontrés, se sont souri** et **se sont rendus** à l'école.

262. Exercice.
Verbe unipersonnel.

RÈGLE. — La plupart des verbes unipersonnels n'ont pas de régime, mais quand ils en ont un, c'est toujours un régime indirect.

NOTA. — L'élève copiera et indiquera les régimes des verbes unipersonnels.

1. Il **importe** aux jeunes gens d'être modestes.

2. Il **arrive** au trompeur d'être souvent trompé.

3. Il **existe** à Pékin, en Chine, une tour en porcelaine.

4. Il **est** impossible à l'homme de monter dans la lune.

5. Souvent il **pleut** dans nos champs, et il fait du soleil en même temps.

6. Il **faut** à une jeune personne une grande simplicité et une grande modestie.

7. Il **s'est glissé** une souris dans la commode.

8. Il **entre** du cuivre dans une pièce d'argent.

9. Il **convient** à chacun de parler à propos.

10. Souvent il **tombe** des pierres de la lune.

263ᵉ Exercice. — Récapitulation

Sur les Régimes des différentes espèces de Verbes.

NOTA. — L'élève copiera l'exercice, soulignera les régimes, et marquera du chiffre 1 les régimes directs, et du chiffre 2 les régimes indirects.

1 Votre bonté a pénétré mon cœur de reconnaissance.

2. L'enfer est pour les méchants.

3. Les bons enfants ne se sont jamais moqués de leurs amis.

4. Tu t'occupes de tes devoirs.

5. Le jardinier débarrasse le jardin des mauvaises herbes.

6. Votre chienne s'est élancée sur moi.

7. Nous avons profité de vos conseils, et nous nous en sommes loués.

8. Votre cheval s'est échappé.

9. L'horizon se couvre de nuages.

10. La France s'enrichit par son commerce.

11. J'arrive par le chemin de fer.

12. Les siècles se sont succédé sans interruption.

13. Les oiseaux sont parés de divers plumages.

14. Le corbeau annonce l'orage.

15. La lumière s'est éteinte sur la cheminée.

16. Tu t'es réuni à nous.

17. La rivière est bordée d'arbrisseaux.

18. Les Français ont rempli l'Europe du bruit de leurs exploits.

19. L'affabilité convient à tous.
20. La guêpe est pourvue d'un aiguillon.
21. Il faut des livres à l'écolier (1).
22. Le bassin se remplit d'eau.
23. Nous nous sommes souri.
24. Les lâches se sont enfuis du champ de bataille.
25. Les enfants se sont parlé.
26. Le Mont-Blanc est couvert de neige.
27. L'espérance soutient l'homme.
28. Il y a un Dieu unique dans le monde (2).
29. Les fleurs sont foulées aux pieds.
30. Les prisonniers se sont évadés pendant la nuit.
31. La maison est habitée par mes amis.
32. Le pauvre manque de pain.
33. Dieu a créé l'homme pour lui.
34. Les allées sont garnies de buis.
35. Les ouvriers se sont abstenus de travail.
36. Le prix est resté à mon frère.
37. L'écureuil se nourrit d'amandes.
38. Les araignées tendent leurs toiles pour les mouches.
39. Ces bavards se sont nui par leur indiscrétion.
40. L'écolier s'est livré au travail.
41. Il pleut pour nos jardins.
42. Les hommes se sont fabriqué des armes.
43. Les oiseaux s'envolent.
44. La terre sera cultivée par le laboureur.
45. Nous avons passé par Lyon.
46. L'eau s'écoule lentement.

____

(1) *Tournez :* Des livres sont nécessaires à l'écolier.
(2) *Tournez :* Un Dieu unique existe dans le monde.

SEPTIÈME LEÇON

PARTICIPE

I. — EXERCICES SUR LE PARTICIPE PRÉSENT ET L'ADJECTIF VERBAL.

264ᵉ Exercice.

Règle. — Un mot en *ant* est un participe présent :

1° Quand il exprime l'action.

2° Quand il a un régime soit direct, soit indirect, ou un déterminatif; et, dans ce cas, il peut se remplacer par un autre temps du verbe précédé de *qui*, ou de *lorsque, puisque*, etc.

Il est adjectif verbal :

1° Quand il exprime la qualité, l'état habituel du nom.

2° Quand il est joint au verbe *être*, et dans ces deux cas, il ne peut avoir de régime direct.

Orthographe. Le participe présent est toujours invariable ; l adjectif verbal prend le genre et le nombre du substantif ou du pronom auquel il se rapporte.

Nota. — Copier ou écrire sous la dictée, distinguer les adjectifs verbaux, les faire accorder avec les substantifs.

Un enfant obéissant; — un enfant obéissant toujours.

Une fille obéissant; — une fille obéissant toujours.

Des hommes remuant; — des hommes remuant sans cesse.

Des femmes remuant; — des femmes remuant sans cesse.

Un conte amusant — un conte amusant tout le monde.

Une histoire amusant; — une histoire amusant tout le monde.

Des travaux fatigant; — des travaux fatiguant la tête.

Des promenades fatigant; — des promenades fatiguant les jambes.

Un enfant charmant; — un enfant charmant par ses manières.

Une figure charmant; — une figure charmant par son expression.

Des voyages intéressant; — des voyages intéressant les curieux.

Des aventures intéressant; — des aventures intéressant par les détails.

Un récit surprenant; — un récit surprenant les auditeurs.

Une fable surprenant; — une fable surprenant les lecteurs.

Des rois imposant; — des rois imposant leur autorité.

265ᵉ Exercice.

RÈGLE. — Le participe présent est toujours invariable ; l'adjectif verbal s'accorde avec le substantif.

NOTA. — Copier et corriger. Choisir entre les deux orthographes.

I

1. Les enfants **parlant** ou **parlants** sans réflexion, commettent souvent des sottises.

2. Les tableaux d'Ingres sont tous **parlant** ou **parlants** et **frappant** ou **frappants** de ressemblance.

3. Cornélie **instruisant** ou **instruisante** ses fils, leur disait : « Quand donc me nommera-t-on la mère des Gracques. »

4. On favorise les écoliers **faisant** ou **ants** bien leurs devoirs.

5. Un lac est un amas d'eau **dormant** ou **ante**.

6. Les rayons du soleil répandent sur nous une chaleur **brûlant** ou **ante**.

7. Les allées des bois de Meudon sont souvent **montant** ou **antes**, et **fatigant** ou **antes**.

8. Athalie accable le grand-prêtre de paroles **outrageant** ou **antes**.

266ᵉ Exercice.

Même règle que la précédente.

NOTA. — Copier ou écrire sous la dictée, et choisir entre les deux orthographes.

II

9. Qui n'admire pas les fourmis si **prévoyant** ou **antes** ?

10. Ces hommes se sont montrés courageux, **prévoyant** ou **ants** le danger, l'**évitant** ou **ants** avec adresse.

11. Les quais et les boulevarts de Paris vont en s'**embellissant** ou **ants** tous les jours.

12. Les fleuves et les rivières entraînent leurs eaux **courant** ou **antes** vers le mer.

13. On aime à trouver les jeunes personnes **prévenant** ou **antes**, **complaisant** ou **antes**, et **obligeant** ou **antes** leurs amies avec empressement.

14. Ces militaires en **obéissant** ou **ants** à la discipline, donnent le bon exemple dans leur régiment.

15. Les élèves **étudiant** ou **ants** attentivement feront des progrès assurés.

16. Les papillons et les abeilles vont **voltigeant** ou **ants** de fleurs en fleurs.

267° Exercice. — Récapitulation

Sur l'orthographe du Participe présent et de l'Adjectif verbal.

Nota.— Copier ou écrire sous la dictée, et rendre compte de l'orthographe de chaque participe présent et de chaque adjectif verbal.

ROME ANTIQUE

Que de fois j'ai visité ces thermes ornés de bibliothèques, ces palais, les uns déjà **croulants**, les autres à moitié démolis! La grandeur de l'horizon romain se **mariant** aux grandes lignes de l'architecture romaine :

ces aqueducs qui, comme des rayons **aboutissants** à un même centre, amènent les eaux au peuple - roi sur des arcs de triomphe : le bruit constant des fontaines **jaillissantes** ; ces innombrables statues **ressemblant** à un peuple immobile au milieu d'un peuple agité : ces monuments **imposants** de tous les âges et de tous les pays ; les travaux **étonnants** des rois, des consuls, des Césars ; ces obélisques ravis à l'Égypte, ces campagnes aujourd'hui désertes, et que le citoyen de Rome dédaigne de cultiver : tout porte l'âme à l'admiration.

CHATEAUBRIAND.

II. — EXERCICES SUR LES QUATRE RÈGLES PRINCIPALES DU PARTICIPE PASSÉ.

268ᵉ Exercice.

RÈGLE. — Le participe passé n'étant accompagné d'aucun auxiliaire et n'ayant aucun régime, est regardé comme adjectif, et il s'accorde en genre et en nombre avec le nom auquel il se rapporte.

NOTA. — L'élève copiera l'exercice ou l'écrira sous la dictée, et fera accorder les participes avec les substantifs. Les participes sont tous écrits au masculin singulier.

1. Un père aimé, des pères aimé ; une mère aimé, dés mères aimé.

2. Un devoir fini, des devoirs fini; une page fini, des pages fini.

3. Un cadeau reçu, des cadeaux reçu; une lettre reçu, des lettres reçu.

4. Un service rendu, des services rendu; une clé rendu, des clés rendu.

5. Un lit fait, des lits fait; une chambre fait, des chambres fait.

Les êtres animé.	Les actions caché.
Les voyageurs fatigué.	Les âmes élevé.
Les bienfaits reçu.	Une partie gagné.
Deux sous épargné.	Les personnes sorti.
Les temples consacré.	La ville détruit.
Les ennemis battu.	Les fleurs arrosé.
Les chiens pris.	Les roses cueilli.
Les devoirs fini.	La maison loué.
Les frères arrivé.	La prière exaucé.
Les jours passé.	L'histoire raconté.

269ᵉ Exercice.

Participe passé regardé comme adjectif.

Nota. — Copier ou écrire sous la dictée, en appliquant la règle d'accord du participe passé considéré comme adjectif.

Tous les participes et adjectifs verbaux sont écrits au masculin singulier dans cet exercice et dans tous les exercices suivants. L'élève examinera s'ils doivent varier.

1. Le ciron est le plus petit et le plus délicat de tous les êtres animé.

2. Ouvre une porte hospitalière aux voyageurs **fatigué.**

3. L'adversité conduit les esprits faibles au désespoir ; elle fortifie les âmes **élevé.**

4. Deux sous **épargné** sont deux sous **gagné.**

5. Les avares amassent pour faire rire leurs héritiers **enchanté.**

6. Il vaut mieux être pauvre que d'avoir des richesses mal **acquis.**

7. De petites épargnes souvent **répété** produisent à la longue des sommes importantes.

8. Un homme indiscret est une lettre **décacheté,** tout le monde peut la lire.

270° Exercice.

Participe passé conjugué avec Être.

RÈGLE. — Quand le participe passé est conjugué avec l'auxiliaire *être*, exprimant l'existence, il s'accorde en genre et en nombre avec le sujet du verbe, soit que ce sujet le précède, soit qu'il le suive.

NOTA — Copier ou écrire sous la dictée, et appliquer la règle d'accord du participe passé, accompagné de l'auxiliaire *être*. Le nominatif ou sujet est placé avant le verbe) — Tous les participes de l'exercice sont au masculin singulier. L'élève examinera s'ils doivent varier.

1. Les beaux jours sont **passé.**

2. Les hirondelles sont **parti.**

3. L'Amérique fut **découvert** par Christophe Colomb.

4. La pêche parfumée nous fut **apporté** de la Perse.

5. La pomme de terre a été **importé** d'Amérique en Europe.

6. Les dents des vipères seront toujours **armé** d'un poison subtil.

7. Les gants de femme doivent être **préparé** en Espagne, **coupé** en France et **cousu** en Angleterre.

8. Quand tous les chemins de fer seront **exécuté** en Europe, nous deviendrons cosmopolites.

9. L'église de Sainte-Geneviève a été **construit** sur le modèle du Panthéon romain.

10. A l'hôtel des Invalides, les soldats mutilés sont **logé** et **nourri** aux frais de la patrie.

11. Si la vérité et la bonne foi étaient **banni** de la terre, elles devraient se retrouver dans le cœur des rois.

271ᵉ Exercice.

Nota. — Copier ou écrire sous la dictée, et appliquer la règle du participe passé, accompagné de l'auxiliaire *être*. (Le nominatif ou sujet est placé après le verbe.) — Tous les participes de l'exercice sont au masculin singulier. L'élève examinera s'ils doivent varier.

1. L'obélisque égyptien, que l'on voit aujourd'hui sur la place Louis XV, est un monument au pied duquel sont **passé** une multitude de générations.

2. Au sommet de la colonne de la place Vendôme est **placé** la statue de Napoléon 1ᵉʳ.

3. C'est aux Gobelins que sont **fabriqué** ces fameux tapis, remarquables par la richesse du travail.

4. Napoléon a fondé, en 1809, la maison royale de

Saint-Denis, où sont **élevé** les filles des officiers membres de la Légion d'honneur.

5. Dans l'abbaye de Westminster sont **renfermé** les tombeaux de la famille royale d'Angleterre et ceux des grands hommes.

6. Devant le triomphateur étaient **porté** les dépouilles des ennemis.

7. La conscience est un registre sur lequel sont **inscrit** les fautes de chaque jour.

8. C'est Guillaume le Conquérant qui fit construire à Londres une tour, dans laquelle plus tard furent **étouffé** les enfants d'Édouard.

9. C'est au milieu du lac Majeur qu'est **élevé** la statue de saint Charles Borromée.

10. C'est à la fin du XVᵉ siècle qu'a **été découvert** l'Amérique.

292ᵉ Exercice.

NOTA. — Copier ou écrire sous la dictée, et appliquer la règle du participe passé accompagné de l'auxiliaire *être*. Le participe s'accorde ici avec les deux sujets du verbe. — Tous les participes de l'exercice sont au masculin singulier. L'élève examinera s'ils doivent varier.

1. Sully et Colbert seront toujours **admiré**.

2. La simplicité et la modestie de Turenne ont été **loué** par Fléchier.

3. Le frère et la sœur qui étaient **parti**, sont **revenu**.

4. La perle et le diamant qui avaient été **retrouvé**, ont été **perdu** de nouveau.

5. Le chien et le chat étaient **adoré** chez les Egyptiens.

6. Carthage et Numance ont été **détruit** de fond en comble.

7. La cerise et la pêche nous ont été **apporté** d'Asie.

8. La tragédie et la comédie furent **inventé** chez les Grecs.

9. Ce faisan et cette perdrix ont été **tué** sur mes terres.

10. Lorsque l'automne et l'hiver seront **passé**, je partirai pour la campagne.

273ᵉ Exercice.

Participe passé conjugué avec Avoir.

RÈGLE. — Le participe passé, accompagné du verbe *avoir*, s'accorde avec son régime direct, quand son régime direct le précède. Ce régime s'exprime par un des pronoms *me, te, nous, vous, le, la, les, que,* ou par un substantif précédé des mots *quel, que de, combien de, autant de.*

NOTA. — Copier ou écrire sous la dictée, et faire accorder les participes avec leurs régimes directs. — Tous les participes de l'exercice sont au masculin singulier. L'élève examinera s'ils doivent varier.

Me, régime direct.

1. Jeanne d'Arc put dire à ses juges : les Anglais m'ont **calomnié** et mon roi m'a honteusement **abandonné.**

2. Socrate, comparaissant devant ceux qui le con-

damnaient, leur dit ces nobles paroles : la vérité m'a **soutenu** jusqu'ici, et vous m'avez injustement **condamné**

3. Blanche de Castille écrivit à saint Louis : Dieu m'a **exaucé**, car mon fils m'a toujours bien **aimé.**

4. Si l'on m'avait **appelé**, je serais venu

5. Vous m'a**vez compris**, dit cette maîtresse à son élève, et vous m'avez attentivement **écouté.**

6. Maman, disait Pauline, vous m'avez **récompensé**, et vous m'avez **rendu** bien heureuse.

274ᵉ Exercice.

Nota. — Écrire sous la dictée, et orthographier les participes d'après la règle. — Ils sont tous au masculin singulier dans l'exercice.

Te, régime direct.

1. Ève, le serpent **t'a séduit**, et Dieu **t'a puni** de ta désobéissance.

2. Judith, le ciel **t'a inspiré, t'a encouragé, t'a soutenu,** et tu as été victorieuse de ton ennemi.

3. Chère cousine, mon frère **t'a accusé** d'indifférence et **t'a** vivement **blâmé.**

4. O printemps aimable, nous **t'avons** bien **désiré,** et maintenant nous te possédons.

5. Poisson, mon ami, qui fais le prêcheur, tu ne raisonneras plus, quand je t'aurai **envoyé** dans la poele.

6. O mer terrible, je **t'ai traversé** bien des fois pour aller aux Indes.

7. Pauvre coquette, la vanité **t'a perdu.**

8. Insouciante cigale, la paresse **t'a précipité** dans la misère.

275ᵉ Exercice.

Nota. — Écrire sous la dictée et faire accorder les participes avec leur régime direct.

Nous, régime direct.

1. Le ciel **nous a favorisé** dans nos entreprises.

2. Les succès de nos enfants **nous** ont **dédommagé** de nos peines.

3. Votre mère **nous a appelé**.

4. L'histoire **nous a instruit**.

5. Les grands hommes de Plutarque **nous** avaient **étonné**.

6. Les sermons de Massillon **nous** avaient **moralisé**.

7. Les lettres **nous** ont **civilisé**.

8. Les rayons du soleil **nous** ont **réchauffé**.

9. La récolte **nous a enrichi**.

10. La physique **nous a amusé**.

11. La lecture **nous a captivé**.

12. Les eaux de Vichy **nous** ont **guéri**.

13. La guerre **nous a ruiné**; et la paix nous a **enrichi**.

14. Les voleurs qui **nous** avaient **effrayé**, sont en prison.

276ᵉ Exercice.

Nota. — Écrire sous la dictée, et faire accorder les participes avec leur régime direct.

Vous, régime direct.

1. Mes amis, je **vous ai cherché** et je ne **vous** ai point **trouvé**.

2. Enfants, vos parents **vous** ont **élevé** avec soin, soyez en reconnaissants.

3. Dieu **vous** a **créé** pour l'aimer et le servir.

4. L'omnibus **vous** a **conduit** à travers la ville.

5. Vous avez fini la lecture de Boileau et de Molière qui **vous** ont si bien **amusé**.

6 Jésus-Christ **vous** a **racheté** de l'esclavage du péché.

7. On **vous** a **vu** aux Tuileries, mesdemoiselles.

8. Je **vous** avais **averti** de vos fautes, mais vous avez méprisé mes conseils.

9. Le ministre **vous** a **invité** à son bal.

10. Les vents **vous** ont **poussé** vers les côtes d'Afrique.

11 Les ennemis **vous** ont **attaqué**, et vous êtes sortis vainqueurs de la lutte.

12. Vos affaires **vous** ont **appelé** à Paris.

277ᵉ Exercice.

Le, la, les, pronoms régimes directs.

NOTA. — Écrire sous la dictée, et faire accorder les participes avec leur régime direct.

1. Nous vous amenons votre chien ; nous l'avons **retrouvé** à Versailles.

2. Voici votre photographie ; je ne l'ai pas **trouvé** ressemblante.

3. Je vous rends vos photographies ; je ne **les** ai pas **trouvé** belles.

4 Vous avez reçu des éloges, et vous **les** avez bien **mérité**.

5. Les Romains ont **attaqué** la Gaule et l'ont **subjugué** en huit campagnes.

6. Charlemagne a fait la guerre aux Saxons et les a vaincu.

7 Je vous présente deux amis ; vous les apprécierez, lorsque vous les aurez mieux **connu**.

8. Donnez-moi vos lettres, quand vous les aurez **écrit**.

9. Les fables de La Fontaine sont bien faites ; je les ai **lu** et **relu** avec plaisir.

10. La moisson est finie ; les laboureurs l'ont **rentré** dans les greniers.

278ᵉ Exercice.

Nota. — Écrire sous la dictée, et faire accorder les participes avec leur régime direct.

Que, regime direct.

1. Nous avons lu les livres **que** vous nous avez **acheté**.

2. Condé était un habile guerrier ; il est difficile de compter les victoires **qu'il a remporté**.

3. Les écoliers conservent avec soin les prix **qu'ils** ont **remporté** au lycée.

4. Les enfants ont mangé les poires **que** vous leur avez **envoyé** de votre campagne.

5. Les tragédies **que** J. Racine a **composé**, sont supérieures à celles de Voltaire.

6. La morale **que** N. S. Jésus-Christ a **prêché**, est sublime.

7. J'ai suivi les bons conseils **que** vous m'aviez **donné**.

8. La maison **que** vous aviez **bâti** sur les hauteurs de Meudon est agréablement située.

9. Les nouvelles **que** nous avons **reçu** du Mexique, sont très bonnes.

10. Les roses **que** j'ai **cueilli**, sont fanées.

11 Villars disait souvent que les deux plus grands plaisirs **qu'il** avait **ressenti** de sa vie, avaient été le premier prix **qu'il** avait **gagné** au collège, et la première victoire **qu'il** avait **remporté** sur l'ennemi.

279ᵉ Exercice.

RÈGLE. — Le régime direct s'exprime par les mots *quel, que de, combien de, autant de*, suivis d'un substantif.

NOTA. — Écrire sous la dictée et faire accorder les participes avec leur régime direct.

1. **Quel devoir** avez-vous **fait**?

2. **Quelle leçon** avez-vous **appris**?

3. **Quels livres** avez-vous **lu**?

4. **Quelles leçons** avez-vous **récité**?

5. **Que d'éloges** ont été **donné** à Colbert!

6. **Que de louanges** ont été **prodigué** à Louis le Grand!

7. **Combien de rois** avez-vous **admiré**?

8. **Combien de visites** avez-vous **fait**?

9. **Combien de personnes** avons-nous **reçu**?

10. **Autant d'hommes** j'ai rencontré, **autant d'hommes** j'ai blâmé!

11. **Autant de batailles** il a **livré**, **autant de défaites** il a **supporté**.

12. **Que de villes** ont été **fortifié** par Vauban!

13. **Que de bienfaits** a **rendu** à l'humanité saint Vincent de Paul.

14. **Que de belles descriptions** nous avons **trouvé** dans les écrits des Chateaubriand et des Lamartine!

15. **Quelles belles leçons** de morale nous aurions **perdu**, si nous n'eussions pas possédé les Bossuet et les Massillon.

16. **Combien d'obstacles** Henri IV n'a-t-il pas **surmonté** pour parvenir au trône de France?

17. **Que de batailles** n'a-t-il pas **livré** et **gagné**, avant d'entrer dans sa capitale!

18. **Que de cavaliers** et **d'équipages** j'ai **rencontré** au Bois de Boulogne!

19. **Que d'ennuis** j'ai **éprouvé** dans mon voyage!

20. **Que de fautes** j'ai **commis** dans la conduite de cette affaire!

21. **Que de larmes** j'ai **versé**!

22. **Quelle résignation** saint Louis n'a-t-il pas **déployé** pendant sa captivité!

23. **Que de fautes** j'ai **fait** à mon examen de bachelier.

24. **Que d'occasions** j'ai **manqué** d'être utile au prochain!

280e Exercice.

RÈGLE. — Le participe passé est invariable, lorsqu'il n'a point de régime direct, ou que le régime direct le suit.

NOTA. — Écrire sous la dictée l'exercice, et rendre compte de vive voix de l'invariabilité des participes.

1. Nous avons **sauté** de joie en recevant de vos nouvelles.

2. Les enfants ont **pleuré** sur leur mauvaise conduite.

3. Épiménide et Mahomet ont **dormi**, dit-on, plusieurs années dans une caverne.

4. Les Israélites ont **erré** pendant quarante ans dans le désert.

5. Scipion l'Africain et Trajan ont **triomphé** pompeusement pour leurs succès militaires.

6. Les trois cents Spartiates ont **combattu** glorieusement pour l'indépendance de la Grèce.

7. Nous sommes **venus**, nous avons **vu**, nous avons **vaincu**.

8. Les lilas ont **fleuri** en quelques jours.

9. Charlemagne et Napoléon ont glorieusement **régné** sur la France.

10. Jamais les sourds-muets n'ont **parlé**.

11. La ville de Paris est parvenue à un état de splendeur qui lui a **mérité** le nom de *métropole du monde*.

12. Les soldats des Invalides ont **affronté** la mort et **prodigué** leur sang sur mille champs de bataille.

13. L'aiguille de Luxor nous vient d'Égypte; M. Lebas a **établi** sur sa base ce monolithe surprenant.

14. Le célèbre Le Nôtre a **dessiné** les allées et les bosquets de l'élégant jardin des Tuileries.

15. Les Grecs ont **nommé** Grande-Grèce la partie méridionale de l'Italie.

281ᵉ Exercice.

Participe passé des verbes réfléchis.

Les participes passés des verbes réfléchis peuvent appartenir à trois sortes de verbes, savoir :

1° A des verbes réfléchis actifs ;

2° A des verbes essentiellement réfléchis ;

3° A des verbes réfléchis neutres.

Dans les verbes réfléchis, le verbe *être* est toujours mis pour le verbe *avoir*.

1° *Verbes réfléchis actifs.* — RÈGLE. — Quand le participe passé est précédé de son régime direct, il s'accorde avec ce régime direct. — Il reste invariable quand son régime direct le suit.

NOTA. — Écrire sous la dictée, et orthographier les participes d'après la règle.

1. Vos amis **se** sont **blessé** à la chasse, en courant après un chevreuil.

2. Bien des hommes se sont **proposé** sur Dieu des questions difficiles à résoudre.

3. Didon, reine de Carthage, **s'est livré** au désespoir et **s'est donné la mort.**

4. Louis XII s'est **concilié l'amour** de ses sujets, e a été surnommé le **Père du peuple.**

5. L'Angleterre **s'est rendu** maitresse des mers pa sa nombreuse marine.

6. Les Spartiates n'ont pas toujours observé la législation **qu'**ils s'étaient **imposé.**

7. Sully s'était **imposé l'obligation** de dire sans cesse la vérité à son maître.

8. Ces voyageurs **se sont rencontré** dans la vallée de Chamounix.

9. Les Grecs, en incendiant le pont sur le Danube, s'étaient **proposé** de délivrer la Grèce des Perses.

10. La tâche **que** vous vous êtes **imposé** est difficile à remplir.

11. Nous **nous** sommes **salué** poliment, et nous ne nous sommes pas **adressé** la **parole**.

12. Vous vous êtes **imaginé** jusqu'à présent que le soleil tourne autour de la terre.

13. Les Français se sont **fait** une mauvaise **réputation** dans le royaume de Naples, sous Charles d'Anjou.

14. Les Français **se** sont **rendu** célèbres par leur courage.

15. Caton, Annibal et Pompée se sont **donné** volontairement la **mort**.

16. Maman et ma tante se sont **acheté** chacune un **cachemire** de l'Inde.

17. Rome, qui **s'était vu** la maîtresse du monde, fut asservie par des barbares.

282ᵉ Exercice.

2° *Verbes essentiellement réfléchis*. — RÈGLE.— Les participes passés des verbes essentiellement réfléchis sont toujours variables, parce que le pronom qui les précède est toujours leur régime direct avec lequel ils s'accordent. (S'*arroger* fait seul exception.)

Nota. — Écrire sous la dictée, et orthographier les participes d'après la règle.

1. L'impie Athalie ne **s'est pas répenti** de sa cruauté.

2. L'Angleterre **s'est souvent repenti** d'avoir tyrannisé ses colonies d'Amérique.

3. Nous **nous** sommes **emparé** d'Alger, en 1830.

4. Ces jeunes personnes **se** sont **moqué** de leurs compagnes.

5. Mes cousines **se** sont **absenté** pendant un mois.

6. Pendant ce temps, elles **se** sont entièrement **adonné** à la peinture.

7. Tous les assistants **se** sont **agnouillé** devant le très-saint père.

8. Nous nous sommes **apitoyé** sur vos malheurs.

9. Les ministres se sont **efforcé** de justifier la confiance du roi.

10. Lorsque Clovis eut reçu le baptême, des milliers de soldats francs **se** sont **empressé** d'embrasser à son exemple le christianisme.

11. J'ai laissé la porte de ma cage ouverte et tous mes oiseaux **se** sont **envolé**.

12. Plusieurs captifs **se** sont **évadé** de prison et ont ainsi rendu leur nom célèbre, tel que M Lavalette.

13 Le lièvre **s'est evertué**, mais en vain, à courir, la tortue arriva la première.

14. Mes tantes **s'étaient immiscé** dans mes affaires, et ont tout embrouillé.

15. La famille royale **s'est décidé** à passer la frontière, mais ses efforts ont échoué à Varennes.

16. Elles **se** sont **récrié**, mais on n'a pas fait droit à leurs réclamations.

17. Les intrigants se sont **arrogé des droits** sur l'esprit du prince, et **se** sont bientôt **perdu** dans l'estime publique.

18. Pisistrate posséda 47 ans l'autorité **qu'il** s'était **arrogé** sur l'esprit des Athéniens.

283ᵉ Exercice.

3° *Verbes réfléchis neutres.* — RÈGLE. — Les participes passés des verbes réfléchis neutres sont toujours invariables, parce que le pronom qui les précède est leur régime indirect, et qu'ensuite le verbe *être* auquel ils sont joints est mis pour le verbe *avoir*.

NOTA. — Écrire sous la dictée, et orthographier les participes d'après la règle.—Bien rendre compte de l'orthographe.

1. Bien des rois se sont **succédé** sur le trône de France.

2. Nous nous sommes **parlé** longtemps sans nous reconnaître.

3. Nous nous sommes **nui** par notre légèreté.

4. Tous les historiens se sont **plu** à faire l'éloge de saint Louis.

5. Ces jeunes personnes se sont **souri** plusieurs fois et ont fait connaissance.

6. Ces dames se sont bien **plu** à la campagne.

7. Ils se sont **succédé** de père en fils dans cet établissement.

8. Les aunes se sont toujours **plu** dans les prairies, au bord des ruisseaux.

9. Vos cousines se sont **écrit** souvent pendant les vacances.

10. Si Philippe et Alexandre ne se fussent pas **nui**, l'un par son immoralité, l'autre par ses emportements, ils auraient laissé un nom plus illustre dans l'histoire.

III.—EXERCICES SUR LES RÈGLES COMPLÉMENTAIRES DU PARTICIPE PASSÉ.

284ᵉ Exercice.

Participe d'un verbe unipersonnel.

Règle. — Le participe d'un verbe unipersonnel est invariable.

Nota. — Écrire sous la dictée, et bien rendre compte de l'orthographe des participes en **caractère noir**.

1. Il est **tombé** une grande quantité de neige pendant la nuit.

1 *bis*. La neige est **tombée** en grande quantité pendant la nuit.

2. Il vous est **arrivé** une lettre de Marseille.

2 *bis*. Une lettre vous est **arrivée** de Marseille.

3. Les vents qu'il a **fait** sur mer ont occasionné la perte de plusieurs navires.

3 *bis*. Les vents que Dieu a **faits** sont un effet de sa puissance.

4. Il s'est **glissé** une souris dans ma chambre.

4 *bis*. Une souris s'est **glissée** dans ma chambre.

5. Les procès qu'il y a **eu** entre ces deux familles sont enfin terminés.

5 *bis*. Les procès que j'ai **eus** avec mon voisin sont enfin terminés.

6. Il s'est **rassemblé** beaucoup de curieux autour de nous.

6 *bis*. Beaucoup de curieux s'étaient **rassemblés** autour de nous.

7. Après le déluge, il s'est **formé** différents peuples sur la terre.

7 *bis*. Différents peuples se sont **formés** sur la terre, après le déluge.

8. Il s'est présenté des difficultés.

8 *bis*. Des difficultés se sont présentées.

9. Il s'est **réuni** pendant cette saison à Baden une foule de visiteurs distingués.

9 *bis*. Une foule de visiteurs distingués se sont **réunis** à Baden pendant la dernière saison.

10. Il n'est pas **donné** de la fortune à tout le monde.

10 *bis*. La fortune n'est pas **donnée** à tout le monde.

11. Il a **existé** des grands hommes dont les noms ne sont pas parvenus jusqu'à nous.

11 *bis*. Des grands hommes dont les noms ne sont pas parvenus jusqu'à nous, ont **existé** dans le monde.

285ᵉ Exercice.

Participe précédé du pronom en.

RÈGLE.— Le participe, n'ayant pour régime que

le pronom *en*, reste invariable; mais, si le pronom *en* est précédé d'un régime direct, c'est avec ce régime direct que s'accorde le participe.

Nota. — Écrire sous la dictée et orthographier les participes comme il convient.

1. J'aime les pêches, et j'**en ai mangé** au potager.

2. Voici celles **que** je vous **en ai rapporté**, et que je vous offre.

3. Vous voulez des livres, je vous **en ai acheté** chez mon libraire.

4. Nous avons fait venir des foulards de l'Inde, et nous **en** avons **offert** à votre oncle.

5. Vous m'avez écrit beaucoup de lettres pendant votre séjour en Afrique, et je n'**en** ai point **reçu**.

6. Votre ami est en Égypte; nous avons lu avec plaisir toutes les lettres **que** nous **en** avons **reçu**.

7. Ces jeunes personnes ont bien contenté leurs maîtresses : les louanges **qu'**elles **en** ont **reçu** étaient bien méritées.

8. Vous avez bien fait de lire Massillon; les conseils moraux **que** vous **en** avez **retiré**, porteront leurs fruits.

9. Saint Vincent de Paul était d'une charité inépuisable; les secours **que** les petits enfants **en** ont **obtenu** sont innombrables.

10. J'ai vendu mon château et mes bois; les sommes **que** j'**en ai tiré** montent à un million.

11. Vous avez voyagé en Palestine; les souvenirs **que** vous **en** avez **rapporté**, vous charmeront toute votre vie.

12. J'arrive d'Amérique, et je vous montrerai les oiseaux curieux **que** j'**en ai rapporté**.

286ᵉ Exercice.

Participe précédé du pronom en *et d'un adverbe
de quantité.*

RÈGLE. — 1° Le participe qui a pour régime.
direct le pronom *en* et un adverbe de quantité,
est variable lorsque le pronom *en* se rapporte à
un nom pluriel représentant des objets distincts
qu'on peut ajouter les uns aux autres et compter.

2° Si, au contraire, le pronom *en* représente un
nom qui n'offre à l'esprit qu'une partie d'un tout,
qui n'a pas d'unité matérielle, qui n'offre pas
d'unités qui puissent être comptées, le participe
reste alors invariable.

3° Si le pronom *en* représente un nom singulier, le participe passé est toujours invariable.

Nota. — Écrire sous la dictée, et rendre compte de l'orthographe des participes.

1. Plus j'ai acheté de livres, **plus** j'en ai **lus.**

2. J'ai rencontré maintes sottes gens; **plus** j'en ai
connus, moins j'en ai **estimés.**

3. Vous avez fait en un an, autant de progrès que
vos camarades **en** ont **fait** en une année.

4. Les Russes ont fait en quatre-vingts ans plus de
progrès que nous n'en avons **fait** en quatre siècles.

5. Autant d'hommes j'ai **rencontrés,** autant j'en ai
notés.

6. **Autant de prévenus** ce magistrat a **jugés, autant
de coupables** il a **rencontrés.**

-7. Autant de perdrix ce chasseur a rencontrées,
autant il en a tuées.

8. Plus vous me devez de reconnaissance,
vous m'en avez témoigné.

9. Plus je vous ai demandé d'attention, moins vous
m'en avez donné.

10. Vous avez acheté plus de livres que vous n'en
avez lus.

11. Si j'avais suivi vos conseils, j'aurais commis
moins de fautes que je n'en ai faites.

12. Baléazar possédait plus de richesses que son
père n'en avait amassé.

13. Vos élèves ont fait plus de devoirs que vous ne
leur en aviez donné.

14. La Fontaine a composé plus de fables que vous
n'en avez apprises.

15. Cet acteur a appris plus de vers que d'autres
n'en ont lus.

16. Vous avez plus de bijoux que je ne vous en ai
achetés.

17. Les Parisiens ont bâti plus de maisons qu'ils
n'en ont renversées.

787. Exercice.

Participe suivi d'un infinitif.

RÈGLE. — Le participe suivi d'un infinitif est
variable, s'il a pour régime direct le pronom qui
le précède. Dans ce cas l'infinitif peut se tourner
par un participe présent ou un autre temps du
verbe.

2° Le participe suivi d'un infinitif est *invariable* si le régime direct dépend de l'infinitif. Dans ce cas, l'infinitif ne peut se tourner que par un participe présent.

Nota. — Écrire sous la dictée, et orthographier les participes comme il convient.

1. J'ai été charmé des musiciens **que** j'ai **entendu** chanter chez vous.

2. Les airs **que** j'ai entendu **chanter** sont pleins de mélodie.

3. Les oiseaux **que** j'ai **entendu** chanter avaient un gosier brillant et flexible.

4. Les oiseaux **que** j'ai voulu **tuer** se sont envolés avec vitesse.

5. Les cloches **que** nous avons **entendu** sonner, ont réveillé votre mère.

6. Les cloches **que** nous avons **vu fondre**, sont destinées à la cathédrale d'Amiens.

7. Les neiges **que** tu as **vu** fondre ont considérablement grossi les eaux du Rhône.

8. Les enfants **que** j'ai **vu** jouer, s'amusaient avec leurs camarades; et quelques instants après, je **les** ai **vu gronder** par leur père.

9. Charmantes hirondelles, je **vous** ai **vu** revenir avec joie.

10. Charmantes filles de l'air, nous **vous** avions **vu** partir avec tristesse.

11. Les romances **que** nous avons entendu **chanter** sont bien touchantes.

12. Les cavaliers **que** j'ai **vu** passer, couraient à toute bride.

13. Nous avons beaucoup admiré l'éloquence des auteurs grecs **que** nous avons entendu **expliquer** au collége de France.

14. Hébé s'est **laissé** tomber en présence des Dieux.

15. Votre maison **que** j'ai vu **bâtir**, est d'une architecture élégante.

16. Les tableaux **que** j'ai vu **vendre** sont de Raphaël. — Les acheteurs **que** j'ai **vu** accourir étaient nombreux.

17. Les fautes **que** je vous ai **vu** commettre, Mademoiselle, sont impardonnables.

18. Les acteurs ont manqué de mémoire; je **les** ai vu **siffler**.

19. Voici le pays qui **nous** a **vu** naître.

20. Les hirondelles **que** nous avons **vu** revenir, annoncent la belle saison.

288ᵉ Exercice.

Participe séparé de l'infinitif par une préposition.

RÈGLE. — Quand le participe est séparé de l'infinitif par une préposition, il faut examiner si le régime appartient au participe ou à l'infinitif. Lorsque le régime direct appartient au participe, le participe s'accorde avec lui; s'il appartient à l'infinitif, le participe ne varie pas.

NOTA. — Écrire sous la dictée et orthographier les participes d'après la règle.

1. Les dames **que** j'ai **invité** à danser ont accepté mon invitation.

2. Les écoliers **que** j'ai **empêché** de travailler, ont été punis.

3. La lettre **que** vous m'avez dit d'**écrire** est terminée.

4. J'ai vendu la maison **que** j'avais commencé de **bâtir**.

5. Les aventures de Télémaque **que** je vous ai **donné** à lire sont pleines de bons conseils à l'usage des princes.

6. La philosophie de Platon **que** je vous ai conseillé de **lire**, vous paraîtra profonde et sublime.

7. Les supplices **que** les empereurs romains ont ordonné d'**infliger** aux Chrétiens, sont connus sous le nom de **persécutions**.

8. Les premiers Grecs **se** sont **appliqué** à étudier l'agriculture à Éleusis.

9. Les visites **que** j'ai refusé de **recevoir** sont parties mécontentes.

10. L'histoire de l'Empire **que** M. Thiers s'est **plu** à **écrire** est un modèle de narration historique.

11. La voie **que** je vous ai recommandé de **suivre** vous conduira à la vérité.

12. La garnison **que** les Français ont **forcé** de capituler à Ulm, était commandée par le général Mack.

13. Les études de mathématiques **que** vous NOUS avez ENGAGÉ à **faire**, nous ont bien préparés à notre examen.

14. Ces dames **que** l'on a **prié** de chanter l'ont fait avec bonne grâce.

15. La profession d'avocat **que** vous VOUS êtes DÉCIDÉ à **embrasser**, Messieurs, est fort honorable.

16. Je viens acquitter les mémoires **que** j'avais promis de **payer**.

17. Vous vous êtes montré juste et humain dans les émeutes que l'on vous a ordonné de comprimer.

18. Philippe de Macédoine violait toujours les serments qu'il avait juré de tenir.

289ᵉ Exercice.

Participe fait *suivi d'un infinitif.*

RÈGLE. — Le participe *fait* suivi d'un infinitif est toujours invariable.

NOTA. — Écrire sous la dictée, et rendre compte de l'invariabilité du participe.

1. Nous sommes allés nous promener aux Champs-Élysées où Guignol nous a bien fait rire.

2. Ma sœur nous a fait danser au piano.

3. Les tableaux que vous avez fait placer dans la chapelle, représentent l'histoire de Tobie.

4. Les vers que vous m'avez fait apprendre, ont été composés par Lamartine.

5. Les leçons que vous m'aviez fait réciter, étaient-elles bien sues ?

6. La place que vous m'avez fait obtenir, est une preuve de votre bienveillance envers moi.

7. Les prix que nous avons remportés, ont fait battre nos cœurs.

8. Les oranges que vous avez fait venir de Portugal, sont inférieures à celles de Malte.

9. Les voyages que le gouvernement vous a fait faire, sont intéressants.

10. Louis XI établit dans la Sorbonne les premiers ouvriers imprimeurs qu'il avait fait venir en France.

290ᵉ Exercice.

Participe avec ellipse de l'infinitif.

RÈGLE. — L'infinitif est quelquefois sous-entendu à la suite du participe des verbes *pouvoir*, *devoir*, *vouloir*. Dans ce cas, le participe est invariable, parce que le pronom qui précède est le régime direct de l'infinitif sous-entendu.

NOTA. — Écrire sous la dictée et rendre compte de l'orthographe des participes.

1. C'est avoir aimé son prochain, si on lui a rendu tous les services **qu'**on a pu (lui **rendre**).

2. Vous avez fait à votre parente toutes les avances **que** vous avez dû (lui **faire**).

3. Vous avez fait à ces ingrats tous les reproches **que** vous avez dû (leur **faire**).

4. Ces jeunes gens ont fait tous les efforts **qu'**ils ont pu (**faire**), pour réussir dans leur examen.

5. Concini était maître de l'esprit de la régente, et il a obtenu de cette princesse toutes les faveurs **qu'**il a pu (**obtenir**).

6. J'ai jeté dans ma lecture toute la force et tout l'intérêt **que** j'ai pu (**jeter**).

7. J'ai fait ma composition avec toute l'application **que** j'ai pu (y **mettre**).

8. J'ai donné à mes enfants toute l'instruction **que** ma fortune m'a permis (de leur **donner**).

9. Je lui aurais fait toutes les commissions **qu'**il aurait voulu (que je lui **fisse**).

10. Il m'a adressé tous les remerciements **qu'il** a pu (m'**adresser**).

291ᵉ Exercice.

Participe entre deux que.

RÈGLE. — Le participe précédé du pronom relatif *que*, et suivi de la conjonction *que*, est généralement invariable, parce que le premier *que* est pronom relatif, régime direct du participe qui suit, et le second *que* est une conjonction.

NOTA. — Écrire sous la dictée, et rendre compte de la nature des deux *que* et de leur fonction dans la phrase.

1. La lettre **que** j'ai pensé que vous **recevriez**, vous arrive de Constantinople.

2. Les difficultés **que** vous aviez prévu que vous **auriez** vous sont suscitées par vos ennemis.

3. Les mathématiques **que** vous n'avez pas voulu que j'**étudiasse**, me sont indispensables pour Saint-Cyr.

4. Les raisons **que** j'ai cru qu'on approuverait étaient bien faibles.

5. Je n'ai pas suivi les conseils **que** tu croyais que je **goûtais**.

6. La maladie **que** j'ai su que vous **aviez** dans le Midi, m'a fort inquiété.

7. L'histoire de la Révolution française, **que** vous avez désiré que je **lusse**, m'a fortement intéressé et effrayé.

8. Mon maître m'a donné à analyser la fable des *Deux Pigeons* **qu'il** a supposé que je **connaissais**.

9. Amélie, que vous avez voulu que j'invitasse, est une personne charmante.

10. Les problèmes que vous avez voulu que je fisse, sont trop difficiles pour moi.

202ᵉ Exercice.

Participe ayant pour régime direct l' (le ou la).

RÈGLE. — Le participe passé est variable quand il a pour régime direct le pronom *l'*, remplaçant un nom (voir l'exercice 277); mais s'il remplace une phrase entière, comme dans les exemples suivants, il est invariable.

NOTA. — Écrire sous la dictée, et rendre compte de l'orthographe du participe et du sens du pronom.

1. Cette dame est plus instruite que je ne l'avais cru (c'est-à-dire que je n'avais cru qu'elle était instruite).

2. Cette personne est plus bienveillante que je ne l'avais espéré (c'est-à-dire que j'avais espéré qu'elle était bienveillante).

3. La langue grecque et la langue latine ne sont pas aussi difficiles que je l'avais pensé.

4. Les tragédies de Voltaire ne sont pas aussi bien pensées que je ne l'avais cru.

5. La ville de Lyon est plus loin de la ville de Paris que je ne me l'étais imaginé.

6. Vous êtes plus coupables que je ne l'avais soupçonné.

7. La vie des Bayard et des Turenne est plus intéressante que nous ne nous l'étions imaginé.

8. L'Afrique est plus riche que nous ne l'avions
cru.

9. Cette petite fille n'est pas aussi vive que je l'aurais cru.

10. Ces devoirs sont plus difficiles que je ne l'aurais
supposé.

293ᵉ Exercice.

Participe précédé de le peu de.

Le participe passé précédé de *le peu de* est
tantôt variable, tantôt invariable.

RÈGLE. — 1° *Variable.*—Lorsque *le peu* signifie
la petite quantité, le participe prend le genre et
le nombre du substantif qui suit *le peu* : *Le peu*
est pris dans un sens positif.

2° *Invariable.* — Lorsque *le peu* signifie le
manque, le participe s'accorde avec le mot *peu*,
c'est-à-dire qu'il s'écrit toujours dans ce cas au
masculin singulier. *Le peu* est pris dans un sens
négatif.

3° *Remarque générale.* — *Le peu*, suivi d'un
substantif pluriel est toujours variable.

NOTA. — Écrire sous la dictée, et bien rendre compte de
la signification du mot *peu* et de l'orthographe des participes.

1. Le peu d'instruction que j'ai reçue, m'a été fort
utile dans cette administration.

2. Je suis fort touché du peu d'**intérêt que** le ministre m'a **montré.**

3. Je n'ai plus d'avancement à espérer, vu le **peu** d'intérêt **que** le ministre m'a **montré.**

4. Le peu de **bienveillance que** vous m'avez **témoignée** m'a fait beaucoup de plaisir.

5. Le **peu** de bienveillance **que** vous m'avez **témoigné** m'a découragé.

6. Faire des fautes d'orthographe, c'est dévoiler le **peu** d'instruction qu'on a **reçu.**

7. La perte de la bataille doit être attribuée au **peu** de talent que le général a **montré.**

8. Il faut attribuer sa grossièreté au **peu** d'éducation qu'il **a reçu.**

9. Le peu de **science** que j'ai **acquise** me suffira dans ce nouvel emploi.

10. Je vous reprocherai sans cesse le **peu** de confiance que vous m'avez **montré.**

11. Mon devoir laisse à désirer à cause du **peu** d'attention que j'y ai **apporté.**

12. Le peu de **nourriture qu'**il a prise l'a empêché de mourir.

13. Il est mort, vu **le peu** de nourriture qu'il a **pris.**

14. Le peu de **livres** que j'ai **lus** m'ont instruit.

15. Le **peu de richesses** que j'ai amassées me font passer ici pour un Crésus.

16. Le **peu d'explications** que vous m'avez **données,** m'ont fait comprendre l'orthographe.

17. Le **peu de soins** que j'ai **donnés** à mes affaires passe justement pour de la négligence.

18. Le **peu de mots** qu'il a **dits donnent** une bonne opinion de sa réserve.

294ᵉ Exercice.

Participes coûté *et* valu.

RÈGLE. — 1° Les participes *coûté* et *valu*, employés dans le sens propre, sont verbes neutres et par conséquent invariables.

2° Employés au sens figuré, ils sont verbes actifs, et par conséquent variables.

Dans ce second cas, *coûter* signifie *causer, occasionner ;* — *valoir* signifie *procurer, rapporter.*

NOTA. — Écrire sous la dictée, et rendre compte de l'orthographe des participes.

1. Je viens d'acquitter les vingt mille francs que ma maison m'a **coûté.**

2. Je reviens d'Angleterre où j'ai acheté une paire de chevaux qui m'ont **coûté** dix mille francs.

3. On énumère avec ardeur les provinces **que** les victoires de Louis XIV nous ont **values.**

4. Louis XIV a caché à ses ministres les sommes énormes que lui avaient **coûté** le somptueux château de Versailles.

5. Mon parc, traversé aujourd'hui par le chemin de fer, ne vaut plus les deux cents mille francs qu'il avait **valu** autrefois.

6. Une mère, quand elle est aimée de ses enfants, ne regrette jamais ni les soins, ni les sacrifices **qu'**ils lui ont **coûtés.**

7. Que de regrets m'a valus votre conduite!

8. Montrez-vous digne des honneurs que la fortune vous a valus.

9. J'apprécie justement les peines que cette affaire vous a values.

10. Quelle gratification ce travail vous a-t-il value?

11. O mon habit! quels honneurs tu m'as valus!

12. Jeunes élèves, vous allez bientôt recevoir des prix que vos compositions vous ont valus.

13. Je suis monté en omnibus; j'ai fait une longue course et je ne regrette pas les 30 centimes qu'elle m'a coûté.

14. Quelle belle matinée musicale chez Hertz! j'ai éprouvé bien du plaisir pour les vingt francs que mon billet m'a coûté.

15. Ce compliment m'a valu bien des remercîments.

<h2 style="text-align:center">Exercice.</h2>

Remarques sur quelques participes.

RÈGLE. — Les participes qui suivent sont invariables. Ils sont précédés du pronom régime *que*, qui n'est pas le régime direct du participe, mais qui est le régime de la préposition *pendant* sousentendue.

NOTA. — Écrire sous la dictée, et raisonner l'orthographe de chaque participe.

1. Philémon et Baucis ont été heureux tout le temps qu'ils ont vécu ensemble.

2. Les soixante-douze ans que Louis XIV a régné

sur la France ont été marqués par beaucoup d'événements.

3. Nous sommes restés attentifs et immobiles les deux heures que notre avocat a **parlé**.

4. Les dix années que Richard Cœur-de-Lion a **régné**, il les a passées hors de l'Angleterre.

5. J'ai fait de la tapisserie pendant les trois heures que vous avez **dormi**.

6. J'ai dormi les deux heures qu'a **duré** le sermon.

7. Les jours que Titus a **vécu** ont été marqués par mille bienfaits.

8. Les deux heures que j'ai **parlé** m'ont considérablement fatigué.

9. J'ai rencontré tous mes amis les cinq heures que je me suis **promené** au bois.

10. Les dix minutes que vous avez **réfléchi** sur mon compte m'ont semblé autant d'heures entières.

11. Les vingt minutes que les juges ont **délibéré** sur le sort de l'accusé ont paru bien longues à tout l'auditoire.

296ᵉ Exercice.

Résumé sur toute espèce de participes.

Nota. — L'élève écrira le résumé sous la dictée, et rendra bien compte de l'orthographe des participes.

LA CABANE DU TAILLEUR

Le comte de Charnacé, un des seigneurs de la cour, possédait dans le Berry un des châteaux les plus anciens que l'on eût **construits** au moyen âge; mais depuis quelques années le manoir et le parc avaient été fort **négligés**; les appartements intérieurs avaient été rarement **ouverts**; la poussière et l'humidité avaient **détérioré** les belles boiseries et les dorures ; les rats et les souris qui s'étaient **ligués** en l'absence du propriétaire, s'étaient **multipliés**, et avaient **rongé** les tapisseries ; les avenues du parc étaient **remplies** d'herbe et de feuilles **mortes**; les bassins et les jets d'eau étaient **détraqués** : en un un mot, tout était **délabré**, tout demandait une restauration urgente. Il fut donc **décidé** que l'on ferait une réparation complète ; les ouvriers furent **mandés, organisés et chargés** de travailler, chacun son talent. Les opérations furent **commencées**. Chaque jour on admirait les changements qu'il était **fait** partout ! les points de vue nouveaux qu'il était **créé** de toutes parts; enfin le riche châtelain était homme à ne point regretter les dépenses que de semblables travaux pourraient lui occasionner.

Tout allait à merveille, lorsqu'une difficulté se présenta : une petite maisonnette, **placée** au bout d'une avenue principale, interceptait la vue sur la campagne. Il fut donc **décidé** qu'on l'abattrait ; mais cette modeste maisonnette était **habitée** par un tailleur ; il en était le propriétaire, et il chérissait vivement cette demeure où son père et lui étaient **nés** et avaient **vécu** tranquilles. Le comte offrit d'acheter au tailleur cette bicoque ; mais sa proposition fut **repoussée**. Notre homme tenait à cette chaumière qu'il s'était **promis** de conserver toujours, qu'il avait **résolu** d'habiter jusqu'à son dernier jour: Charnacé était mécontent; il lui fallut renoncer à cette belle vue que son ambition s'était **flattée** d'ajouter à toutes les autres. Il tenta de nouvelles propositions qui ne furent pas mieux **agréées** que les premières. « Eh bien! non, s'écria-t-il un beau matin, il ne sera pas **dit** qu'un si petit voisin m'aura **fait** la loi, et aura **méprisé** mes offres : Nous verrons!

Quelques jours s'étaient **écoulés**. Les cloches des villages environnants avaient **retenti**, et **annoncé** que la fête du village voisin était **arrivée**. Notre tailleur avait, comme son père, **continué** la coutume de se rendre à la fête en question, et d'y visiter d'anciens amis que le ciel lui avait **conservés**. Il était heureux au milieu d'eux, et l'on savait au château que notre homme restait souvent deux jours au milieu de ses vieux camarades et des plaisirs de la fête. Bon! se dit le seigneur, l'occasion est **arrivée**, je saurai la saisir

Dès que les premiers rayons du soleil eurent **éclairé** le jour de la fête, le tailleur, **revêtu** de ses plus beaux habits, ferma sa porte à clé, et partit pour se joindre à ses amis. A peine se fut-il **éloigné**, qu'aussitôt, par les soins du seigneur, des ordres sont **donnés**, tous les ouvriers du château sont **assemblés** et **expédiés** sur sa cabane ; en un clin d'œil, la modeste habitation est **démolie**, **rasée**, et tous les matériaux **transportés** à cent pas de là, à l'entrée d'un charmant vallon. En peu de temps elle est **rebâtie**, **restaurée** et **remise** sur pied, telle qu'elle était auparavant. La nuit n'était pas encore **venue**, que la maisonnette se trouvait complétement **terminée.**

Pendant ce temps, que faisait notre artisan? Et qu'avait-il **fait** de son côté? **Réuni** à ses joyeux amis il avait largement **festoyé** ; il avait **pris** part aux festins qui lui avaient été **préparés** ; il avait **fait** de copieuses libations à Bacchus; il avait **dansé**, **sauté** autant qu'il avait **pu**, et avait bien **mis** à profit le peu de moments qu'il avait **passés** au milieu de ceux qu'il aimait. La journée, si gaiement **commencée**, s'était **terminée** au milieu de la joie. Mais la nuit était **arrivée** doucement : notre tailleur envisageait avec effroi le moment **redouté** des adieux; comment faire pour s'arracher aux plaisirs? Afin de se donner des forces pour quitter ses amis qui l'avaient si bien **reçu**, pour regagner sa chaumière qui lui était **devenue** nécessaire, on but maintes et maintes rasades, et pendant ce temps, la troupe joyeuse gagna minuit. Minuit ! la soirée était un peu **avancée**; cependant notre homme n'étant plus **entouré** que de bouteilles qu'on avait **vidées**, et d'amis qui commençaient à dormir, se lève courageusement, fait ses adieux à ceux dont les yeux sont encore **ouverts**, et se met en route. Mais hélas! les jambes étaient peu solides, fortement **alourdies**, et notre marcheur décrivait des zig zags dans la route qu'il avait **entamée**. En temps ordinaire, vingt minutes lui auraient **suffi** pour regagner sa demeure; mais en ce moment, c'était une autre affaire. Il marchait, il marchait sans avancer, et il trouvait que sa route s'était considérablement **alongée**; un beau clair de lune lui indiquait suffisamment qu'il ne s'était point **trompé** de chemin. Enfin au bout de deux heures, il arriva à sa chaumière, ou plutôt à l'endroit où il l'avait **laissée** la veille. Il croit pouvoir entrer chez lui ; déjà il a **tiré** sa clé de son gousset, il cherche, mais en vain: « Qu'est donc **devenu** ma chaumière, s'écria-t-il ; qui donc m'a **ensorcelé**? » Il cherche, sans trouver son logis, et **accablé** de fatigue, il tombe au pied d'un arbre et s'endort, d'un profond sommeil, comme s'il se fût **couché** dans son lit.

Les premiers rayons du soleil levant frappèrent sur sa figure, il s'éveilla. A peine se fut-il **frotté** les yeux, qu'il regarde où il est ; sa surprise est extrême de ne plus trouver sa maison à sa place. A peine ses regards se sont-ils **portés** autour de lui, qu'il l'aperçoit à l'entrée du vallon : « C'est bien elle, allons et entrons. » Effectivement ; la clé tourne dans la serrure, la porte est **ouverte** ; le voilà **entré** chez lui. D'abord il se fâche violemment : et si le seigneur se fût **trouvé** là, lui ou quelqu'un des siens, notre homme se serait **vengé** pour soulager sa bile. Mais la première colère étant **passée**, il remarque que l'ordre règne dans son logis : tout a été **remis** exactement à sa place ; ses ciseaux sont encore **posés** à l'endroit même où il les avait **laissés** ; son dé, son fil, ses aiguilles ne sont nullement **dérangés** ; chaque meuble est **replacé** là où il était la veille ; sa montre elle-même est aussi **suspendue** à sa cheminée : tout enfin a été scrupuleusemet **respecté**.

Machinalement il ouvre un tiroir où étaient **renfermés** quelques objets utiles. O surprise ! que trouve-t-il ? Un rouleau considérable de pièces d'or. A cette vue, il se calme tout à fait, sa vengeance est **différée** ; il s'adoucit, non cependant sans désirer qu'en général la plus petite propriété fût dorénavant tout aussi bien **respectée** que le château le plus magnifique.

297ᵉ Exercice.

L'étude des participes **passés** est enfin **terminée**. Ces participes **expliqués** par nos maîtres, sont maintenant **compris** ; nous les avons **étudiés** avec ardeur ; nous avons bien **travaillé**, et nous avons **vaincu** toutes les difficultés ; nous nous sommes **donné** de la peine, mais nous ne nous en sommes pas **repentis**. Que d'efforts et de patience il nous a **fallu** pour les comprendre ; nous en avons **rencontré** de difficiles, mais combien en avons-nous **trouvés** qui n'aient pas été sur-le-champ bien **orthographiés**! Aucun. Nous ne nous sommes jamais **laissé** décourager ; nous ne nous sommes jamais **laissés** aller à la paresse, il est vrai ; car les quelques instants qu'elle a **duré** ont été courts. Le peu d'instruction **qu'on** nous a **donné**, nous a **soutenus** et a **contrebalancé** le **peu** d'attention que nous avons **donné** à certaines règles qui nous ont **été** fatales. Nous sommes plus **instruits** aujourd'hui, et nous ne regrettons pas les peines **que** cette étude nous a **coûtées**; nous nous rappellerons sans cesse les éloges **qu'elle** nous a **valus**, et nous estimerons toujours à plus haut prix notre instruction, que les quelques sous que ce petit livre nous a **coûté**.

TABLE DES MATIÈRES

CINQUIÈME LEÇON.

SIXIÈME LEÇON.

SEPTIÈME LEÇON.

PARIS. — IMP. V. GOUPY ET Cᵉ, RUE GARANCIÈRE, 5.

LEÇONS DE CHRONOLOGIE ET D'HISTOIRE

DE L'ABBÉ GAULTIER

ENTIEREMENT REFONDUES ET CONSIDERABLEMENT AUGMENTEES PAR

MM. DE BLIGNIÈRES, DEMOYENCOURT,

DUCROS (DE SIXT), ET LE CLERC AINE, SES ELEVES

HISTOIRE DU MOYEN AGE

DEPUIS

La mort de Théodose le Grand

JUSQU'A

LA PRISE DE CONSTANTINOPLÉ PAR LES TURCS

1 vol. in-18 de 400 pages. Cart. **1 fr. 50**

PROSPECTUS

Le développement qu'a pris la section d'histoire dans le Cours d'études élémentaires de l'abbé Gaultier, rendait nécessaire le nouveau livre que nous offrons au public. Depuis plusieurs années déjà, nous avions substitué au volume primitif et unique d'*Histoire ancienne* [1] deux volumes distincts : l'un pour l'histoire romaine, l'autre pour l'histoire des autres peuples de l'antiquité. Le cadre devait aussi, et à bien plus forte raison, s'élargir pour les tableaux si nombreux, si variés, si importants, que déroule l'histoire dans des siècles plus rapprochés du nôtre. L'unique volume

---

[1] Indépendamment, bien entendu, du volume spécial pour l'*Histoire sainte*.

d'*Histoire moderne* [1] est donc également remplacé par deux volumes : l'un pour l'histoire du moyen âge, l'autre pour l'histoire moderne [2].

Pour indiquer le plan qui a présidé à la composition de cette nouvelle *Histoire du moyen âge*, pour faire juger de l'esprit dans lequel elle a été écrite, il nous suffira de reproduire ici les principaux passages de l'Avant-Propos.

« L'*Histoire du moyen âge* est une des plus intéressantes ; elle est, en même temps, une des plus difficiles à présenter en abrégé à la jeunesse. La variété des événements qui la remplissent, la formation des États modernes, qu'on voit tour à tour naître et se développer, la destruction des deux grands empires qui en marquent, par leur chute, le commencement et la fin, sont de nature à attirer puissamment l'attention. Mais, d'autre part, la multiplicité de ces mêmes événements tend à la fatiguer, dans un âge surtout où elle n'a pas encore acquis toute sa force ; et si l'on cherche à suivre les différents peuples dans leur marche vers leur organisation actuelle, on sent combien il est malaisé de ne pas se perdre au milieu des débris confus et des transformations successives de tant d'États divers.

« Un premier but était donc désigné à nos efforts : donner à ce vaste tableau, renouvelé sans cesse et présenté en raccourci, le plus de netteté possible, pour qu'il se gravât dans la mémoire d'une manière plus profonde et plus durable.

« La division de l'histoire par siècles, employée dans les autres volumes du *Cours complet*, nous a été, dans celui-ci particulièrement, d'un grand secours pour arriver au résultat que nous recherchions. Dans chaque

---

[1] Indépendamment encore de deux livres spéciaux pour l'*Histoire de France* : l'un de 400 p., l'autre de 140 p. extrait du premier, et destiné aux plus jeunes enfants.

[2] Celui-ci est sous presse et paraîtra incessamment.

siècle, nous avons placé d'une manière identique, les États suivant la place qu'ils occupent sur la carte d'Europe. Nous avons pris soin d'indiquer, au moyen du *titre courant*, d'un côté le siècle, de l'autre le pays. De cette manière, le professeur et l'élève pourront à leur gré, soit avoir un aperçu de l'histoire générale de l'Europe à une même époque, soit s'attacher à l'histoire particulière d'un même peuple, et retrouver, à travers les différents siècles, la série des principaux faits qui composent cette histoire.

« Nous n'avons pas la prétention d'avoir tout dit, ni même tout indiqué. Un ouvrage élémentaire a des limites qu'il ne faut point dépasser. Toute notre ambition a été de bien choisir et de raconter avec exactitude.

« Pour comprendre l'histoire d'un peuple, il est souvent indispensable de n'être point étranger à celle des autres nations : car les faits contemporains ont entre eux, dans bien des circonstances, la connexion la plus étroite. Cette *Histoire du moyen âge* sera le complément, toujours utile, parfois nécessaire, de toute *Histoire de France*, et réciproquement.

« Enfin, l'histoire n'est pas seulement une succession chronologique de faits; elle est surtout le récit du développement politique, intellectuel et moral des peuples.

« Les constitutions politiques, nous les avons indiquées sommairement, comme il convenait de le faire dans un ouvrage de cette nature. Nous sommes entrés dans plus de détails relativement à certaines institutions, à certains faits qui captivent l'imagination, qui relèvent l'aridité de certaines autres parties d'un livre élémentaire, et qui sont le charme et la gloire du moyen âge : nous voulons parler de la chevalerie, des ordres militaires, des croisades.

« Fidèles à ce même principe, nous avons présenté, à la fin de chaque siècle, le tableau du mouvement intellectuel pendant cette période. L'éclat des lettres, des sciences, des arts, s'obscurcit ou se ravive suivant que la barbarie ou la civilisation reprend son cours, et il devient durable dans l'Europe occidentale à partir de ce XIIIe siècle où l'Église, à force de persévérance, a réorganisé une société dont les éléments avaient été pendant si longtemps rebelles à l'harmonie qui devait les unir.

« L'histoire du christianisme, en effet, voilà le couronnement de tout le reste. Sans elle, celle du moyen âge ne se comprendrait pas, n'existerait même pas. Le monde moderne s'est constitué pendant cette époque. Les invasions ont apporté les matériaux. Mais ces matériaux, qui les a dégrossis? qui les a mis en œuvre? L'Église. Nous avons donc, dans chaque siècle aussi, rappelé les travaux de l'Église, le dévoûment de ses apôtres et de ses saints, la naissance de ses ordres religieux qui, en gardant, comme une étincelle précieuse, l'œuvre du génie humain, répandent à flots la lumière divine de l'Évangile et font connaître à l'orgueil des Barbares la sainteté du travail, la puissance de la douceur, la nécessité de l'humiliation et de la prière. L'hommage public que tout chrétien doit à sa religion est une justice et un devoir tout spécial pour l'historien de ces temps de transformation sociale. Si la conscience atteste ce que le christianisme fait pour le bonheur de l'individu, l'histoire ne doit-elle pas proclamer ce qu'il a fait pour montrer aux peuples la voie et pour leur donner la vie? »

EN VENTE

LIBRAIRIE Ve J. RENOUARD, 6, RUE DE TOURNON

Éditeur propriétaire des ouvrages de l'abbé GAULTIER

PARIS. — IMP. V. GOUPY ET Ce, RUE GARANCIÈRE, 5.

9 782019 235000